国家治理
心理原理

景怀斌 著

中国社会科学出版社

图书在版编目（CIP）数据

国家治理心理原理／景怀斌著．—北京：中国社会科学出版社，2024.3
ISBN 978-7-5227-3362-3

Ⅰ.①国…　Ⅱ.①景…　Ⅲ.①国家—行政管理—心理学—研究—中国
Ⅳ.①D630.1

中国国家版本馆 CIP 数据核字（2024）第 065508 号

出 版 人	赵剑英	
责任编辑	鲍有情　彭　丽	
责任校对	韩天炜	
责任印制	王　超	

出　　版	中国社会科学出版社	
社　　址	北京鼓楼西大街甲 158 号	
邮　　编	100720	
网　　址	http://www.csspw.cn	
发 行 部	010-84083685	
门 市 部	010-84029450	
经　　销	新华书店及其他书店	

印　　刷	北京君升印刷有限公司	
装　　订	廊坊市广阳区广增装订厂	
版　　次	2024 年 3 月第 1 版	
印　　次	2024 年 3 月第 1 次印刷	

开　　本	710×1000　1/16	
印　　张	20	
字　　数	288 千字	
定　　价	108.00 元	

凡购买中国社会科学出版社图书，如有质量问题请与本社营销中心联系调换
电话：010-84083683

前　言

　　书名《国家治理心理原理》似少一"学"字，此非疏漏，而是特意为之。之所以如此，是想强调，应从"心理层面"而不是"心理学"来总结国家治理的心理规律。现代心理学通过"科学地"研究心理变量的"因果"关系，形成各种理论，自有其价值，但也要指出，这样的"科学"在面对真实的国家治理实践时，其解释力往往是"失真"的。这是因为，国家治理是依托于合法暴力体系，通过体制化、科层化、政策化、文化化等方式，以合法性与有效性增强为轴心的人财物综合配置、协同发展、达成满意公共秩序的过程。现实中的国家治理不是抽象的"科学的心理变量关系"，而是集群性民众的利情理法等行为的意义性整合社会过程，二者之间有质的不同。这样说不是否定"心理"的作用，恰恰相反，所有的国家治理活动无不出于"民情"，落于"民心"。以中国古代政治而言，"德治""仁政"等国家治理模式建立于人的"性善"理解及认定之上；以西人政治学而论，《理想国》《君主论》《利维坦》等鸿篇巨制也是从"人心"分析入手的。故而，更综合的、更符合生活常识的、更能体现国家运行基本过程的心理层面的知识总结，便构成了国家治理的底层知识系统。霍布斯说过，物理学、心理学、政治学的知识门类在解释力上超过其他任何知识。由此而期待，似乎兼具了后二者的《国家治理心理原理》能够为国家治理提供新的知识参考。

　　本书的框架依照国家治理的"问题空间"而展开——国家是由治理者、民众、社会（国家）任务构成的超级复杂系统，相应的主要内容为：其一，国家构建及其运行机制，包括国家体制如何基于政治理念而形成，国家与社会的关系，国家行动的逻辑，国家治理方式等；其二，国家引领力，包括领袖与国家领导力，国家任务与政府决策，政治文化等；其三，国家中的"人民"，包括"人民"何以成为国家的资源，民心的生成机制，社会激励机制等；其四，三因素综合作用而表现出的国家治理机制。如话语如何成为治理方式，社会冲突如何化解，重大危机如何应对等。

本书目标定位于国家治理心理原理的学术领域拓展及其知识框架体系构建。这决定了本书不适合以研究报告方式呈现，而应以结论性原理表达来展开，内容确定的原则为创新的、结论的、原理的、体系的。当然，这样做并不意味"学术性"缺乏，相反，是实证研究的理论总结。例如，"政府决策"一章，即是源于团队的一部著作、两篇博士学位论文和一篇硕士学位论文的研究结论。若读者对书中相关内容细节、数据有兴趣，可依文中所列文献，检视专论。

机缘巧合，本人的学术旨趣逐步确定为，从心理意义层面探讨人何以在个体—群体—组织—社会—国家层面表现出一致性和差异性，从而对个人生活、社会运作和国家治理提供学术解释。如果说本人的《心理意义实在论》是对个体心理意义机制的揭示，《政府决策的制度—心理机制》是对政府组织运行心理机制的归纳，《心理层面的儒家思想》是对文化心理机制的阐释，那么本书则是对国家运行心理机制的总结，乃属学术旨趣最后站点的展现。

心理层面的国家治理原理知识构建有太多的问题要超越。研究对象从个体、组织到社会、国家，研究内容从个体心理规律到组织、文化心理机制、国家治理原理，学科领域从心理学到公共管理、中国哲学，再到政治学、传播学等。其知识构建须跨越三重鸿沟：一是"个体"的心理学与"公共"行动者的"心理规律"之别及其跨越，二者在视野、对象、作用机制有本质差异；二是相对成熟的组织"管理心理学"与国家治理心理机制的差异及其超越，企业利益最大化与国家行动的价值—理性原则有实质差异，致使前者的知识无法"迁移"至后者；三是中国的"社会在国家中"与西方的"国家在社会中",使西方已有的国家治理知识难以直接应用于中国国家治理实践。这些挑战都使本书的努力遇到了极大的学术压力——走不到头,看不到边!学科归属和认同无从落地!笔者在知识的丛林里游荡,无助和惶恐常在!

国家治理是人类智慧永恒的挑战,有太多的领域可以"接着讲",亦有更多的新问题需要"创造发现"。政治家是国家愿景的构建者与引领者,作为社会科学的国家治理研究是对这个过程的描述、解释并提供改进的建议。对于政治家来说,国家愿景的落实关涉千千万万人的生活,他们承担着"无限责任",这是他们的荣耀与"宿命";对于学者来说,视野、知识与能力决定着他们的解释只是一家之言,他们也只好承担"有限责任",这是他们的局限与"特权"。一代人有一代人的际遇、使命,优势与局限并存。这样说既是为自己免责,也是期待的理由——奉书以求教!

有一首歌叫"这世界有那么多人",它咏唱人生的美好际遇。援引到这里,或许加一个"好"字更贴切——这不仅符合中国文化对人性的认定,也是写作过程受益于人的写照。在本书20多年的形成过程中,得益于诸多优秀同事、同行的启发,受益于本硕博学研中的教学相长,获益于家人的帮助。其人其事,这里无法一一罗列,都化为"感恩",铭记为"感谢"!

本书也是近年来所承担的研究课题的理论总结,它们是国家自然科学基金项目(72074235、71774181)、国家社会科学基金项目(13FZX004)、教育部重点基地重大项目(10JJD630015)。本书获得中山大学政治与公共事务管理学院/中山大学中国公共管理研究中心的出版资助。在此一并向资助机构致谢!孙萍、鲍有情二位编辑尽心、细微、精准的编校工作,让人感佩,当特别鸣谢!

是为序。

景怀斌

2024 年 4 月 10 日

目　录

客之谋，陛下事去矣!"汉王辍食，吐哺，骂曰:"竖儒几败而公
事!"令趣销印。荀悦论曰:夫立策决胜之术，其要有三:一曰形，
二曰势，三曰情。形者，言其大体得失之数也;势者，言其临时之
宜、进退之机也;情者，言其心志可否之实也。故策同、事等而功
殊者，三术不同也。①

　　这段话描述了灭秦之后，刘邦与项羽如何争夺天下。郦食其之计，
慕三代传说，有古风，讲礼制，有仁义，是儒家式的立场;张良则是从
实际出发，更关注政治斗争的现实性、功利性，是权力的视野。前者可
谓"道统"所求，后者则属"治统"之本。"道统"与"治统"立场
并非天然一致。在张良看来，郦食其的计谋不能实现，因其政权控制
力、民心、财物能力等方面皆不能行，政权之争要看"形""势"
"情"，"故策同、事等而功殊者"。在真实的政治中，"治统"比"道
统"更有用。

　　"道统"立场以理为上，"治统"立场则以权力为根。政治家以取
得、稳定政权为最高原则，思想家则以政治理想推行为志向，它们构成
了各自的国家治理行动路线。作为现代学术研究的国家治理，属于"第
三方"，是国家治理知识构建的立场。厘清三者的特征与关系，是国家
治理研究的前提。

一　国家治理作为研究对象

　　国家是现代人无法回避的生存资源与权力空间。现代人的生存样态
是由国家控制和塑造的，"人不是抽象的蛰居于世界之外的存在物。人
就是人的世界，就是国家、社会"②。国家不仅给定了人的生存空间，

---

① 《资治通鉴》卷10，中华书局1956年标点本，第331—333页。
② 《马克思恩格斯选集》(第1卷)，人民出版社2012年版，第1页。

还强制性地以各种制度方式，给定了人的生存方式，框定着人的组织化行为，离开"国家"，现代人的生存也无从谈起。

"国家"是近代西方概念。西方自中世纪后，"国家"处于宗教世界与世俗领地世界的紧张中。"国家"不是确定的地域边界概念，而是随着信仰与王室力量而变动的"拥有"概念——甚至王室的嫁娶而使版图发生变化是常见的现象。宗教改革以后，教皇教会势力下降，竞争性国家诞生。1648年签订《威斯特伐利亚和约》不仅标志新教各派内部达成和解，也在新教与天主教之间划清了界限，确定了欧洲大陆的新格局。更重要的是，自此以后，人们对国家（王朝）和政治的关心超过了对神学或教规的关心，欧洲进入现代社会，国家开始作为"怪物"而"四处游荡"。

学者对于国家本质有不同理解。亚里士多德基于希腊城邦的社会形态，认为国家起源于人类合群的天性和品德，由家庭而村社而国家自然地生长起来，建立国家的目的是追求自足而且至善的生活。奥古斯丁等神学国家论认为，国家权力来自上帝，神权高于政权，国家从属于教会，国家是引导公民达到快乐而有道德的生活的组织。霍布斯、斯宾诺莎等人认为，国家是人类社会从自然状态走向契约状态的结果。在自然状态下，没有外在的政治权威，人人自由，人人平等，无拘无束。但也正因为如此，无法形成任何秩序，是"一切人反对一切人的战争"。人们产生了建立公共权威的愿望，以合同形式授权部分人来维持秩序，由此产生了国家。通过契约建立国家的目的，是保护人们的生命、自由、财产等自然权利，人民是主权者，政府没有绝对的权威。政府和执政者如果违背职守，人民可以收回给予的权力以至推翻它，国家立法权应与行政权分离。① 马克思认为，从社会中产生但又自居于社会之上并且日益同社会相异化的力量，就是国家。法的关系正像国家的形式一样，既不能从它们本身来理解，也不能从所谓人类精神的一般发展来理解，相

---

① 孙关宏等主编：《政治学概论》，复旦大学出版社2003年版，第73—114页。

反，它们根源于物质的生活关系，是物质的生活关系的总和。①

西方传统对"国家"持担忧与怀疑态度。社会契约论、小政府观念盛行。在这样的历史背景中，西方的"国家"往往是"罩在社会影子"之下的。国家治理是放在"公共管理""公民社会"等之后的。故而，西方知识系统的"国家"似乎是缺位的。由于现代"科学"知识是以西方为主体的，相应地，在当今社会科学体系里，以国家为中心的知识系统是不充分的。换句话说，在很大程度上，以国家为中心的国家治理知识构建是有待拓展的领域。

与西方的"国家"观不同，中国传统秉持"天下"观。"天下"即国家，国家即天下，国家从来就是正面概念，家国一体、家国同构等观念根深蒂固，修身齐家治国平天下一脉相承，个人与社会（国家）相统一。在这样的传统中，中国构建了家国式的、伦理的德治国家治理体系。然而，随着近代西方列强的入侵，中国传统治理模式的合法性与有效性被消解了。在现代竞争性国家情形下，中国的国家治理成为"问题"，需要系统的知识总结。

国家是最复杂的社会形态。国家不仅包括空间上的亲族群体，清晰边界的各种组织，更有看不见的阶层、利益集团；不仅是人的组合，也是文明存在物的聚合；不仅有看得见的疆域，也包括"看不见"的文化。国家作为由这些因素组成的生存形态，是蕴含着意义性、制度性、互动性的超大型复杂组织，其知识构建难度显而易见。

如此，研究最复杂的人类有序化形态的国家治理，便成为人类智慧的王冠。国家治理，不仅要处理人与人的关系，也要处理人与环境生态，人与未来的关系；不仅要处理同一文化的群体关系，也要处理不同文化的民族关系；不仅要解决物质的需求，也要满足精神的需要；不仅要处理国内的关系，也要处理国际的关系；不仅使用精神方式，也要使用暴力手段。国家治理在情感—理性、事实—价值、政治—行政、自愿—强制等过程中展开，实现协调或最优化选择，是人类智慧的极限

---

① 《马克思恩格斯选集》（第4卷），人民出版社2012年版，第186—187页。

挑战。

2013 年 11 月 12 日，党的十八届三中全会提出了国家治理体系与治理能力现代化的政治要求。"国家治理体系和治理能力是一个国家制度和制度执行能力的集中体现。国家治理体系是在党领导下管理国家的制度体系，包括经济、政治、文化、社会、生态文明和党的建设等各领域体制机制、法律法规安排，也就是一整套紧密相连、相互协调的国家制度；国家治理能力则是运用国家制度管理社会各方面事务的能力，包括改革发展稳定、内政外交国防、治党治国治军等各个方面。国家治理体系和治理能力是一个有机整体，相辅相成，有了好的国家治理体系才能提高治理能力，提高国家治理能力才能充分发挥国家治理体系的效能。"① 2019 年党的十九届四中全会通过《中共中央关于坚持和完善中国特色社会主义制度 推进国家治理体系和治理能力现代化若干重大问题的决定》，提出坚持和完善中国特色社会主义制度、推进国家治理体系和治理能力现代化的总体目标是：到我们党成立一百年时，在各方面制度更加成熟更加定型上取得明显成效；到二〇三五年，各方面制度更加完善，基本实现国家治理体系和治理能力现代化；到新中国成立一百年时，全面实现国家治理体系和治理能力现代化，使中国特色社会主义制度更加巩固、优越性充分展现。② 党的二十大报告再次强调："到二〇三五年……基本实现国家治理体系和治理能力现代化，全过程人民民主制度更加健全，基本建成法治国家、法治政府、法治社会；建成教育强国、科技强国、人才强国、文化强国、体育强国、健康中国，国家文化软实力显著增强。"③ 国家治理体系与治理能力现代化本身成为中国的国家任务，成为中国式现代化的目标之一，可见其重！

---

① 习近平：《切实把思想统一到党的十八届三中全会精神上来》（2013 年 11 月 12 日），《十八大以来重要文献选编》（上），中央文献出版社 2014 年版，第 547—548 页。
② 《中国共产党第十九届中央委员会第四次全体会议文件汇编》，人民出版社 2019 年版，第 22—23 页。
③ 习近平：《高举中国特色社会主义伟大旗帜 为全面建设社会主义现代化国家而团结奋斗——在中国共产党第二十次全国代表大会上的报告》，人民出版社 2022 年版，第 24 页。

如此，描述国家样态，解释国家行动机理，提高国家治理水平，便构成了中国现代社会科学的基本任务和重要内容。

二　国家治理理性

作为政治实践的国家治理，千百年来为人们所关注、所总结、所添加，成为日渐体系化的知识系统，亦可称为福柯所说的国家治理理性。福柯认为，治理思想的发展，如同科学技术一样，是积累的、走向理性的，称之为"治理术"（govermentality）。[①] 福柯指出，"治理一词应当在 16 世纪它曾有过的非常宽泛的意义上去理解。'治理'并不只涉及政治结构或国家的管理，它也表明个体或集体的行为可能被引导的方式——孩子的治理、灵魂的治理、共同体的治理、家庭的治理和病人的治理。它覆盖的不仅是政治或经济屈从的合法构成形式，还包括行为模式，这行为模式或多或少地被构思和考量，目的就是仿照他人的可能行为。在这个意义上，治理是去对他人对行为可能性领域进行组织"[②]。治理不应当仅仅在对立性的暴力活动中理解，更应当在"既非战争也非法律的行为模式，即独一无二的治理模式中去寻找"[③]。治理所要做的，不仅仅是贯彻理性、智慧、审慎的普遍原则，有一种知识必不可少，具体、精确、节制的知识与国家的力量有关。国家理性指国家形成、强大、维继、生长所运用的手段的完美知识、艺术或最容易、最迅捷的手段，是一种关于治理的知识和技术，用来最大程度地增强国家实力，保护国家的安全。"政治知识，既不是讨论人权，也不是讨论法和神法，它讨论的是被治理的国家的性质。"

---

① 关于治理术，福柯也说，"这种支配他人的技术与支配自我技术之间的接触，我称之为治理术（govermentality）"。参见福柯《自我技术》，载《自我技术》，北京大学出版社 2016 年版，第 55 页。

② 福柯：《主体和权力》，载《自我技术》，北京大学出版社 2016 年版，第 129 页。

③ 福柯：《主体和权力》，载《自我技术》，北京大学出版社 2016 年版，第 129 页。

作为国家治理艺术的合理性，西方的国家治理理性是从 17 世纪初开始，与传统的基督教传统（人的法则、自然法则和神的法则）和马基雅维利传统（君主与国家之间的联系）决裂而形成的新的体系。国家理性有这样的特征：（1）被视为一种"技艺"，即符合特定规则的一种技术，不仅是习俗或传统，还有知识——理性的知识。（2）特殊治理艺术既是基督教传统又是法律传统。治理遵从的是完整的法律体系：人法、自然法、神法。王建立城邦，要像上帝创造了世界，要像灵魂赋予身体以形式一样。（3）君主与国家之间的联系。考虑到国家的特性，尽可能在长的时期内压制它的敌人。国家是现实的存在，尽可能抗衡它的敌人。（4）国家理性预设了一种特定知识的构成。只有知晓国家的力量，才能治理。治理所要做的，不仅仅是贯彻理性、智慧、审慎的普遍原则，有一种知识必不可少，具体、精确、节制的知识与国家的力量有关。在国家理性推动下，"治安"（the police）思想发展起来了。国家理性主要是对外的，以保证国家安全为主旨。然而要实现这个目标，如何将国内资源——蕴含在每一个个人——充分发展、调动起来，以增强国家实力，就是治安理论所要研究的问题。"治安包括了一切"，是福柯反复阐述的。治安通过追求"人们达到至福"包括物质的善、灵魂的善、身体的善，来增强国家力量，关注个体的生命由此变成了一项"国家义务"。"治安"包括：（1）"治安"和司法、军队、财政一起，是统领国家的行政部门。（2）"治安"无所不包。人和事之间的关系：人在领土上的共存；他们与财产之间的关系；他们所生产的东西；在市场进行交换的东西。还要考虑人们怎样生活，可能降临在他们身上的疾病和事故。治安关照的是活生生的、活动的、生产性的人。（3）对人活动的整全干预分为两类：一是治安必须竭尽全力，为城邦提供装点、形式、荣耀。荣耀不仅仅表明一个要臻于完善的国家的美，还包括国家的力量和国家的活力。治安保证并凸显了国家的活力。二是治安另外的目的是促进人们之间的工作和贸易关系，以及援助和互相帮助。治安属于现代治理艺术或国家理性的目标：发展构成个人生活的诸般要素，以使这些要素的发展也能增进国家的力量。①

福柯指出，在欧洲现代国家形成的两个世纪间，两种理论——"国家理性"和"治安理论"，得到了发展。从宗教性的对每一只羊无微不至的、从精神到思想到物质的关怀，转化为现代国家通过"个体化的政治技术"来对每一个人经济生产、健康教育、安全卫生等各个方面的支配和控制。由于个人成为国家力量的奠基石，想要削弱甚至消灭另一个国家就需要消灭个人。这一种现代国家理性的发展，导致了如第二次世界大战那样惨烈的杀戮。也就是在这样的时候，"重大的福利、公共卫生和医疗救护纲领才被激发起来"。在整个西方的历史中，政治理性贯穿始终。它首先呈现为牧师权力观念，然后表现为国家理性的观念，它必然的效果既是个体化的又是总体化的。总体而言，国家理性表现出以有效性为轴心的趋势。②

中国的国家治理"理性"有自己的传统。夏商周三代的早期国家经验，形成"德命"的国家治理理念；秦亡汉兴，汉武帝、董仲舒通过"天人三策"而确立了"独尊儒术"的国家主流意识形态，中国文化性质的"大一统"国家理念自此不绝；以《史记》《资治通鉴》等为代表的总结统治得失的国家治理理性思想连绵不绝。

中国以"德命"为核心的国家治理理性是按两个轴心展开的：一是合法性。通过对价值观念性的意义进行构建、再建构，不断增进其合法性。"德命"形成了以"天道"之"德"为终极依据，以君德、官德、民德为维度，"君"之德为统治方式，"民"之德为理想社会的落实方式。二是有效性。通过有效管理社会的各项措施，进行制度设计与改进。如各种各样的保民、安民、养民、富民、教民、新民等手段，中央政府与地方政府的决策制度、管理制度、检查监督制度。二者表现出

---

① 福柯：《全体与单一：论政治理性批判》，载《什么是批判》，北京大学出版社2016年版，第345—346页。

② 福柯：《全体与单一：论政治理性批判》，载《什么是批判》，北京大学出版社2016年版，第339—345页。

思想的经验理性化。"德命"的含义从早期外在、神秘、主宰之"天"
"上帝"发展到突出"天道"的内在精神，即从"天"之"生""仁"
来解释"民本""仁政"的正当性。如《明实录》就记录了 16 个皇帝
中的 13 个皇帝的国家治理事件，包括奏议、诏令、高级官员的任命、
国家军政大事等，达 133 册 3000 卷（1962 年版）。近代中国的落败，
与其说是自身的崩溃，不如说是西方带来的"崩溃"。如果没有西方的
侵入，中国的国家治理理性会如过去一样，继续以"天道"为依据增
进其经验理性。

近代以来的中国社会"主题"是向西方学习。面对西方的侵略，
为救亡图存，中国被迫重新出发，向西方学习，自我革命，几代人流血
牺牲，各种尝试，传统的"天下"国家走向了"现代国家"，再造了一
个新的中国。当今的国家治理研究便要在"古今中西"的新格局下展
开——一方面从传统中寻找治理经验，另一方面，从中外比较中发现中
国的问题与优势。

三　国家治理的"治统"与"学统"

中国传统的国家治理理性，是在"治统"与"学统"框架下展开
的。这来自儒家的"三统"之论，即治统、学统、道统之说。"天子
之位也，是谓治统；圣人之教也，是谓道统。"① 儒家的意图是彰显儒
家"道"尊于"势"的观念。周公制礼实是一大创造，亦是一大关
键。汉帝国之建立，虽由秦之一曲而来，亦是一构造的综合。宋儒兴
起，表征文化生命之归位，而宋之民族生命弱。中经元之一曲，而明
兴。有明三百年是民族生命与文化生命合一的，然于建国创制仍是以
前形态之持续。文化生命开展之必然要求，心灵开展之必然要求，内

_____

① 《读通鉴论》卷 13《东晋成帝》，《船山遗书》（第九册），中国书店 2016 年版，第
279 页。

在地迫使产生出"知识之学"来，此"学统"一名之所以立；治统，在君主专制形态下，儒者理想是受委屈的，是不得已而求其次的，是就家天下之曲而求伸的。道统是"构造的综合"与"曲折的持续"而提炼凝聚那根源的文化生命，此即"道统"之所在。① "道统""政统""学统"均以儒家"道""仁政"为最高原则。由于"道"无法自行呈现，"学统"的主要任务是解释"道"，为政统所用，并矫正政统。三统论中的关键是"学统"。"学统"，依赖于掌握"道"的解释权的"儒"那里，"儒"的解释权又倚重于"大儒""圣人"。王朝统治者处于"治统"立场，也试图把学统纳入自己的话语系统中。如康熙帝试图恢复"道治同一"的理想，通过塑造自身"儒家学术权威"，对儒家士大夫进行打压，剥夺其道统话语权，以皇权兼并道统、用政权兼并教权的做法十分成功。②

传统的"治统"与"学统"视野有实质性差异——"学统"是儒家的理想化思考，是学术思想性的，但又是价值主张的，而"治统"则要面对残酷的政治现实。前文所引郦食其之计，可谓是儒家理想道路。张良之策则是从政治现实出发，反映了权力之争的真实方式。历史发展结果更支持张良的判断。同是汉代，"皇太子（汉元帝）柔仁好儒，见上所用多文法吏，以刑绳下，常侍燕从容言：'陛下持刑太深，宜用儒生。'帝（汉宣帝）作色曰：'汉家自有制度，本以霸王道杂之；奈何纯任德教，用周政乎！且俗儒不达时宜，好是古非今，使人眩于名实，不知所守，何足委任！'乃叹曰：'乱我家者太子也！'"③ 汉之衰败显自于元帝，宣帝之言被不幸言中了。

真实的国家治理是"治统"的。国家治理是政治家的行动，是尧舜周公、秦皇汉武、唐宗宋祖、明清帝国的"治统"构建，而不完全

---

① 牟宗三：《略论道统、学统、政统》，《生命的学问》，台北：三民书局1970年版，第60—71页。

② 刘溪：《皇权如何兼并儒家道统——以清康熙帝"道治合一"的努力为中心》，《河北学刊》2017年第2期。

③ 《资治通鉴》卷27，中华书局1956年标点本，第880—881页。

是孔孟理论主张。① 儒家思想家提供了一套"理论的"框架。理想的思想框架与统治者的结合，构成了国家治理——既是理想的，又是现实的。秦帝国的建立历经"秦襄公至二世，六百一十岁"间。其间有多少国家与人民、君与臣、名与利、人与人、道与器、理与力、才与德、智与愚的故事，又有多少征战、计谋、武力、仁术的历史瞬间，这些乃是真实的历史。真实的国家治理体系，不是单纯地存在于孔孟等这样的思想家那里，而是发生于真实世界的国家治理活动。不充分意识到这点，会导致政治研究理想化、纯粹化。

但也要看到作为"学统"的国家治理思想，尤其是以儒家为代表的"学统"思想起到了国家治理"理想"标准的功能。正是儒家"学统"所看重、所强调的"德治""仁政"，为传统国家治理提供了思想指导。可以说，是"治统"与"道统""学统"共同维系、推动着中华民族与中华文明绵延不断发展、繁荣。

四　作为"学术"的国家治理

当今国家治理议题已非传统国家治理思想所能够包含。对于现代竞争性国家而言，国家治理有了全球化视野与国家竞争压力，国家治理本身业已成为国家任务、国家目标。

国家治理体系与治理能力现代化的国家需求催生了作为学术的国家治理研究起码有三重任务：一是对国家现状进行学术描述。现代人的存在样态是国家性的。人既是相对自主的行为主体，也是不同层级组织的

---

① 《资治通鉴》卷19载："上招延士大夫，常如不足；然性严峻，群臣虽素所爱信者，或小有犯法，或欺罔，辄按诛之，无所宽假。汲黯谏曰：'陛下求贤甚劳，未尽其用，辄已杀之。以有限之士恣无已之诛，臣恐天下贤才将尽，陛下谁与共为治乎！'黯言之甚怒，上笑而谕之曰：'何世无才，患人不能识之耳，苟能识之，何患无人！夫所谓才者，犹有用之器也，有才而不肯尽用，与无才同，不杀何施！'黯曰：'臣虽不能以言屈陛下，而心犹以为非；愿陛下自今改之，无以臣为愚而不知理也。'上顾群臣曰：'黯自言为便辟则不可，自言为愚，岂不信然乎！'"（中华书局1956年标点本，第637—638页）

管理对象，更是国家限定的责任身份。现代人生活、工作离不开"国家"，诸如身份证、社会保险号码成为个人的社会"生命"。这是国家的塑造。理解人自然就离不开"国家"解释框架。二是总结古代与当今的国家治理经验。人类千百年来的智慧与荣耀，苦难与悲惨，都是伴随着国家行为的。无论是三皇五帝的早期文明，秦皇汉武的王朝盛世，还是近代的生死存亡；无论中国近代的衰落，生死存亡，还是西方科学、现代化社会，都是"国家"共同体的结果。研究人类的生存智慧与经验教训，"国家"都是难度极大，但无法回避的问题，国家治理是对人类智慧的挑战。三是形成以国家治理为中心的知识系统。国家治理作为研究问题，涵盖了哲学、人文、社会科学等众多问题，以此为中心的考察，能够对相关学科进行知识整合。

学术研究的逻辑自然不同于政治实践逻辑。作为学术的国家治理是以国家治理行为为研究对象，以知识构建为追求，通过历史事件的描述、解释，使从政者、社会行动者反思，使国家治理能力更高，社会更为美好，人的发展更完美。学术只提供经验事实的知识构建。如此，政治实践的国家治理与学术的国家治理便有了区隔——政治家是国家愿景的构建与引领者，作为社会科学的国家治理研究是对这个过程的描述、解释并提供改进的建议。对于政治家来说，愿景的落实关涉千千万万人的生活，他们承担着"无限责任"；对于学者来说，视野、知识与能力决定着他们的解释只是一家之言，他们也只能承担"有限责任"。

本书是从心理层面描述国家治理现象，解释其基本心理过程，对国家治理提供知识建议，是在国家治理的学术"立场"下展开的。

第一章　范式选择与框架构建

　　一位研究最高法院的学者二三十年前指出，"最终起决定作用的是人的因素，是无形的东西，是个性特征——这个位居核心地位的人散发出来的道德力量。"①

　　决定美国大法官们解释宪法的有两个视野。一个是"原旨主义"，坚信解释宪法条款的唯一正当基础在于制宪先贤的原始意图。另一个是"实用主义"，认为最高法院解释宪法时，对条文内容、适用的理解，不能局限于起草宪法的时代，而应认为宪法蕴含一些永恒的价值观，必须被灵活运用到不断变幻的现实中去。②

　　在美国的政治生态中，最高法院的最后裁决往往具有"标杆"或"最后决议"的功能，一个判例往往影响一个时代的社会生活方式。法律的特征是注重程序，而不论人情，但在最高法院研究者那里，即使"神圣"的法律，背后仍有人的"心理动因"在起作用。这提示，心理是国家治理的底层，研究国家治理不能不从"心理"入手。

　　理解"心理"与国家治理的学理关系，有两个学术脉络需要厘清：一个是"心理"与"管理"的关系；一个是"管理心理"与"国家治理"的关系。这些问题实际上关系到国家治理心理研究的范式选择、内

---

① ［美］琳达·格林豪斯：《美国最高法院》，何帆译，译林出版社2023年版，第58页。

② ［美］琳达·格林豪斯：《美国最高法院》，何帆译，译林出版社2023年版，第24、25页。

容框架构建、方法论策略。

一　心理、心理学与心理层面

（一）心理

心理的含义可以从多方面来理解。可以理解为人的所思所想及其行为特征，也可以理解为价值观与认知、性格等。其实质可以概括为，心理是脑的功能，是客观现实的主观反映。这虽是颇具哲学意味的"老生常谈"，但较好地解释了心理的物质基础，表明了共同性（某一时期存在的共同性）和差异性（个体之间）的关系。

心理是以"脑"为物质基础的。人的大脑重量为1500克左右（黑猩猩是400克左右），有极为复杂的神经网络结构和功能。研究发现，大脑有1000多亿个神经细胞。就细胞类型看，人体内的器官一般只有少数类型，而大脑的神经类型根据其化学、形状和连接的不同，多达几千种。人类对大脑复杂性的认识还很不够。[①]

人以大脑为主构成了神经系统。人的神经系统包括中枢神经系统和周围神经系统，中枢神经系统包括脑和脊髓两部分。脑由脑干、小脑和大脑三部分构成。其中，脑干又分为延脑、脑桥、中脑和间脑四部分。大脑则由对称的左右半球构成。大脑半球是人脑中最复杂、最重要的部位，制约着其他各部分的活动。现代脑科学表明，每一大脑半球上都分别有运动区、体觉区、视觉区、听觉区和联合区等，大脑两个半球又有功能上的相对划分：左半球支配右半身，右半球支配左半身；每一半球的纵面，在功能上也有层次之分。上层支配下肢，中层支配躯干，下层支配头部，形成上下倒置、左右交叉的奇妙构造。大脑皮层中蕴藏各种神经中枢，分担着不同任务，形成各功能区。没有大脑的存在，人的心

[①] Department of Health and Human Services, *Mental Health: A Report of the Surgeon General*, PA: U. S. Public Health Service, 1999, p. 32.

理便无法依存。

大脑的功能作用表现为人的心理活动，构成了人的"心理世界"。"心理世界"可以理解为与物质世界相对应的精神存在空间，是构成人的精神活动的所有因素、结构机制及其含义的统称。个体以自己的心理世界为基础解释和构造自己的生活。心理世界没有物质世界的空间和时间特性，而是由人的知识、经历和自我体悟等因素构成的无限广阔的心灵世界。人以自己的方式解释世界并给出自己的答案，个人的价值观、性格、思维方式决定了个体对外在世界的解释和反应。[①]

心理与脑神经活动的内在关系尚难完全解释。17世纪法国哲学家笛卡尔持二元论——主张世界有精神和物质两个独立本原的哲学学说，精神和物质是两种绝对不同的实体，精神的本质在于思想，物质的本质在于广袤，二者彼此完全独立，不能由一个决定或派生另一个。二元论割裂了物质和精神的关系，为不少思想家所诟病。然而，精神与物质的临界点到底是什么？这仍是一个待解的问题。

心理是人对"客观世界"的反映。从心理演化历程看，生命物质具有感应性特征。感应性是生命物质对生物刺激所做的应答，如植物的花朝着阳光方向开放。动物是由低级向高级发展的，当动物演化到一定阶段，便出现了协调机体各个部分活动的神经组织。动物不仅对外界刺激做出应答，而且还能对信号意义刺激做出应答，如猛兽的吼叫引起小动物的逃避行为。心理反映一般分为感觉阶段、知觉阶段、思维萌芽阶段和意识阶段等四个阶段。

心理是脑的功能，说明了大脑是心理体验的物质基础；心理是对客观现实的反映，说明了某一时代的人具有共同性。古人即使再聪明，也想不到今天的手机、网络通信，今人再也不会有远古人对自然崇拜的心理体验；心理是主观反应，说明了由于人的经历和心理特点不同，不同个体对同一事件会产生各自不同的反应，从而体现出人的差异性。

心理，看不见，摸不着，但作为人的活动的天然动因与必然伴随

---

① 景怀斌：《心理意义实在论》，暨南大学出版社2005年版，第70—89页。

物，心理无时无刻不产生巨大作用：其一，动因性，即人做任何事情都有心理。有人会说自己的行为是无意识的，而无意识也是心理的一种表现。于此，弗洛伊德有过深刻揭示。其二，伴随性，即人在任何活动过程中都有心理的伴随。其三，微妙性，即心理以不经意的方式影响人。如第一印象（第一次接触某人，印象不好，即便后来这个人事实上很好，仍觉得他不好）、晕轮效应（以偏概全，人们会觉得外表英俊的人在道德品质方面也不错）等。在这个意义上，心理的影响是一种软力量。

关于"心理"的知识，构成了知识系统的底层。从中文起源看，"心"是心脏象形字的演变结果，后来超越了物质含义，成为哲学范畴，成为中国古代哲学阐述人的道德、人生发展的核心范畴。例如，儒家思想蕴含丰富的"心性论"思想。孔子对人性并无详细论述，只说"性近习远"。孟子正面讨论了人性问题，持有"善端"说。他认为人生来就有善端，所谓"恻隐之心，仁也；羞恶之心，义也；恭敬之心，礼也；是非之心，智也。仁义礼智，非由外铄我也，我固有之也，弗思耳矣。故曰：'求则得之，舍则失之。'或相倍蓰而无算者，不能尽其才者也"（《孟子·告子上》）。人的"四端"，是人走向"仁义礼智"的天然心性基础。他乐观地说，"人皆有所不忍，达之于其所忍，仁也；人皆有所不为，达之于其所为，义也。人能充无欲害人之心，而仁不可胜用也；人能充无穿逾之心，而义不可胜用也；人能充无受尔汝之实，无所往而不为义也"（《孟子·尽心下》）。在孟子看来，既然人心是善的，那么"放心"，即把人的善心发扬出来就可以发展出人的美德。宋明理学对"心"有更为抽象的论述，如朱熹有心、理、性、命、气等系统观点，认为"理"是世界的本体和本原，是"天"之性，但"心"生成性地蕴含着"性"，自然也蕴含了"理"，"理"可以通过格物致知而体悟，道德也因之而发展和形成，它们存于人"心"中，心既是物质的，也是精神的，是理、性、仁等的载体，所谓"心统性情"。"性"由天地之道而来，"成德"便成为人不得不从的人生道路，即"人之所以为人"的根本道路。儒家的心性论，对中华优秀传统文化有根基性贡献。[①]

西方关于"心"的直接词汇有：mind（心灵），mentality（心态），spirit（精神），soul（灵魂）以及 psych（心理的词根）等。其中，spirit 有着独特的文化地位，该词指"上帝的呼吸"，具有人分享了上帝的"神性"之意。[②] spiritual person 意味着某个人具有了上帝的精神（Spirit of God）或处于上帝精神的影响下。[③]《圣经》中"心"主要描述人的世俗性一面，它关注人与世界的关系，需要修炼才能达成神圣；"灵"是人的神圣一面，它关注人与上帝的关系。这同样表明了心理的多样性、复杂性和根本性。

（二）心理学

心理学是现代科学意义上的知识系统。心理学是"研究人和动物心理活动和行为表现的一门科学"。心理活动不仅包括感知、记忆、思维、情感、意志等心理过程，也包括人与人的差异，表现在社会生活中（社会水平），人与动物比较中（物种水平）。[④] 现代意义上的"心理学"，是以德国心理学家 W. 冯特于 1879 年建立的世界上第一个心理学实验室为标志的。这个"实验室"标志，深刻说明了现代心理学的基本特征——狭义的科学性。"实验心理学的兴起需要追溯到十八世纪末期和十九世纪早期西欧的理智发展；而其中最重要的是法国和德国实验科学的进步。我们应该首先注意精密科学，特别是数学、化学和物理学的进步；其次是生物科学特别是生理学的进步。因

---

① 景怀斌：《德性认知的心理机制与启示》，《中国社会科学》2015 年第 9 期。

② Peter C. Hill and Kenneth I. Pargament, "Advances in the Conceptualization and Measurement of Religion and Spirituality: Implications for Physical and Mental Health Research", *American Psychologist*, Vol. 58, No. 1, January 2003, pp. 64-74.

③ Philip Sheldrake, *A Brief History of Spiritualit*, New Jersey: Blackwell Publishing, 2007, pp. 2-4.

④ 中国大百科全书总编辑委员会《心理学》编辑委员会编：《中国大百科全书》（心理学），中国大百科全书出版社 1991 年版，第 1 页。

为实验心理学是从实验生理学的土壤中生长起来的，而实验心理学的存在则离不开所有上述科学。"① 心理学是一门力图以现代经验科学范式为标准而发展出来的现代学科。

心理学的基本原则是，心理学的研究应当同自然科学一样，以实证、还原分析的方式进行，以实验为手段，提出假设，验证假设，形成理论。在研究的具体方法上，认同和采用自然科学方法，引进物理学、生理学等自然科学的实验室方法，运用统计等数据处理方法。有心理学家把其基本特征总结为：自然一元论，即把自然科学看成是一个系谱，根部是物理学、化学和其他物理科学，上部是生物学、生理学和心理学。从上到下是可以还原的；机械论，即认为心理学可以通过研究心理和行为来解释心理现象，而不必通过借助外在的东西如迷信、上帝等来解释；操作主义，即认为科学或理论的有效性依赖于发现所应用的操作的有效性；决定论，即认为心理有确定的因果关系。②

当代心理学有突出的经验性，表现为：主张以具体实在的心理生活经验为研究对象；以还原思维的方式，试图给出因素的因果解释；研究环节是操作性的；研究评价是可验证性的；力图为现实生活提供工具性服务。心理学经过一百多年的发展，形成了各种各样的理论，学科门类齐全。

当今心理学具有这样的基本特性。

第一，科学性。经过一百多年的发展，心理学的研究领域得到极大拓展，有些学科分支偏重自然，有些偏重社会文化，但相对于其他人文社会科学来说，心理学更接近自然科学，具有狭义的科学性特征。

第二，内在性。心理学研究内在心理规律。关于人的社会活动，诸多学科都在研究，因学科不同，在视野、框架、理论等方面也各不相同。如社会学侧重于从个体与群体互动角度以及不同利益集团博弈的角

① ［美］G. 墨菲、［美］J. 柯瓦奇：《近代心理学历史导引》，林方、王景和译，商务印书馆 1982 年版，第 97 页。

② ［美］J. P. 查普林、［美］T. S. 克拉威克：《心理学的体系和理论》（上册），林方译，商务印书馆 1983 年版，第 23—28 页。

度来研究问题。心理学则侧重于从个体心理规律的角度来研究相关问题。这也说明，同样问题可以从不同角度进行研究，不同科学之间不是替代关系，而是互补关系，它们共同揭示了社会的规律。

第三，理论多元性。人的心理是复杂的，心理的复杂性带来解释的多样性，这使心理学的理论呈现多元性特征，它们共同构成解释心理机制的知识，互补性地表明心理的总体规律。

（三）心理层面

心理层面指人的精神形式或世界。人有不同的存在形式。人是物质的，是一个生命体，是物质的形成、发育和死亡的过程；人也是社会的，是社会性动物，在群体中生活和作用。虽然人有多重存在形态，但无不是在心理动因支配下进行的，而且人的活动伴随着这样或那样的心理体验，离开人的心理，人就不知为何物了。故而心理层面是理解人的根本层面。这个层面的知识系统就构成了人的存在的基础解释，从而对人的社会、文化、政治、经济、科技、道德、法律等构成深度解释。如人性问题心理层面的解读而成为多个学科的底层知识系统。

人类对精神世界的认识经历了漫长的过程，形成了诸多学说。著名的"我思故我在"就是笛卡尔对存在的彻底追问。当今的心理学只是对心理规律的有限"总结"。由此可见，心理学不等于心理层面。把心理学等同于对心理世界的透彻概括，乃是学科的一种"狂妄"。

梁漱溟作为思想家，对于心理学的批判足以令人深思！"在学术猛进之今世，其长时间盘旋不得其路以进，最最落后者，莫若心理学矣。心理学的方法如何？其研究对象或范围如何？其目的或任务如何？人殊其说，莫衷一是。即其派别纷杂，总在开端处争吵不休，则无所成就不亦可见乎！盖为此学者狃于学术风气之偏，自居于科学而不甘为哲学；却不晓得心理学在一切学术中间原自有其特殊位置也。心理学天然该当是介居哲学与科学之间，自然科学与社会科学之间，纯理科学与应用科学之间，而为一核心或联络中枢者。它是最重要无比的一种学问，凡百学术统在其后。"①

心理学与心理层面的差异如表 1-1 所示。

表 1-1　　　　　　　　心理学与心理层面的差异

	心理层面	心理学
问题	人活动的心理动因与体验	学科视野下的研究问题
问题表达	事物综合特征的心理描述	心理学概念界定
问题结果	事物的心理理解	心理学理论
解释特征	多角度、本然状态理解	学科化解释

由此可见，心理层面的分析不一定是"心理学"的，更多是对存在问题的心理层次机理的整体的思考。这就是说，心理层面是理解问题的视野（perspective）而不是某个特定的学科框架解释。分析过程也就不仅仅限于心理学，还可能是哲学、社会、思想史等的综合运用。心理学是对心理活动规律的学科化解释结果，心理层面的分析则是跨学科性的。心理层面的研究也就成为理解人的更为本然的视野。

二　管理与国家治理

（一）管理

"管"在中国古代既有"钥匙"的含义，如"郑人使我掌其北门之管"（《左传·僖公三十二年》）；也有"枢要"的意思，如"圣人也者，道之管也"（《荀子·儒效》）。在古人看来，"管"具有核心性地把握现象的内涵。

"管理"现象自古就有。人作为社会性动物，个体的力量是微小的，但人的集合能够形成巨大能量，做出伟大事业，而人的集合需要通

---

① 梁漱溟：《人心与人生》，学林出版社 1984 年版，第 4 页。

过管理来实现。从操作定义看，管理是一群人在对其共同目标进行努力实现的过程中，对其指导、领导和控制，包括计划、组织、资源准备、指导和控制等的过程。①

对管理实质的理解不同，带来了不同的管理学派。其中，代表性的观点有：②

（1）最大效益论。现代管理过程学派认为，管理的目的在于以较少的投入取得最大产出。如古典管理理论的创始人之一法约尔就持此看法，后经穆尼、孔茨等发扬光大，成为现代管理理论学丛林中的主流学派。

（2）控制论。以泰罗、韦伯为代表的古典管理学派认为，管理就是控制，强调制度的严密性与严厉性。泰罗认为，"管理是管理别人的科学"，主张通过工作定额原理、标准化原理、差别计件工资制、计划与执行相分离等来控制工人；韦伯认为，等级、权力和行政制是一切社会组织的基础，主张建立"理想的行政组织体系"，严格控制成员的行为。

（3）协调整合说。管理是为实现组织目标，对组织要素的人、财、物、时间、信息等进行有效配置和利用的行为，从而使各种资源各得其所，各尽其用。孔茨认为，管理的核心在于协调；唐纳利认为，管理就是由一个或更多的人来协调他人活动，以便获得个人单独活动所不能取得的效果。

（4）目标说。管理是为了实现预期的组织目标，世界上既不存在无目标的管理，也不可能实现无管理的目标。围绕目标的人财物配置，构成了管理的目标学说。

（5）决策说。赫伯特·西蒙认为，"管理就是决策"，管理是制定和贯彻决策的活动，决策是否科学、贯彻是否有效，关系着组织的命运，组织最大的失误是决策失误，最大的效益往往也是决策效益。

---

① ［美］丹尼尔·A·雷恩：《管理思想史》，孙健敏等译，中国人民大学出版社 2009 年版，第 455 页。

② 王心娟：《管理的十大学说阐释》，《商业时代》2006 年第 10 期。

（6）领导论。管理就是领导。真正的领导人能够管理并团结自己的下级，能够更好地使用比自己强的人，怎么样让别人愿意去做你自己想做的事情，这就涉及领导行为与处事方法。此即领导力和影响力的管理学说。

（7）文化说。以杜拉克为代表，认为管理是文化影响和支配下的行为。管理同其文化背景、历史传统以及资本结构等一系列基本因素有关。如西方遵循以"法"为中心的管理模式，形成条例管理、效率管理、分层管理和逻辑管理等管理思想。

（8）理念实践论。管理是付诸实践的某种思想组织化过程。戴维认为，管理只是一种思想，确切地讲，只是管理者的思想。德鲁克等人也认为，管理是一种实践，其本质在于行；其验证不在于逻辑，而在于成果；其唯一权威就是成就。

（9）资源配置论。管理是组织资源配置的构造过程、方式和方法。资源配置不仅仅通过行政命令，更通过协调、控制、激励等手段进行，即管理是人力、财物、信息和知识、技术资源的合理有效配置。

（10）服务论。管理的本质是服务，包括社会服务与自然服务两个方面。集中体现在管理者与被管理者之间的"双向服务"，如"服务"与管理主体、管理客体、管理职能、管理目标等方面。

围绕管理实质不同理解，形成了不同的管理学派。孔茨描述其为"管理理论丛林"。有影响的学派包括管理程序学派、行为学派、群体行为学派、社会系统学派、决策理论学派、系统管理学派、经验主义学派、权变理论学派、管理科学学派、社会技术系统学派和经理角色学派等。[1]

管理虽然不是新现象，但"治理"是相对新的概念。同大多概念一样，"治理"的定义林林总总。联合国开发计划署（UNDP）的定义兼具描述与操作性——治理是指一套价值、政策和制度的系统，在这套系统中，一个社会通过国家、市民社会和私人部门之间或者各个主体内

---

① 陈黎琴、赵恒海：《管理学理论发展及其研究方法综述》，《兰州学刊》2009年第S1期。

部的互动来管理其经济、政治和社会事务。它是一个社会通过其自身组织来制定和实施决策，以达成相互理解、取得共识和采取行动。① 治理由机构（institutions）和过程（process）组成，通过这些机构和过程，公民和群体可以表达他们的利益，缩小他们之间的分歧，履行他们的合法权利和义务。规则、制度和实践为个人、组织和企业设定了限制并为其提供了激励。治理有社会、政治和经济三个维度，可以在家庭、村庄、城市、国家、地区和全球各个人类活动领域运行。

（二）管理心理学

管理心理学是心理学在管理领域的应用与发展。管理心理学是以组织为研究对象，研究管理活动中的心理活动规律及其应用的心理学分支。作为学科，管理心理学有以下特征。

第一，研究的是组织中的"人"。在管理心理学视野里，人存在于"组织"中。"组织"是有制度、有层次、有沟通渠道的，以任务为导向的人的集合及行动过程。管理心理学中的人，是组织运行中的人，而不是家庭的或个体的人。

第二，"领导者"的视野。管理心理学的潜在视野是领导者，即以领导者的站位、视野来看待组织运行的心理因素、心理过程、人财物最优化的心理策略。

第三，交叉学科。管理心理学是没有固定界限的领域，社会心理学、社会学、人类学、管理学、文化学等相互渗透、交叉，构成了管理心理学的内容体系。

第四，应用学科。管理心理的目标是通过运用心理规律提高组织效益，重点不在于探索心理学的基本理论，而是探讨心理学知识在管理实际中的应用。它不是哲学的，而是经验的社会科学。

管理心理学的知识主干体现在四方面：一是在法约尔基础上的一般

---

① Mark Bevir, *Governance：A very Short Introduction*, Oxford：Oxford University Press, 2012, pp. 1-7.

管理理论和管理活动研究；二是基于人文主义、心理学的组织行为及人力资源理论；三是基于韦伯等组织理论的组织与环境，跨文化管理路径；四是基于亚里士多德、科学管理等思想之上的问题解决及其系统管理路径。各种理论路径都是对管理的目的、过程的理解，都期待对管理涉及的政治、技术、社会文化有更好的回应。①

管理心理学经过长期发展，已出现范式变迁（paradigm shift），表现为：第一，从预测期望到动态管理。传统的管理以确定的、预测式的方式进行，而目前的管理理论越来越认识到，管理是对无序现象的管理，甚至通过无序方式使组织更为有效地运作。第二，从命令控制或恐吓性管理到信任与授权管理。过去的管理是以控制的方式进行的，但现代管理越来越认识到，信任与授权可以有更好的效果。第三，从简单管理到复杂管理，过去的管理活动比现在简单得多，目前的组织现象更为复杂。第四，从交换式领导到转化型领导。组织的发展依赖于变革的领导方式，过去更多关注交换式领导，现在越来越重视转化型领导。第五，从封闭系统到复杂的适应系统管理。传统组织具有一定程度的封闭性，但随着社会的发展，目前的组织多以复杂方式适应开放的社会。第六，从经济利益重心到利益—生活质量—终极需要平衡，从自我中心向关系中心，从自利追求到管理服务，从物质主义到精神满足（spiritual orientation）。这是因为，20世纪后期，整个西方社会出现了心灵运动（the spirituality movement），组织开始重视为员工的心灵追求提供条件，方式是通过组织意义、目的和共同体感使员工获得生命价值。②

（三）国家治理

常见的"治理"领域是国家治理与社会治理，二者具有共同性，也有差异性。

① ［美］丹尼尔·A·雷恩：《管理思想史》，孙健敏等译，中国人民大学出版社2009年版，第452—560页。

② Fahri Karakas, "Spirituality and Performance in Organizations: A Literature Review", *Journal of Business Ethics*, Vol. 94, No. 1, 2010, pp. 89-106.

社会治理是国家治理的一个层次或方面。党的十九届四中全会提出党委领导、政府负责、民主协商、社会协同、公众参与、法治保障、科技支撑的社会治理体系，建设人人有责、人人尽责、人人享有的社会治理方式。这给出了社会治理的中国模式，也说明社会治理是国家治理的一个方面或有机部分。

国家治理则是针对"国家"的治理。西方的国家治理思想主要有：20 世纪 80 年代主要是现代化理论。20 世纪 90 年代初世界银行专家对于南撒哈拉沙漠国家进行政策设计，加强非政府组织、各种社会组织乃至个人的作用。新自由主义强调社会作用，认为去政府化的治理才能实现公正透明，才会有政治合法性。21 世纪流行的是基于民主理论的治理理论。如果说政治民主是为了加强个人权利而去政府化，经济自由是通过强调私有化和市场化而去国家化，那么，治理理论则是通过增强个人权利以削弱政府作用的制度化安排，构成自由主义政治思潮的"三驾马车"：政治民主化、经济自由化与治理社会化。但在很多非西方国家即发展中国家，国家—社会关系属于"强社会中的弱国家"，国家被嵌入各种社会关系网络之中而难得自主性。"组织起来"依然是很多发展中国家国家建设的优先议程。[①]

从行动构成要素看，国家治理是以国家为行动主体、为对象、为方式的过程，即国家治理的主导方是"国家"，"国家"以领导人、体制、政策为行动者，进行国家问题解决；"国家"又是国家治理的方式，通过调动"国家"范围的人财物配置进行"国家治理"；"国家"还是治理对象，要解决的是"国家"层面的问题。

由此反观，社会治理则是以社会问题为行动主体、为对象、为方式的过程。社会治理的主导者是"社会"，"社会"以民众、社会组织为行动主体，解决社会问题；"社会"是社会治理的方式，是通过调动某一社会范围的人财物配置进行的。

现代国家是竞争性国家，是高度复杂的治理系统。一般来说，国家

---

① 杨光斌：《国家治理论超越西方治理论》，《理论导报》2020 年第 1 期。

治理结构包括六个相互依存的部分，即核心价值体系、权威决策体系、行政执行系统、经济发展体系、社会保证体系和政治互动机制。其中任何一个部分的重大混乱和失调都可能导致国家治理结构的崩溃。[①] 国家治理过程包括国家治理主体、国家治理客体、国家治理目标、国家治理方式、国家治理手段。[②] 国家治理首先要处理国家与社会的关系，其中社会由普通民众、知识阶层和企业阶层构成，这是"体制吸纳力"；国家治理是关于制度之间、部门之间的协调与整合，这属于"制度整合力"；国家治理事关政策制定和有效执行问题，这又是"政策执行力"。如此，"体制吸纳力—制度整合力—政策执行力"构成了国家治理能力。[③] 国家能力体现在合法化能力、宏观调控能力、财政汲取能力和强制力。[④]

由此可见，不能把国家等同于一般企业或其他组织。国家作为超大型组织，具有政治性、制度性、行政性、非利益性，与传统的组织管理有本质区别，可概括为如表1-2所示。

表1-2　　　　　　　　　**组织管理与国家治理的特性比较**

	组织管理	国家治理
章程	组织制度	国家体制—法律—道德
边界	清晰	不清晰
原则	效益原则	效益—价值原则
对象	组织人	社会人
任务	最大效益（投入—产出）	公共任务（物质—精神）
背景	组织文化	政体—社会—文化

① 徐湘林：《"国家治理"的理论内涵》，《人民论坛》2014年第10期。
② 姜明安：《国家治理现代化过程中国家治理要素的转变》，《法制与社会发展》2014年第5期。
③ 杨光斌：《国家治理论超越西方治理论》，《理论导报》2020年第1期。
④ 王绍光、胡鞍钢：《中国国家能力报告》，辽宁人民出版社1993年版。

组织构成的基本要素为组织任务—员工（管理者和被管理者）—制度。组织的根本任务是效益最大化，即以投入与产出的理性计算为最高原则进行制度设计和人员激励——员工和管理者是经过以组织章程为基础的考核而选择的，其组织行为更多属于理性人；组织运行也是以理性为原则的各种各样的制度来维持的；组织边界是清晰的，组织人与组织外人是有明确区分的。

这一分析又涉及公共组织（如政府机构）的特征理解。狭义的公共行政组织是有清晰边界的，有行政效益最大化的组织要求。换句话说，边界清晰的公共行政组织（非一般意义的公共管理活动）本身具有类似企业组织的最大效益使命。在这个视野下，企业管理的效益原则适用于公共组织。

但是，国家显然不同于企业等组织。第一，国家治理的主体是"国家"。国家治理是以"国家"为依托的，以政府为载体或主导的，社会相关机构参与的社会协同活动，是政治性的或政治化的国家组织。第二，国家治理的参与者是社会不同层次的利益集团。利益集团表现为以物质、阶级或观念而形成的有形或无形利益共同体。利益集团围绕社会问题，发生互动、交易等博弈。这使国家治理问题的认知表现出社会过程性，而不是单纯的个体认知性。第三，国家治理运行依据是体制制度。国家是以政府为主导的各种有形无形的组织活动，而组织意味着以制度化的方式进行。制度是有形的各种法律、行政条文，也可以是无形的文化、社会习俗、各种非正式规则等。第四，国家治理的标准是情感价值与效益双重的。国家治理不仅是效率的，也是与价值情感相关的公共生活现象。不能简单地认为，社会人只是追求理性最大化的理性人。国家治理采用兼顾公平—效益的统合范式或双重原则——既关注社会生活的价值情感，也关注公共生活的效益性；既关注前者对后者的制约，也关注后者对前者的适应；更关注二者的动态性发展机制。这一原则推之于"政治—行政"语境中，国家治理是统合政治（价值）—行政（效率）的双重关注和契合性。国家治理是国家政体及其相应的利益集团为增进其基于文化政治理念而建立的政体合法性和有效性的政治、政策与管理活动。

就国家治理的问题看，不仅要处理人与人的关系，也要处理人与环境生态，人与未来的关系；不仅要处理同一文化的群体关系，也要处理不同文化的民族关系；不仅要解决物质的满足，也要处理精神的需要；不仅要处理国内的关系，也要处理国际的关系；不仅通过精神方式，也要使用暴力手段。

三 国家治理心理研究的两种范式

从心理层面研究国家治理现象或过程的社会科学可以称为国家治理心理研究。

对国家治理进行心理层面的研究，有双重"革命性"意义。对于国家治理来说，心理层面的解释可以为社会运行、社会治理、国家治理提供底层理论依据。心理或认知是人对外部或内部事物认识、分析判断、做出决定的心智过程，或者说是对作用于人的感觉器官的外界事物进行信息加工的过程。对其机制的研究，就根本性地揭示着人、组织和社会行为规律，能够为治理提供底层知识系统和判断参照。对于心理学来说，心理学以个体认知为研究重点，公共管理活动是组织—社会性的，治理的心理学研究无疑拓展了心理学的领域。

然而，在如何进行国家治理的心理研究上，又存在两种研究范式——心理学范式与国家治理范式。①

心理学范式是以心理学为准则，把国家治理问题还原、体现为个体层面的认知，形成心理学理论的研究范式。例如，意识形态问题。意识形态现象既是个体的，也是社会的。心理学框架下的意识形态研究，习

---

① 景怀斌：《公共管理的认知科学研究：范式挑战与核心议题》，《武汉大学学报》（哲学社会科学版）2016 年第 6 期。

惯上把其作为个体认知的因素来考虑，即把意识形态视为个人的，而不是阶层的或国家的，如此即把社会变量个体心理化，从而在传统的心理学框架下研究。此路径不能很好地解释意识形态公共化、社会化、国家化现象。

国家治理（公共管理）范式以国家（公共管理）的本质特征为研究框架轴心，但以心理学的思维方式和视野来研究国家治理问题。如同样是意识形态研究，国家治理框架下的心理研究把意识形态作为公共或国家问题来研究，即意识形态如何基于体制，基于社会问题而发生国家治理作用，从而为国家治理提供理论参照。这一路径的研究主体是国家治理，而不是个体认知性的，而是以群体—组织—文化—国家为逻辑线路的，其目的是揭示国家治理合法性与有效性的行动逻辑。这一路径下的研究，不再是心理学的领域，而是国家治理的知识框架。

心理学范式与公共管理范式存在实质性的差异：第一，对象不同。心理学的研究对象是个人，而国家治理的研究对象是国家。个体与国家的根本特征在于，个体是基于个人意志的行动过程，而国家则是基于国体、政体等制度而组织起来的利益集团或国家行动。第二，意义构建机制不同。"意义寻求"是人的本质需要。"意义寻求"可以被理解为获得生命秩序感、目的感、有效感等意义性感受的心理过程。① 对于个体而言，生命意义感是自我性的，可以自我选择的。而对国家治理来说，则是基于政体理念之上的，如富强、自由、平等、公平等理念而构建，这些均是指社会关系而言的。国家和社会运行于这些共享"意义"之上。不同行动主体的意义机制不同，构成了两个范式的学术任务差异。第三，行动原则不同。个体认知过程是意志自由和自我判断，国家运行的依据是组织理念与国体、政体等制度约束。个体与国家本质的差异是，一个是自律性的，一个是他律性的。第四，行动机制不同。个体往

---

① Crystal L. Park, "Making Sense of the Meaning Literature: An Integrative Review of Meaning Making and Its Effects on Adjustment to Stressful Life Events", *Psychological Bulletin*, Vol. 136, No. 2, 2010, pp. 257-301.

往追求利益或价值的最大化实现。而对于国家治理来说，社会是互动的，除非革命，社会中的利益博弈更多是互惠式的。此外，社会的本质是文化性的，文化往往不是利益诉求的最大化，而是共识最大化。国家治理的原则自然由理性最大效益标准转换为价值—理性二维。

心理学范式与国家治理（公共管理）范式的差异如表 1-3 所示。

表 1-3 　　**心理学范式与国家治理范式差异比较**

	心理学	国家治理
研究对象	个体	社会—国家组织（人）
意义追寻	自我意义感	政体理念
行动者依据	个人需要、意志、理想	国家需要、目标、愿景
行动者规则	自律性质的理性工具—价值情感需要	他律性的制度—文化—道德
行动结果	个人目标实现	国家运作

由此框架，国家治理心理的研究，是对最复杂组织的运行心理规律的揭示，是新的领域与学科，也是国家治理体系与治理能力现代化建设不可或缺的底层知识系统。

四　范式选择与内容框架

作为"新的"领域，国家治理心理研究要有自己的定位——在视野、范式与框架上有所选择。

（一）问题中心与心理层面

本书选取问题中心、心理层面研究的研究策略。真实的国家治理不是"科学的变量关系"，而是大量的行动者的情、理、法、利的互动与整合。国家治理是依托于合法暴力体系，通过体制化、科层化、政策化、文化化等方式，以合法性与有效性增强为轴心的人财物综合配置、协同发展、达成满意公共秩序的过程。国家治理的所有活动无不出于"民情",落于"民心"。这些活动与过程是国家行动的现象,蕴含着社会心理过程,构成人们的行动规则。因此,应以问题为中心,从心理层面进行描述、解释与应用,如此才能形成可以引导国家治理行动的基本心理原理,为国家治理知识体系与治理能力现代化建设提供底层理论。

有鉴于此,要对心理学取向的国家治理研究方式保持清醒。心理学取向的国家治理研究,是从国家治理历史和现实中,发现适合现代科学的心理学的材料,形成心理学理论,知识框架是心理学的,分析方法也是心理学的。这种做法是把国家治理问题学科化,有脱离所研究问题的国家社会文化背景的可能性。

(二) 国家治理范式

选取国家治理的心理研究范式。这意味着,以国家为研究对象,而不是以心理学为目的;关注国家作为行动主体的动因、依据、机制,而不是个体的行动机制;关注国家作为大型组织的意义构建,如政治理念如何构建国家并以国家方式来行动,而不是个体意义生成及作用机制;关注国家空间下不同利益集团的互动,而不是个体内在心理变量的关系考察;关注政府作为组织如何决策,而不是"独立"的个人决策;关注人的心理作为资源,如何在国家治理中发挥作用,而不是个体成长性的心理资源作用等。

概言之,国家治理范式的心理研究是以国家治理本质为根本框架的心理研究,研究对象是国家,分析层面是心理的,研究目标是国家治理的心理原理知识构建。

(三) 内容结构

确定国家治理心理原理的内容框架,类似问题解决的问题构建。这要涉及"问题空间"策略。所谓的"问题空间"指一项研究所呈现给人的问题的起始状态,要求达到的目标状态,解决问题中各种可能的中间状态。① 社会科学的"问题空间"是指在研究者的研究意图（任务目标）推动下形成的清晰或不清晰的研究任务及其相关问题、内容、变量关系、实现途径、研究方法等的心理集合状态。"问题空间"可以通过因素—结构—功能分析而实现。②

国家是由国家治理者、民众、国家（社会）任务等基本要素构成的超级复杂系统，即国家治理的因素—结构—功能问题空间是由国家治理者—民众—国家社会任务构成的。其中，每个要素都有自己的行动过程并与其他要素发生复杂关系，形成社会后果。

依此，可确定本书的内容框架。

第一，国家、国家构建及其运行机制，包括国家体制如何基于政治理念而构建，国家与社会的关系，国家行动的逻辑，国家治理的真实方式等。

第二，国家引领力，包括领袖与国家领导力，国家任务与政府决策，政治文化。

第三，国家中的"人民"，包括"人民"何以成为国家的资源，民心的生成机制，社会激励机制。

第四，三因素综合作用而表现出的社会机制。如话语如何成为治理方式，社会冲突如何化解，重大危机如何应对等。

这四大方面构成了本书的内容框架主干。

（四）方法策略

面对国家治理这样宏大的研究对象与研究任务，没有单一的社会科学方法能够独立胜任。基于研究积累，这里尝试概括出一个方法策略——国家治理基本心理过程综合研究法。

国家治理是在国家政治意志支配下，以体制与制度为治理框架，以

① Herbert A. Simon & Allen Newel, "Human Problem Solving: The State of the Theory in 1970", *American Psychologist*, Vol. 26, No. 2, 1971, pp. 145-159.

② 景怀斌：《社会科学研究的"问题空间"及其构建》，《中国社会科学评价》2018 年第 1 期。

公共政策为方式，统合政治、政府组织、经济、文化、社会等手段，实现国家范围内人财物资源配置，达成理性政治目标的行动过程。国家治理的逻辑是增进国家体制、制度、管理能力的合法性和有效性的过程。国家治理的合法性与有效性为政治体制与文化心理所决定——政体、国体、民主集中制等制度对治理者产生规约，但强弱和走向取决于管理者的认知与解释。这样的互动结果形成了国家治理能力——有效地解决国家任务与社会问题，同时又符合或引导人民的期待，带来国家认同后果的能力。

国家治理现象如此复杂，只能采用综合的研究方法，可以说包括定性与定量的所有方法。只要在合适的前提与范围下，它们都是国家治理的研究方法。

但这不意味着所有方法都是同等的，也不意味着没有策略。在笔者看来，国家治理心理原理乃是国家运行的社会基本心理过程，是国家问题空间下相关因素—结构—功能的作用机制过程。这类似扎根理论所追求的社会基本心理过程主张。扎根理论方法——旨在探析基本社会过程的定性研究方法论，用于挖掘意义化生活世界的"基本社会过程"——发生于一定时间的社会行为的根本方式，包括基本社会心理过程（basic social psychological process，BSPP）和基本社会结构过程（basic social structural process，BSSP）。① 国家治理的心理研究自然侧重于国家治理基本社会心理过程的揭示。在扎根理论看来，"一切皆是数据"。如此，面对国家治理现象，历史的、当下发生的人事物，世界的相关事件等，都构成了研究的"数据"。这些大量的"数据"如何实现理论化？虽然不同版本的扎根理论选择编码做法不同，但其大致的原则是一样的——从意义材料的开放编码到选择编码再到理论编码的过程。然而，在实际研究过程中，扎根理论的编码层级存在"理论鸿沟"。针对于此，基于中国文化而形成了"类故理"编码可以弥补这一不

---

① Barney G. Glaser, "Conceptualization: On Theory and Theorizing Using Grounded Theory", *International Journal of Qualitative Methods*, Vol. 1, No. 2, Spring 2002, pp. 1-31.

足——"类"是基于事物属性的类属抽象心智过程和概念表达;"故"是"类"的因果、条件或过程的关系化;"理"是"类"与"故"构成的事物作用机制的概念形式化。"类故理"是递进的理论抽象、超越过程,它能有效地填补扎根理论的"理论鸿沟"。①

故而,本书——国家治理心理原理——的研究策略可以确定为,以国家治理基本心理过程为研究任务,以因素—结构—功能构造研究的问题框架,以各种研究方法获取研究资料,采用"类故理"方式对国家治理现象进行类别归化,寻找类别间因果关系,发展能够解释国家治理现象的心理理论结构。

在这一策略下,统合使用各种方法。以本书而论,既采用了旨在探析变量确定性关系的问卷调查、实验等,也采用了旨在对过程因果机制加以探析的案例、观察、文本分析等。它们都是国家治理心理研究的方法论"工具箱"。

① 景怀斌:《扎根理论编码的"理论鸿沟"及"类故理"跨越》,《武汉大学学报》(哲学社会科学版) 2017 年第 6 期。

第二章　国家治理的文明路径

劝君少骂秦始皇，焚坑事业要商量。祖龙魂死秦犹在，孔学名高实秕糠。百代都行秦政法，十批不是好文章。熟读唐人封建论，莫从子厚返文王。①

这首诗是毛泽东写给郭沫若的，作于 1973 年 8 月 5 日。郭沫若曾著《十批判书》，对孔孟老庄以及秦始皇等人进行了学术批判。政治家与思想家对历史人物的评价往往是不同的——正如"治统"与"学统"之别。毛泽东这首诗里的"祖龙"指秦始皇，意思是秦始皇虽然死了，但"秦"奠定了中华帝国的版图，形成了统一的国家，后来的历朝历代，都是对"秦"的继承，所以"秦犹在"。"百代都行秦政法"指秦朝建立了中央集权的封建制度与郡县制，在中国实行了两千多年，其中郡县制一直存续到今天。现代国家是竞争性国家，来自历史又不同于历史，但唯有进入历史的视野才能明白现代国家的治理策略与道路选择。

一　文明的治理要素

文明有太多的不同理解。一般认为，文明指使人类脱离野蛮状态的

---

① 毛泽东：《七律·读〈封建论〉呈郭老》，中共中央文献研究室编《毛泽东年谱（一九四九——一九七六）》第 6 卷，中央文献出版社 2013 年版，第 490 页。

所有社会行为和自然行为构成的集合，包括家族观念、工具、语言、文字、信仰、宗教观念、法律、城邦和国家等。

文明的产生与发展表现出规律性特征。首先，地理环境决定着生产方式。如中华民族生活的地理环境造就了早期农耕文明；希腊为丘陵地区，干旱且缺少植被，人们以海洋为生活资源，形成了航海生活方式。其次，人作为有高级自我意识的动物，会深入地思考人的终极价值或生命意义，社会的管理也需要更高的信仰力量来统合，这形成了以终极信念为核心的心灵价值学说，人类不断回答、合理化生命意义，形成了不同的文明思想，如中国儒家的心性思想与西方的上帝信仰思想。最后，这些思想作为文明的理念基础，框定了文明体的社会形态。如中国的家国一体、家族道德秩序；西方在长期的宗教演变、争斗中形成了国家—社会性质的三权分立，逐步发展出神学、科学、哲学等文化社会结构。概言之，文明的发展是由地理环境塑造社会形态，终极追寻形成信仰学说，信仰系统框定文化社会架构等形构的。

关于上古的记载，中国有"三坟五典八索九丘"之说——据说是孔子撰写的《尚书序》称："伏牺、神农、黄帝之书，谓之《三坟》，言大道也。少昊、颛顼、高辛、唐（尧）、虞（舜）之书，谓之《五典》，言常道也。至于夏、商、周之书，虽设教不伦，雅诰奥义，其归一揆，是故历代宝之，以为大训。八卦之说，谓之《八索》，求其义也。九州之志，谓之《九丘》。丘，聚也。言九州所有，土地所生，风气所宜，皆聚此书也。"[1] 这些大都失传了。今天能够看到记载夏商周"三代"政治经验的是《尚书》。《尚书》开篇《尧典》载：

> 昔在帝尧，聪明文思，光宅天下。将逊于位，让于虞舜，作《尧典》。
>
> 曰若稽古，帝尧，曰放勋，钦明文思安安，允恭克让，光被四表，格于上下。克明俊德，以亲九族。九族既睦，平章百姓。百姓

---

[1] 《尚书正义》卷1，北京大学出版社1999年版，第4—8页。

昭明，协和万邦。黎民于变时雍。

乃命羲和，钦若昊天，历象日月星辰，敬授人时。分命羲仲，宅嵎夷，曰旸谷。寅宾出日，平秩东作。日中，星鸟，以殷仲春。厥民析，鸟兽孳尾。申命羲叔，宅南交。平秩南讹，敬致。日永，星火，以正仲夏。厥民因，鸟兽希革。分命和仲，宅西，曰昧谷。寅饯纳日，平秩西成。宵中，星虚，以殷仲秋。厥民夷，鸟兽毛毨。申命和叔，宅朔方，曰幽都。平在朔易。日短，星昴，以正仲冬。厥民隩，鸟兽氄毛。帝曰："咨！汝羲暨和。期三百有六旬有六日，以闰月定四时，成岁。允厘百工，庶绩咸熙。"

《尧典》自然可以有多角度解读。从文明与国家治理角度看，可以看出这几方面：第一，美德推崇。尧因为"聪明文思，光宅天下"而有"天下"。他以"钦、明、文、思、安安，允恭克让，光被四表，格于上下"等美德而获得亲族和百姓的拥护，实现了"天下"良治。第二，尧命四位官员进行社会治理。他们依据天象划分了四方位——东西南北，根据气候、人与万物关系总结生存、治理的规律。第三，历法给出了先民生存的空间与时间秩序。此篇给出的天地崇拜、德性推崇、生存秩序的基本框架，形成了农耕文明的基本治理框架。

与此构成有趣对比的是，西方文明的根基性经典《圣经·旧约》（《创世纪》）载：

起初神创造天地。地是空虚混沌。渊面黑暗。神的灵运行在水面上。神说，要有光，就有了光。神看光是好的，就把光暗分开了。神称光为昼，称暗为夜。有晚上，有早晨，这是头一日。

……

天地万物都造齐了。

到第七日，神造物的工已经完毕，就在第七日歇了他一切的工，安息了。

……

耶和华神用地上的尘土造人，将生气吹在他鼻孔里，他就成了
有灵的活人，名叫亚当。

耶和华神在东方的伊甸立了一个园子，把所造的人安置在
那里。

上帝创造了世界，也给出了意义框架与时间秩序：第一，上帝是万
物的创造者，人是上帝创造出来的；第二，上帝给出了 7 天的时间秩
序；第三，与中国的不同，这些描述是终极信仰意义的而不是现实生活
层面的。

中西文明的两个经典分别揭示了中西方文明的实质——一个是以德
为核心的伦理文化体系，一个是以上帝之真善美为核心的宗教性文明体
系。二者在各自的历史路径上发展、演变，形成了各自灿烂的文明
之光。

文明发展需要"管理"，也孕育着"治理"思想体系。文明是以人
的终极理念为基础的意义系统，在这样的系统下，人以"意义"的方
式展开生命。人作为有高级自我的物存在，有限的生命与无限永恒追
求，构成人的生存困境，这样的困境需要借助于信仰系统而化解，构成
人与自我、人与他人、人与社会（国家）的关系，形成了道德、法律
关系。文明作为总体，要很好发展，必然需要人财物的最佳或满意化配
置，这一定是通过"治理"而实现的，是通过"尧舜""上帝"这样的
终极"治理"者展开的，没有"治理"，文明便无从发展。

越是发达的文明，复杂性就越高，对复杂系统的治理水平就越高。
人类从早期部落，到早期社会，到早期国家，到现代国家，人财物，人
与人，人与技术等的关系越来越复杂。对这个复杂过程的治理就越来越
有智慧。治理是人类智慧结晶，"治理"本身也构成文明的一部分。

文明与国家、社会是有区别的。在作用方式上，文明是靠共享信念
联结的，社会是靠各种互动关系维系的，国家则是靠强制约束方式维系

的命运共同体；在作用范围上，文明外延最大，社会次之，国家最小。如东亚儒家文化圈，包括了中国、日本、新加坡等，基督教文化圈包括了欧洲、北美等；在性质上，文明是关于人类生存解释的观念系统，社会则是利益合作体，国家是权力分割或分享的制度安排。可见，文明是国家、社会基础。

二　中西方文明的治理思想

世界文明是多样的。对于中国人而言，中华文明与西方文明构成了当今主要的思想与解释来源，也是国家治理的思想基础与比较对象。

(一) 中华文明的国家治理路径

中华文明发源的核心地带是中原黄河流域。黄河流域是一个适合农耕的区域，形成了中国的农耕社会形态。从生态学角度看，选择了农业是人类历史上最根本的变化。它创造了第一种人工居住形式——从事农耕的乡村，带来了文明的后果——持久的粮食过剩以及由此而产生的人口增长潜力；秩序井然的等级社会；劳动和战争等方面社会强制力的增长；城市、有组织的贸易、文字的出现等。[①]

中国农耕文化的萌芽与发展形态塑造了中华文明。苏秉琦总结说，中国文化经历了一百万年的前期积累，一万年的萌芽期和大约从夏朝早期到现在的六千年的文明史。中国农耕社会的基本特征在于：一是中国人有一双灵巧的手，精于工艺、善于创造，这在北京人时代已经形成。北京人文化的突出特点是用劣质的石材制造出超越时代的高级工具，例如用脉石英片修整成尖锐、锋利的小型石器等。这种勇于开拓、善于实践的精神在其后几十万年中得到传承。二是中华民族极富兼容性和凝聚

---

① ［英］诺曼·戴维斯：《欧洲史》（古典时代：史前—公元337），刘北成、郭方等译，中信出版集团股份有限公司2021年版，第137—138页。

力。世界诸文明古国中，只有中国历史连绵不断。中国人这种伟大的民族精神和力量，其根脉大约深植于史前文化之中。三是中国传统文化的核心——对"天、地、君、亲、师"的崇拜与敬重。古人对"天"赋予了超自然的属性，它是一种抽象的权威象征，代表一种不可抗拒的超自然正义力量；对"地"的崇拜反映了追求人与自然的协调；至于对"君"的崇拜，则反映着对社会秩序化即国泰民安的追求；对于"亲"的崇拜至少包括"祖先崇拜"以来至现实生活中的"父慈子孝""兄友弟恭"等内容，是维系协调人际关系的重要纽带；对"师"的崇拜则是要求对文化、知识的尊重与继承。中国文化的特质是精致、现世。精致即是善于对世界进行观察和认知，使中国人具有理性的特征，现世即是对当下存在的确认。① 这成为文明的路径，决定了中国人文化前进的方向。

许倬云把中国社会文化归因为三原色：精耕农业、家族血缘和国家官僚（文官制度）。② 从文化深层看，中国文化表现出以儒家文化为主流的儒释道三教合一的文化形态。政治—伦理—宗教一体的特点使中国人关注社会的现实价值，并以人的社会化生存为重心，有"实用理性"的特征。③ 在思维方式上，中国人通过对周围世界的观察和模拟，形成生活信念和技术理论，以一定的理性而又不全是科学理性的方式理解和改造世界。笔者对此概括为经验理性思维。在西方学者眼里，中国是集体主义文化，人的自我概念基于社会和与他人的关系比较中，西方则是基于个人自主以及与他人分离的过程。④

伴随中华文化的发展，是中国传统的国家治理思想的系统化。这是在儒家和统治者的互动中构建的。儒家是政治理想主义者，统治者需要

---

① 苏秉琦：《中国文明起源新探》，生活·读书·新知三联书店 1999 年版，第 179—182 页。

② 许倬云：《中国文化与世界文化》，广西师范大学出版社 2006 年版，第 68 页。

③ 李泽厚：《论语今读》，生活·读书·新知三联书店 2004 年版，第 3 页。

④ Marilynn B. Brewer and Ya-Ru Chen, "Where (Who) are Collectives in Collectivism? Toward Conceptual Clarification of Individualism and Collectivism", *Psychological Review*, Vol. 114, No. 1, 2007, pp. 133–151.

儒家，但完全按照儒家又行不通，且德治政治文化的最后实行是统治者
以国家力量为依托的制度化形塑的。在这个过程中，中国传统的国家治
理理性有了极大的发展，表现出三个重要的环节。

第一，是早期"国家"统治经验的德治总结。

中国最早的史书《尚书》——上古流传下来的、记载古代贤王明
君事迹的典籍，对此已有系统化总结。《尚书》所记载的上古1200年间
的政治实践经验体现在这样几个方面：政治终极力量观。人们认为
"天"生成万事万物，是护佑人间的决定力量——"天命"乃天"令"
也；"德"是世界基本框架。《尚书》中要求君王"以德配天"的
"德"主要包括三个方面："敬天""孝祖""保民"，其中"保民"是
为君之德的核心；"有德有命"的权力正当性。夏商时期，"天"成为
世界的最终决定者。天以其自然力量，以其五行而决定世间。但天与人
德尚无确定关系。在夏人思维里，祖先更有决定力量；有周时期，特别
是周公时期，天与德有确切关系了。面对王朝更迭现象，即上天为什么
会放弃一个王朝，如殷商。周人立国，提出了新的国家学说，即"德
命"思想，认为"天"是通过人的德行而决定人的命运，"天命"只垂
青那些布施德行的君主、临幸政治昌明的王朝。"天"通过评估执政者
对百姓的"善政"护佑或废除君主；对于没有德行的君主，百姓亦可
依据"天道"将其铲除。如此，"天命"逐步演化为"天道"，成为国
家统治权力的至上来源的学说，"德政"成为获得"天命"的唯一依
据。中国早期对统治的德治经验总结，是政治家完成的。这奠定了中国
传统政治文化的基因与框架。

第二，统治者与儒家互动确立了国家治理思想框架。

典型的案例是汉武帝与董仲舒的"天人三策"。在第一策中，汉武
帝问，他承大位，责任重大，朝夕惶恐，想向世间的贤良请教，知道治
天下的根本之道。汉武帝之问有三个根本问题。其一，五百年间国灭国
兴，所谓的三王之道有无？其二，关乎夭与寿、性与命、仁与鄙的天命
到底有无？其三，君王应该有怎样的行为，才能带来家国昌兴，人民安

康，从而展现天命？三个问题皆是围绕"天道"到底有没有？其实质乃是人间统治的终极力量存在及其君王行为问题。董仲舒的回答是有，这就是"道"。"道"是治国应遵循的"路"，体现在"仁义礼乐"中。"道"的作用如此之大，即使圣王已逝，也能使子孙安享数百年，根本是礼乐教化作用的结果，亡国君王就是不遵循这样的道才失去统治的。治乱在于君王自己，天命可得。有德的君王，会有天瑞呈现，无德的君王，上天也用灾异来警示君王。

董仲舒的回答具有三重论证——政道本源、神秘（圣）天人相符、历史经验，其结论是以德治国，以仁义礼智信教化治国。董仲舒的这一结论不新，但其论证极有力量感：其一，以阴阳五行论天，以正、元论王，有本体本源性"知识"理性的说服力。凡是本体本源的知识论证，带来知识的无可反驳性。其二，以天人相符，由神圣和神秘性来解释终极权力来源，具有巨大的统治者心理影响力。终极权力的论证能够带来精神神圣性，唤起人的存在恐惧，是解决人的精神焦虑的根本方式——唯有神圣，我才无畏；唯有神圣，我才正当；唯有神圣，我才高尚。唯有神圣，我才可以睥睨一切。这即是宗教性信仰的力量。如上帝信仰一样。信仰当然有偏见，但信仰者从不这样认为，而是以信仰为上。其三，以《春秋》国兴国灭说事，给出了历史教训。"野谚曰'前事之不忘，后事之师也'。是以君子为国，观之上古，验之当世，参以人事，察盛衰之理，审权势之宜，去就有序，变化有时，故旷日长久而社稷安矣。"（《史记·秦始皇本纪》）汉武帝接受了儒家式"政道"观或理念。"天子览其对而异焉，乃复册之。"才有了第二策、第三策，成为中国政治制度、思想发展的"大事"。"汉承百王之弊，高祖拨乱反正，文景务在养民，至于稽古礼文之事，犹多阙焉。孝武初立，卓然罢黜百家，表章《六经》，遂畴咨海内，举其俊茂，与之立功。兴太学，修郊祀，改正朔，定历数，协音律，作诗乐，建封禅，礼百神，绍周后，号令文章，焕焉可述。后嗣得遵洪业，而有三代之风。如武帝之雄材大略，不改文景之恭俭以济斯民，虽《诗》《书》所称何有加焉！"（《汉书·武帝纪》）可见，王权与儒家的互动，决定了中国政治文化的基本框架与内容。

第三，中国的社会形态使历代王朝不得不实行"德治"化国家治理范式。

刘邦夺取天下，起初对儒家主张并不认可。"陆生时时前说称《诗》、《书》，帝骂之曰：'乃公居马上而得之，安事《诗》、《书》!'陆生曰：'居马上得之，宁可以马上治之乎？且汤、武逆取而以顺守之；文武并用，长久之术也。昔者吴王夫差、智伯、秦始皇，皆以极武而亡。乡使秦已并天下，行仁义，法先圣，陛下安得而有之!'帝有惭色，曰：'试为我著秦所以失天下、吾所以得之者及古成败之国。'陆生乃粗述存亡之征，凡著十二篇。每奏一篇，帝未尝不称善，左右呼万岁；号其书曰《新语》。"① 唐太宗说，"梁武帝君臣惟谈苦空，侯景之乱，百官不能乘马。元帝为周师所围，犹讲《老子》，百官戎服以听。此深足为戒。朕所好者，唯尧、舜、周、孔之道，以为如鸟有翼，如鱼有水，失之则死，不可暂无耳"②。只是，君王的德治不是单纯的儒家治国，而是有其他层面。汉宣帝曾说："'汉家自有制度，本以霸王道杂之；奈何纯任德教，用周政乎！且俗儒不达时宜，好是古非今，使人眩于名实，不知所守，何足委任！'"③

随着文明的发展，儒家式国家治理思想成为人才培养的思想框架。元皇庆二年（1313）至清废科举（1905）的近600年间，包括《大学》在内的《四书》成为国家取士的科举文本。科举制度借此选拔、熏陶大量的士人，使之成为国家管理人员。进科者不是单纯意义的"技术官僚"，而是兼具"道统"的维护者，"政统"的执行者，"实则科举考试的本意主要不是选拔办事的能吏，而是人格高尚的饱学之士，以为小民百姓树立风仪楷模，并居高临下，驾驭胥吏"④。其成功者获任官员，

---

① 《资治通鉴》卷12，中华书局1956年标点本，第396页。
② 《资治通鉴》卷192，中华书局1956年标点本，第6054页。
③ 《资治通鉴》卷27，中华书局1956年标点本，第880—881页。
④ 桑兵：《辛亥革命的再认识》，《中华文史论丛》2011年第3期。

直接成为王朝的管理者，失利者退为乡绅，成为乡间社会道德习俗的主导者。中国传统社会无论是精英还是乡民，无不由此而受儒家思想的熏陶。这些贤能成为传统王朝国家治理的主导者。

当然，国家治理的"道统""学统"不仅互补，还是竞争关系。在儒家道统谱系中，孔子之前，道治同一，因而君师同一、政教同一、圣王同一。孔子之后，道治分立，君师分立、政教分立、圣王分立。这自然是儒家的历史想象。在真实的历史中，"道治同一"倒是王朝的期望。如康熙帝就通过塑造自身"儒家学术权威"的形象来抢夺道统话语权，也通过对儒家士大夫的打压来剥夺其道统话语权。但不可否认，传统的国家治理理性是统治者与儒家互动构建的。

（二）西方文明的国家治理发展

希腊和罗马是欧洲文明的两个源头。希腊是从分散的城邦成长起来的，罗马则是从单一的政体长大的。与希腊世界沿地中海沿岸扩张相比，罗马世界是通过陆地征服集结而成的。希腊人钟情于大海，罗马人则热爱土地。希腊人的内心是水手，罗马人则是农夫。罗马以地位为本的社会，孕育了罗马人的军事组织和政府管理的才能，形成了相关的美德——责任感、对家庭和祖国的献身精神，遵从自然法则。这些心理对罗马有巨大的贡献。在宗教上，罗马人完全吸收了奥林匹亚诸神——把宙斯换成了朱庇特，赫拉变成朱诺；在文学上，希腊作家被拉丁继承者着意奉为经典。罗马人将天赋投射到一些新的领域——尤其是法律、军事组织、行政管理和工程领域。[①]

古希腊文明，马其顿帝国，特别是罗马帝国，经历了王政时代（公元前 8 世纪—前 510 年）、罗马共和时代（公元前 509 年—前 27 年）和罗马帝国时代（公元前 27 年—476 年），构成了西方早期文明。

西方的基督教信仰是在罗马帝国时期确立的。早期的罗马帝国持原

---

① ［英］诺曼·戴维斯：《欧洲史》（古典时代：史前—公元 337），刘北成、郭方等译，中信出版集团股份有限公司 2021 年版，第 73 页。

始宗教崇拜,罗马共和时代是希腊化时代(奥古斯都时代的诗人贺拉斯有句名言最有代表性——"被俘的希腊俘获了她那野蛮的征服者"),①信仰的是希腊诸神与罗马诸神的融合。公元前后的源自犹太教的基督教与罗马帝国的关系颇为复杂,从早期的地方宗教,不为统治者所看重,到后来的被迫害对象,但因基督教的信仰一元性及其组织力,后来成为有极大影响的宗教组织,成为应对帝国衰退的信仰方式。公元331年,君士坦丁堡在建城周年纪念日被确立为罗马帝国政府的首都,并保持这种突出地位长达1000多年。经历了一两代人的时间,它的基督教特点就占据了绝对优势,教堂数量大大超过神庙,直到神庙被彻底禁止。②公元380年,时任罗马帝国皇帝的狄奥多西与格拉提安,正式颁布敕令,宣布基督教为罗马帝国国教。从诞生到控制罗马帝国,基督教用了300多年,但从控制罗马帝国到摧毁帝国内其他宗教,不过仅仅用了15年。公元384年,罗马帝国撤走了安放在元老院数百年之久的胜利女神像,公元388年,狄奥多西皇帝强迫元老院所有元老改信基督教,公元392年,罗马帝国宣布昔日罗马传统主神朱庇特神有罪,同时全面禁止奥林匹克运动会。基督教从最早的被压制而成为罗马帝国的国教。

7世纪伊斯兰教的征服将欧洲变成以基督教为基础的欧洲。穆斯林控制区对欧洲形成的包围,切断了基督徒与其他宗教和文明的直接联系,欧洲大陆陷入封闭,商业贸易、文化和政治的交往改变了方向。这给基督教世界的宗教冲突留下两大任务:与伊斯兰教进行斗争,使残留的异教徒皈依。这一形势迫使拜占庭帝国长期疲于应付东方边境防御,从而忽视了帝国西部。这使距离拜占庭较远的基督教国家不得不进行自卫,逐渐采取措施实行政治上的地方自治、经济上的自给自足,形成了西欧的封建制度。最重要的是,阿拉伯人称霸地中海后,地中海对欧洲大陆其他国家的霸权地位不复存在了。如此不知不觉间,政治主动权便

---

① [英]戴维·M.格温:《罗马共和国》,王忠孝译,译林出版社2018年版,第70页。
② [英]诺曼·戴维斯:《欧洲史》(古典时代:史前—公元337),刘北成、郭方等译,中信出版集团股份有限公司2021年版,第295页。

由地中海转向北方的新兴王国。8 世纪，当欧洲基督徒消除伊斯兰教的征服带来的一系列后果时，新秩序已经撒下了——罗马教廷出现了，基督教世界形成了。这造就了一种文化壁垒，欧洲的同一性被界定出来——文化意义的"欧洲"诞生了。①

自此欧洲进入了中世纪基督教至上的时代。随着文艺复兴，基督教进入了激烈的宗教改革期，出现了以新教为代表的宗教运动。"在新教的理论里，灵魂与上帝之间是不该有任何尘世的居间人的。"而新教又带来了文艺复兴和理性革命，西方走向了现代科学思想体系，这个思想体系促进了西方现代国家治理理性的发展，竞争性国家诞生。新教强调阅读《圣经》的作用，这对他们的国家机遇起到了关键作用，提高了民众的欣赏能力；在经济上，新教促成了积极进取的文化，促进了资本主义的兴起；在政治上，它证明国家之间以及政治团体之间的竞争是主要争端；最重要的是，它对统一的基督教世界进行了致命一击，使 16 世纪 30 年代之前的天主教、东正教正式分裂为三部分——天主教、东正教和新教。②

基督教文化的发展是围绕基督教神学展开的。这无疑有浩如烟海的文献和多重解释体系。以笔者的理解，可以概括为这样几个阶段：第一，教义之争。早期基督教源自犹太教，犹太教是以色列人的宗教。在罗马帝国时期，犹太教是受到迫害的，但在早期教父的努力下，犹太教被改造为以新约为重心的基督教，并且由于适应了罗马帝国的统治需要而成为国教。可以说，这个时期使基督教教义由早期的诸教之一成为独尊。第二，皇权—教权之争。基督教成为罗马国教后，随着教会势力的扩展，教会与世俗王权产生了冲突，加之罗马帝国的崩溃，世俗帝国逐渐无法与教会势力抗争，逐步形成了欧洲教会一统天下的中世纪局面。中世纪后世俗王权逐步处于主导地位。第三，上帝—自我冲突。随着城

---

① ［英］诺曼·戴维斯：《欧洲史》（帝国时代：约 330 —1493），刘北成、郭方等译，中信出版集团股份有限公司 2021 年版，第 63—64 页。

② ［英］诺曼·戴维斯：《欧洲史》（转型时代：约 1450 —1914），刘北成、郭方等译，中信出版集团股份有限公司 2021 年版，第 35—36 页。

市和文明的发展，人类自我意识的提高，罗马教廷的腐败，人们开始更
多关注自我的拯救，出现了自我与上帝的关系，即新教改革。第四，新
教改革是人的自我胜利，是上帝为自我加冕。第五，自我的胜利。在人
与上帝的关系中，人的自我有三次飞跃：走向自我，发现自我，为自我
加冕（自我成为中心）。这是新教的最后胜利。① 西方大量学说围绕上
述维度而展开。西方社会的紧张与战争也多与此相关，如宗教战争。欧
洲的基督教信仰是欧洲文明的动力与发展道路——"这少数字词乃是一
个巨大的礼物，因为其中包含了欧洲一千年的经验。它们将欧洲人的知
识和经验贡献给全人类。一千年来，欧洲人倾听基督教所包含的'道'
（Word），试图了解并作出回应。这少数字词就是一千年耕耘的收获"②。

　　西方的国家治理与西方文化的"牧领"思想有极大的关系。但西
方的"牧领"隐喻在古希腊文化、古希伯来文化和中世纪基督教思想
里有不同的含义，生发出不同的治理思想。

　　古希腊出现了"牧人"政治观。柏拉图经常谈到牧人—执政官，
如《克里底亚》《理想国》《法律篇》均见到有关论述。柏拉图认为政
治领袖是这样一种人——人群的牧人。但在其思想中，"牧羊人—执政
者"并不是毕达哥拉斯主义意义上制定法律的人，也不是城邦的建立
者，而只是从属的执政者。这样，占主流的柏拉图哲学最终将牧羊人模
式排除在政治之外。牧羊人的政治隐喻在古希腊时代不是主流观念。③

　　古希伯来文化也有自己的"牧人"信念。古代地中海东部，如埃及、
亚述、美索不达米亚等地区，一直有"牧人"的观念——上帝、国王和
首领相对于普通老百姓来讲就是牧羊人，老百姓则被视为羊群。在埃及，
法老在登基大典的时候，要接受牧羊人的徽章；在巴比伦，牧羊人是国

----

　　① ［奥］弗里德里希·希尔：《欧洲思想史》，赵复三译，广西师范大学出版社 2007 年
版，第 230 页。

　　② ［奥］弗里德里希·希尔：《欧洲思想史》，赵复三译，广西师范大学出版社 2007 年
版，第 504 页。

　　③ 陈殿青：《西方政治思想史上的"牧羊人隐喻"——福柯生命政治学视角》，《华南师
范大学学报》（社会科学版）2017 年第 3 期。

王称号的一部分。《圣经》中记载的犹太人迁移，一定是拖儿带女，并且驱赶着他们的羊群。羊既是主要的食品，也是主要的财产。随着迁徙规模的一次次加大，被引领的对象逐渐从羊群转化为人群，"羊群"和"牧领"逐渐脱离最初的切实意义。希伯来人的"牧领"具备了高度的特殊性：上帝，只有上帝，才是人民的牧人。耶和华是唯一的、真正的牧人。他亲自引领人民，他的先知们只是帮助他们。《诗篇》言："你曾借摩西和亚伦的手引导你的百姓，好像羊群一般。"福柯认为，希伯来古文化中的权力关系通过"上帝—牧羊人—羊"的关系体现出来。牧领隐喻中，牧人行使权力，针对的是一群羊，而不是一块土地（如希腊文化中领袖与人民的关系）。犹太人的神——牧羊人的权力并不作用在领土上，而是作用于不断移动迁徙的"羊群"上。这种牧领权力有如下特点：第一，它是作用于运动中复杂人群的权力。犹太人的神是不断变化的地方的神，在子民迁移改变位置过程中，神带领人民。牧人—上帝（Shepherd-God）与其羊群的关系是首要的、最基本的。羊群可以流转到不同的地方，但是他们与牧人之间的关系是恒定的。土地是上帝给予或者应许给他的羊群的。牧人的根本性责任是集合、引导羊群。福柯强调说，"牧人的直接在场和引导行为是羊群聚集的原因"①。第二，牧领的权力是一种善的权力。在古希腊、罗马思想中，权力也有行善的责任，但那仅仅是权力众多特性中的一面而已，权力更代表着至高无上、财富、战胜敌人、获取土地和奴隶等。但是，牧领权力的整体特征就是善，其存在的唯一理由就是行善，拯救"羊群"。第三，牧领权力是个体化的权力。牧人做的每一件事都是为了他的羊群的福祉。牧羊人要照看整个羊群，但也要看护好每一只羊。牧羊人对羊群有强烈的责任感，为了羊群可以做任何事情，包括牺牲自己。他还要照顾好每一只羊，有时会放下整个羊群去救护迷途的一只羊，这样就可能会为了一只羊而牺牲整个羊群。如摩西就曾经为了一只迷途的母羊而抛弃了整个羊群。这就是著名的牧羊人悖论——

① 福柯：《全体与单一：论政治理性批判》，载《什么是批判》，北京大学出版社 2016年版，第 318 页。

为了全体羊群牺牲自己，为了一只羊而牺牲全体羊群。① 牧人在聚集指引羊群的基础上，更重要的任务是要保证羊群得救。牧人给予羊群的，是"一种始终如一的、个体化的、终极的仁慈"②。领袖的这种仁慈接近于"献身"（devoted-ness）。它们睡着的时候，他仍然照看着它们。这种拯救的方式，不像希腊人所认为的那样，主要体现在危急时刻（他们将称职的领袖看作防止船触礁的舵手）。

基督教在希伯来文化基础上形成了自己的"牧领"思想。从 3 世纪开始，基督教开始在西方世界构思、建构和发展牧领制度，使牧羊人隐喻主题得到空前丰富、转变和复杂化。希伯来传统认为牧人对整个羊群和每头羊的命运都负有责任。基督教则强调，牧人要对每只羊的"所有的行为，它们所有好的或坏的倾向，它们身上所有的事情，作出记录"③。福柯认为，基督教的"牧领"思想至少在四个方面发生了变化：（1）责任。在希伯来观念中，牧人被认为对整个羊群和每头羊的命运都负有责任。在基督教的观念中，不仅是每一头羊，还包括所有羊的行为，它们的善恶，所有降临在它们身上的事情，牧人都要给出交代。这样的纽带不仅涉及个人的生活，而且涉及他们行动的细节。（2）服从。在希伯来的观念中，神是一个牧人，跟从他的羊群必须遵守他的意志、他的律法。而基督教认为牧人和羊是个人的和完全依赖的关系。如果一个希腊人不得不服从，他服从的一定是法律，或是城邦的意志。在基督教中，与牧人的纽带是个人的纽带，人身服从。顺从是一种美德。它是一种永久的状态；羊必须永远顺从于牧人。（3）牧领（pastorship）。这一主题现在以三种不同的方式强化了：羊群每个成员的物质需要都必须告知牧人，牧人必须在必要的时候为成员提供物质需要。他必须知道正

---

① 陈殿青：《西方政治思想史上的"牧羊人隐喻"——福柯生命政治学视角》，《华南师范大学学报》（社会科学版）2017 年第 3 期。

② 福柯：《全体与单一：论政治理性批判》，载《什么是批判》，北京大学出版社 2016 年版，第 319 页。

③ 福柯：《全体与单一：论政治理性批判》，载《什么是批判》，北京大学出版社 2016 年版，第 328 页。

在发生的情形，每一个成员都在做什么——这个成员的"公开的罪"。他必须知道每个成员的灵魂中都发生着什么，也就是这个成员的"秘密的罪"，它在成圣的道路上的进步。为确保这一个体（individual）知识，基督教防止了希腊化世界的两个重要手段：自我审察（self-examination）和良心指引。基督教的"牧领"紧密结合了这两种实践。一方面，良心的指引形成持续的约束。另一方面，自我审察使自我意识向指引者完全敞开——向他显露灵魂的深处。（4）"克己"（mortification）。审察、忏悔、指引、顺从，所有这些基督教技术都有一个目的：是对这个世界和自我的弃绝（renunciation）。它不同于希腊的政治权力观念，不是为城邦而牺牲，而是一种从自我到自我的关系。

福柯指出，基督教的"牧领"思想与现代国家构建有意义关联。基督教拯救式的神学体制，并没有随着基督教的式微而销声匿迹，而是在十七八世纪以来以慈善和救护机构的名义而扩散：拯救不是在来世，而是在现世；救助者不是牧师，而变成了世俗世界的国家、警察、慈善家、家庭和医院等；救助的技术不再是布道和忏悔，而是福利和安全。最终，救赎式的牧师权力变成了现代社会的生命权力；政治也变成了生命政治——政治将人口和生命作为对象，力图让整个人口，让生命和生活获得幸福，力图提高人口的生活和生命质量，力图让社会变得更安全。如此，救赎式的牧师权力成为对生命进行投资的生命权力的重要来源。① 福柯强调，牧领对每一只羊的"个人化"的关怀，导出后来欧洲福利国家发展的"国家合理性"的逻辑。比较而言，中国治理的文明传统是以"德治"为核心的一整套文化系统，体现在对世界的根本理解以及人、社会存在意义与秩序，领导者与被领导者的"德"的联结；西方的治理传统亦有突出的文明基础，源自古希腊的理性精神、古罗马的法律精神，经过欧洲中世纪的信仰至上塑造，竞争性国家形态出现。

---

① 汪民安：《编者前言：如何塑造主体》，载《自我技术》，北京大学出版社 2016 年版，第 XⅧ—XⅨ 页。

三　现代竞争性国家的诞生

　　1493 年，即哥伦布返回卡斯蒂利亚王国之年，欧洲版图至少包含 30 个君主国。而 500 年后的欧洲国家中，有 4 个国家在 16 世纪形成，4 个形成于 17 世纪，2 个形成于 18 世纪，还有 7 个形成于 19 世纪，有不少于 36 个国家形成于 20 世纪。国家的兴衰是现代欧洲最为重要的现象之一。文艺复兴以后的 100 多场欧洲重要战争，是国家形成的重要因素。"国家如何造就战争"与"战争又如何造就国家"是理解国家形成的重要方面。黎塞留说："力量说到底就是国家的实力。"①

　　现代国家，尤其是西方国家，被称为"政治体国家"（State）。这与"古代国家"的"文化民族"有区别。如果说"文化体国家"（Nation）具有文化和情感色彩的标签，那么"政治体国家"（State）则体现了国家的强制性。欧洲现代国家的形成以《威斯特伐利亚和约》及其威斯特伐利亚体系为标志。1618 年到 1648 年爆发了欧洲主要国家纷纷卷入德意志内战的大规模国际战争（又称"宗教战争"）。战争以德意志新教诸侯和瑞典、丹麦、法国为一方，得到荷兰、英国、俄罗斯的支持；神圣罗马帝国皇帝、德意志天主教诸侯和西班牙为另一方，得到教宗和波兰的支持。战争的代价极其残酷。德意志各邦国大约被消灭了 25%—40% 的人口；路德城维滕贝格四分之三人口阵亡，波美拉尼亚 65% 的人口阵亡，西里西亚四分之一的人口阵亡。为了恢复欧洲和平，1648 年 10 月 24 日各参战国签订了《威斯特伐利亚和约》，为中欧国际秩序奠定了基础：在政治上，它记录了法国的优势和哈布斯堡王朝对德意志王公的屈从；在宗教上，它通过给予加尔文教徒、天主教徒和路德教徒同等的权力结束了在德意志的斗争；在宪法问题上，它通过准予王

---

　　①　[英] 诺曼·戴维斯：《欧洲史》（帝国时代：约 330—1493），刘北成、郭方等译，中信出版集团股份有限公司 2021 年版，第 328—329 页。

公们签订对外条约的权力，使帝国的所有立法要以得到国会的批准为条件，使王公们的势力大为加强；在领土问题上，努力给所有主要索取者一些东西。《威斯特伐利亚和约》之后，人们不能再习惯于说"基督教世界"，而代之以说"欧洲"。① 自此，确立了国家主权的独立性、统一性、不可分割性；强调了国际条约的神圣性并规定对违约国可以实施集体制裁；以王权为代表的民族国家开始取代基督教的神权，成为国际关系的主体。一个以正式邦交形式和召开国际会议为互动模式的国际关系体系在欧洲初步形成。

威斯特伐利亚体系建立后，经过 100 多年的争斗，到 18 世纪末，瑞典、荷兰、西班牙、葡萄牙已不是大国，波兰已不存在，活跃在欧洲政治舞台上的是英国、法国、俄国、奥地利和普鲁士。随着欧洲列强凭借船坚炮利，迅速向外扩张，把世界其他地区变成了欧洲的殖民地或半殖民地，欧洲成为世界中心。1814—1815 年《最后议定书》，1919 年巴黎和会形成的"凡尔赛—华盛顿体系"和第二次世界大战后形成的"雅尔塔体系"，是这一态势的发展。力量均势结构、战略平衡、国际政治民主化、大国强权是现代竞争性国家的产物，也带来竞争性国家的渴望。

欧洲现代国家的形成过程是民族国家竞争史。1450 年到 1815 年期间的国际体系只有"国家主义"，并无"民族主义"，而"在 19 世纪，民族主义开始取代国家主义，从意识形态上巩固政治实体，但同样也是在这个阶段，阶级斗争第一次采取了有组织的、公开的政治形式。最后，民族主义和阶级斗争对抗性的合作在 1914—1917 年以后的时期变得非常强烈，成为社会运动和民族运动混在一起的反体系的力量，而保守的力量也用这种同样的混合来支持现状"②。现代民族国家的适应过程经历了三个阶段：18 世纪前，国家是征税者，以暴力和军队做后盾；

---

① ［英］诺曼·戴维斯：《欧洲史》（转型时代：约 1450—1914），刘北成、郭方等译，中信出版集团股份有限公司 2021 年版，第 131—132 页。

② ［美］伊曼纽尔·沃勒斯坦：《变化中的世界体系——论后美国时期的地缘政治与地缘文化》，王逢振译，中央编译出版社 2016 年版，第 156 页。

19 世纪以后，国家是市场经济的保护者和工业化的推动者；进入 20 世纪，国家是"民族"的建设者，是公民权利的维护者。①

与竞争性国家相伴而生的是西方对其他地区的殖民，带来了国家竞争全球化。如英国政府通过攻伐、诱骗和殖民等手段竟然成功占领全球近四分之三的土地。1870 年至 1914 年，是英帝国权势的鼎盛时期，金本位、自由贸易和英国海军优势共同支撑了世界市场体系的开放与繁荣。1914 年至 1945 年整个世界经历了两次世界大战、一次大萧条和由此而来的贸易保护浪潮。1945 年至 1979 年可以称为"半球化"时代，形成了两个平行的世界市场体系：一个是以美国为中心的西方资本主义体系，另一个则是以苏联为主导的东方阵营体系。1979 年之后的 30 年，以美国为中心的体系不断扩张，进入了美国的独霸时代，这个过程可以被称为"美式全球化"，或者说是整个世界的"美国化"。

伴随现代竞争性国家发展，国家治理思想发展起来了。19 世纪末、20 世纪初，西方福利国家（the welfare states）开始形成。"安全"（security）成为了关键词，指的是与社会顽疾、个人不幸以及不平等现象等概念相对立的"安全"（security against maladies, misfortunes and inequalities）。美国国会通过了包括"向贫困宣战""保障民权"及医疗卫生等领域的立法 400 多项，将战后美国的社会改革推向了新的高峰。随着国家治理思想的发展，新自由主义开始占据上风。弗里德里希·奥古斯特·哈耶克（F. A. Hayek）和米尔顿·弗里德曼（Milton Friedman）等自由派相信市场的力量，他们一直主张：社会大众向政府让渡了太多个人自由权利，而以此换得的好处却少得可怜。此类新自由主义观点引发了半场革命（a half-revolution），英国首相玛格丽特·撒切尔和美国总统罗纳德·里根开始向福利国家发起挑战，在相当程度上实现了私有化，政府也开始推行减税措施。在今天的西方，政府消费了国内生产总值的 40%，而 20 世纪之初，这个比例仅为 10%。监管型国家

① Linda Weiss, "Developmental States in Transition: Adapting, Dismantling, Innovating, not 'normalizing'", *The Pacific Review*, Vol. 13, No. 1, 2000, pp. 21-55.

在罗马帝国崩溃以后，基督教会开始通过信仰的制度化过程而成为与国王相抗衡的力量。在神学家眼里，世界分为宗教世界与世俗世界。人类生活中同时拥有世俗权威和宗教权威。这使得"国王们在教会的面前也往往不得不低下他们那尊贵的头颅"。这种变化，在政治社会之外增加了必须服膺的权力实体——宗教权威。中世纪给市民社会理论所带来的最重要的改变，是将国家（城邦、市民社会、政治社会等概念都可以指称的政治实体）拉下了神坛，而新的神坛主人——上帝高于一切。这种二元权威代替一元权威的状况，逐渐让人们意识到国家的价值也是有限的，也为后来盛行的消极国家观念埋下了种子。在中世纪，市民社会对应着并服膺于新出现的地上天国，地位下降了。随着近代欧洲经济与社会的发展，文艺复兴运动将人从神那里解放出来，工业时代国家贸易竞争的加剧和国家之间战争的频繁发生，使得市民社会再次成为哲学家思考的热点。在摆脱宗教权威的过程中，尤其是伴随着代表市民社会的国家开始以民族国家的形式出现，市民社会又开始变得高高在上了。

西方政治把"国家当成恶"，不是来源于启蒙运动，而是来源于基督教中"上帝之城"与"人间之城"的分离。"罗马国家"被视为恶。到最后，天主教会也被视为"恶"而被宗教改革攻击。除上帝之外，在"众生皆罪人"的尘世间，没有任何由"人"组成的机构有资格领导其他人。从洛克的保护私有产权的"有限政府"，到卢梭的基于公共意志的"社会契约政府"，再到亚当·斯密只能做"守夜人"的政府，都有防范"国家之恶"的意蕴。

社会契约论者是以"社会"看待"国家"的。在他们眼里，自然状态相当于社会，处在一种非政治状态和无政府状态，人类最初曾处于这种社会之中。正是通过社会契约，产生了具有国家形式的市民社会。如此，国家与社会关系的理论，包含着权力对比、结构关联程度和互动特点等三种维度。（1）社会权力中心观。以霍布斯为代表的安全国家（The Security State）模式，强调国家是权力不受限制的利维坦。而强调个人权利的思想家们均主张有限国家权力的观点，以洛克为代表的立宪国家

（The Constitutional State）模式、以潘恩为代表的最小限度国家（The Minimum State）模式以及托克维尔社会制约国家的理念，均是如此，形成了"小政府、大社会"的国家治理理念，成为西方制定政策的主流思想。但面对过于追求有限国家权力而造成的"市场失灵"状况，又出现了分出"强国家—强社会""强国家—弱社会""弱国家—强社会"和"弱国家—弱社会"四种类型应对思路。其中，"强国家—强社会"的模式致力于国家与社会之间的良性互动，因而得到的认可最为广泛。（2）从二元论到嵌入论。国家与社会分离后的很长时间里，学界采取了国家与社会二元论的视角，国家归国家，社会归社会。随着现代全球化、信息化、福利制度与公众参与等因素的持续发展，国家与社会的关系是相互渗透、相互嵌入。其中，影响较大的有米格代尔（Joel S. Migdal）提出的"国家在社会中"理论，认为需要将国家自上而下地分为最高决策中心、中央政府、地方政府和执行者等不同层次。社会由正式组织、非正式组织和社会运动等不同的力量组成。这至少有四种可能的结果，即国家全面控制社会、国家与现存社会力量合作、现存社会力量改变国家以及国家未能有效整合社会等。埃文斯（Peter B. Evans）的"国家与社会共治"理论、奥斯特罗姆（Elinor Ostrom）的"公与私合作伙伴关系"等，均认为国家与社会在合作和互动中互相形塑。（3）从统治论到治理论。统治论认为要解决社会问题必须由国家控制社会。统治论反映的是阶级社会中国家与社会关系的最基本特征——强制性。当代国家与社会关系的互相嵌入以及非零和博弈关系越来越多，相应地国家与社会的统治论也变得越来越弱。国家与社会的关系逐渐被政府与社会的关系替代。因国家的含义要远远比政府丰富，这种替代屏蔽了很多国家所蕴含的深层次的政治关系。随着治理理论的兴起，国家与社会互动理论开始发展为"国家与社会共治"理论。共治指公共治理，用来指国家与社会等诸多主体一起合作共同对公共事务进行治理，政府官员参与社区的日常生活，从而获得社区成员的信任和认同。在这种理论视角下，社会资本越丰厚的区域，国家与社会的共同治理绩效就越好。良好的政治稳定与社会秩序都有赖于国家与社会之间在共同治理中持续的良性互动。①

"社会中的国家"的典型主张，或许如弗里德曼的概括："历史一再地证实了我们的这种判断。为了保护我们的自由，政府是必不可少的；政府是一种工具，我们通过这一工具而行使我们的自由；然而，将权力集中于当权者之手，这对自由是一种威胁。即使重权在握者的本意是良好的，即便他们没有被手中的权力所腐蚀，权力也将吸引并造就形形色色的人。"②

以社会为重心的国家治理，带来了政治与行政的分离。"在所有的政府体制中都存在着两种主要的或基本的政府职能，即国家意志的表达职能和国家意志的执行职能。在所有的国家中也都存在着分立的机关，每个分立的机关都用它们的大部分时间行使着两种职能中的一种。这两种职能分别就是：政治与行政。"③ 但这最终导致一个内在困境：公共行政由于其与政治过程的关系而应该关注民主、公平和自由等规范性问题，而在以民主的方式做出决策之后，将这些决策目标转变为社会现实不过是一个专业行政知识范围内的技术问题，最终，在公共行政中，民主只是一个易被遗忘的隐性角色。④ 晚年的西蒙在高斯讲座的演讲中指出，在现代社会，无论是私营组织还是公共组织，都起着根本性作用。政治学科的目的不是建立神话的（mythical）和效用最大化（utility-maximizing）之上的公共选择理论，而是理解人行为如何塑造（mold）复杂的社会结构以及如何被复杂的社会结构塑造。同时，政治科学也要

① 王国勤：《国家与社会关系的话语建构：从哲学话语到政治话语》，《浙江社会科学》2021 年第 8 期。

② ［美］米尔顿·弗里德曼：《资本主义与自由》（1962），载［美］沙夫里茨等编《公共政策经典》，彭云望译，北京大学出版社 2008 年版，第 181 页。

③ 彭和平、竹立家等编译：《国外公共行政理论精选》，中共中央党校出版社 1997 年版，第 30 页。

④ 马骏、颜昌武：《西方公共行政学中的争论：行政科学还是政治哲学？》，《中山大学学报》（社会科学版）2009 年第 2 期。

理解权力如何最大程度地与民主体制一致。①

五　中国"国家中心"的国家治理

中华文明有不同于西方的国家治理思想与行动，可称之为"国家中的社会"国家治理范式。

中国古代政治实体的演进为：邦国—方国—王国—帝国四个阶段和四种形态，最早的国家（或可称为初始国家）是部族邦国，邦国后来直接领导周围聚落、小城邦发展为方国，中央方国实力不断增强之后其他方国成为附属，王国就产生了，王国以后，通过专制主义的中央集权并拥有附属王国便走向了帝国。

周王朝已建立了初级管理体系。《周礼》一书明确分为天官冢宰、地官司徒、春官宗伯、夏官司马、秋官司寇、冬官司空六大职官系统。六官相对独立，但是地、春、夏、秋、冬五官又从属于统领百官的冢宰。《周礼》的司徒、司马、司空三大行政官在春秋时期称为"三司"，司徒主民，司马主兵，司空主土。各种制度、机构设置、人员职责初见"国家"雏形。

秦一统天下，建立了统一的"国家"结构：创立皇帝，确立了皇权至上、皇位继承制；设置三公九卿制。汉承秦制，西汉初期继承了秦制又修改了秦制——继承了直达县乡的基层官吏制度，但给宗族乡绅留下了自治空间；继承了秦法的大部分条文，但去掉了肉刑；继承了中央集权的框架，却推行"无为而治"而让民间休养生息。秦汉打通上层与基层，创立了县乡两级的基层文官体系。由官府从基层征召人才，经过严格考核后派遣到地方全面管理税收、民政、司法和文教。两汉的基层官吏不仅管理社会，还要负责公共文化生活。郡守设学，县官设校，

---

① Herbert A. Simon, "Public Administration in Today's World of Organizations and Markets", *Political Science and Politics*, Vol. 33, No. 4, 2000, pp. 749-756.

配备经师，教授典籍，将不同地区的基层人民整合起来而成一个大文化共同体。如此，即便中央政权崩塌，基层民众还能看懂同样的文字，遵循同样的道德，理解同样的文化。自此，虽然皇权有更替，但传统中国权力结构与体系"超稳定"地延续下来，形成了自成一体的国家治理路径。

传统中国是"天下国家"观。"中国"二字，最早见于"成周"。1965 年出土的何尊铭文记载了周武王克商和周成王尊武王遗志命周公营建都城成周的历史，"隹王初䙴宅于成周，复称珷王豊（礼），禋（祼）自天，在四月丙戌，王诰宗小子于京室，曰：……肆玟王受兹大命，隹珷王既克大邑商，则廷告于天，曰：余其宅兹中或（国），自兹辪民……隹王五祀"。大意是，成王为营建新都成周，对武王进行丰福之祭。在四月丙戌这一天，成王将宗小子叫来训诫：宗小子的先父公氏跟随文王，文王受到上天授予的统治天下的大命。武王在消灭大邑商之后，则告祭于天说：我要以这里为中心——"中国"作为都城，在这个地方来统治人民。由此，"中国"通识为"天下"住所，近代以来指代中国国家。

从地域空间看，在中国这个广袤的地理空间之中，始终存在着多民族、多地域、多种制度的政权。历史上他们之间争夺的不仅是土地、人口和资源，还是"中国"这个正统，谁占据了中原，谁就拥有中央王朝的地位，获得历史上的正统。欧洲是列国体制，一个上帝，多个国家。中国是天下大一统，只有一个天下，而能够代表天下的，只有一个"奉天承运"的正统王朝。无论是魏晋六朝，还是五代十国，不同的王朝都要争夺天下之正统。"中华民族"一词，则是近代概念，最早是由杨度和梁启超提出来的。上下五千多年中国的文明史，是一部中原与边疆、农耕民族与游牧民族互动的历史，有以夏变夷，也有以夷变夏，最后夷夏合流，晚清之后转型为近代的民族国家，凝聚为中华民族的国族整体。①

在观念上，传统中国视"天下"为"国家"。"天下"是早期中国关于统治疆域的用词。《尚书·虞书·大禹谟》载："汝惟不矜，天下莫与汝争能；汝惟不伐，天下莫与汝争功。"《诗经·小雅》载："普天之下，莫非王土。""天下"最基本的意思是天之所覆、地之所载，不仅指物质空间，还指人类社会，有疆域意义和道德意义两层含义。西周时，疆域意义上的"天下"由中原王朝为中心、拱卫的周边诸侯国、归顺的"蛮夷"、接受中原王朝册封的朝贡国、化外之地的化外之民等构成。道德意义上的"天下"则是天道所覆的所有世界。天下是超越了具体王朝而始终存在的政治—文明共同体，不仅具有制度典章的政治连续性，而且具有宗教语言礼乐风俗的文明一贯性，是以中原为中心的政治—文明共同体。②"天下"亦同于我们今天所说的世界。近代中国，时代转变，竞争性国家形成，传统的"天下"观向外转化成了"世界"与"中国"，向内转化成了"国家"和"社会"。③

早期"国家"乃是地理范围概念。"国"，甲骨文本字为"或"，象征执武器守卫领土。在金文中加入口，象征城墙，形成现在的"国"，有城邦、城市、都城之意。"邦"与国同义，"邦"甲骨文本义为在田野疆界上种植的树木，金文转变为丰加上邑，强化领土与边界的概念，后转化为指诸侯的封地。《考工记》载："匠人，营国，方九里，旁三门，国中九经九纬，经涂九轨，左祖，右社，面朝，后市。"《周易》载："是以身安而国家可保也。"

政治关系上的"国"常指"诸侯国"，起源于西周分封制。分封制指周"天子"将土地分给王室子弟、功臣或古代帝王的后裔，所封之地称为"诸侯国""封国"或"藩国"，统治封地的君主被称为"诸

---

① 许纪霖：《国家认同与家国天下》，《华东师范大学学报》（哲学社会科学版）2014年第4期。

② 许纪霖：《国家认同与家国天下》，《华东师范大学学报》（哲学社会科学版）2014年第4期。

③ 罗志田：《天下、国家与社会：我们怎样看"五四"》，《探索与争鸣》2019年第5期。

侯""藩王"等。《左传·僖公二十四年》载："其怀柔天下也，犹惧有外侮。捍御侮者，莫如亲亲，故以亲屏周。"西周分封之制贯穿亲亲血缘原则：一则可以守御国土，是防备外敌入侵的缓冲力量；二则是开疆拓土，扩大统治范围的先锋。《尚书·大传》载："周公摄政，一年救乱，二年克殷，三年践奄，四年建侯卫，五年营成周，六年制作礼乐。"《左传·昭公二十八年》载："昔武王克商，光有天下。其兄弟之国者十有五人，姬姓之国者四十人，皆举亲也。"《荀子·儒效篇》载："（周公）兼制天下，立七十一国，姬姓独居五十三人。"分封制规定，诸侯必须服从周天子的命令，有为周天子镇守疆土、随从作战、交纳贡赋、朝觐述职等义务。诸侯在自己的封疆内，又对卿大夫实行再分封，卿大夫再将土地和人民分赐给士。卿大夫和士也要向上一级承担作战等义务。这样层层分封，形成了贵族统治阶层等级"天子—诸侯—卿大夫—士"的统治层级。春秋战国，诸侯争霸，周王衰落，而"国"成为政治文化经济主体，"国"的观念被强化。诸子百家，诸侯争霸，都是以"国"为关注中心的。秦一统江山，取消分封制，代之以郡县制。汉取得天下，认为秦亡之一是没有分封屏障，恢复分封制，但封王作乱，中央王权采取种种措施限制藩王属国，如西汉属王之相权，对藩王和属国行政有极大的控制力，后来王朝封侯而不授权，更采用推恩令，即藩王由长子继承改变为嫡长子继承王位，余子分割王国部分土地，诸侯国的实力越来越小，以此消减王侯与国家的抗衡能力。分封制后来为历代采用，但运行方式有变化。如唐太宗时期，"上（唐太宗）问公卿以享国久长之策，萧瑀言：'三代封建而久长，秦孤立而速亡。'上以为然，于是始有封建之议"①。

总体而言，中国历史上，"国"是由某个姓氏家族基于血缘关系而建立的紧密的、相对小区域的社会生活共同体，是王朝"天下"的一个区域，而非近代西方民族国家的观念。《荀子·正论》载，"故可以有夺人国，不可以有夺人天下；可以有窃国，不可以有窃天下也"。在

---

① 《资治通鉴》卷192，中华书局1956年标点本，第6037页。

中国历史传统中，"国"与"天下"是一体的，是血缘性质的家国命运共同体。在这个共同体中，家、国、天下是互通与扩展的有机整体。

亦因为此，传统中国把"国"认同为自己的"家"，与其为一体，与之有血缘感，视他人为同胞，视社会、国家为自己的"家"。对于国家是单向的，奉献、牺牲等情感为特征。这不同于西方把国家理解为"利维坦"——怪物，是对自己的权力剥夺。但人作为社会化存在，为了更好地生存，不能不让渡性地存在，故可以形成契约，把自己的权力让渡给国家，家与国是分离的，甚至是对立的。家国一体及其命运共同体观念，不仅是中国社会形态，也是国家治理的模型或认知图式。

面对西方列强的侵略，救亡图存、改变中国成为时代趋势。据统计，19 世纪末的最后四年，各类报刊的文章、书籍、个人日记中使用"天下"一词出现高峰，甲午战后的 1895 年，现代媒体文章使用"国家"一词增加了；直到 1900 年之后"民族"一词急遽增加，历史的旋涡使"天下"一词逐渐退出清末士人的话语体系中心，占据知识群体话语体系中心的词语，是被赋予了现代含义的政治术语"国家"和"民族"。[①]

---

① 金观涛、刘青峰：《观念史研究：中国现代重要政治术语的形成》，法律出版社 2009 年版，第 242 页。

第三章　政治理念与国家体制构建

当黑格尔第一次提出辩证法这一概念时，它的意思是那么模糊不清。然而，它却已经给处在从它衍生出的意识形态下的千百万人，甚或几十亿人带来了巨大的生命改变。[①]

人是观念性动物，以自己的观念构造意义世界，捍卫自己的观念。国家是大型社会组织，更是以政治理念构建其意义世界并行动的。分析政治理念如何构建国家体制，是展开国家治理心理研究的起点。

一　国家构建基于政治理念

政治理念建构国家，中外皆然。

秦王嬴政先后灭韩、赵、魏、楚、燕、齐，完成统一大业，于公元前221年称帝，史称"秦始皇"。《史记·秦始皇本纪》载：

> 丞相绾、御史大夫劫、廷尉斯等皆曰："昔者五帝地方千里，其外侯服夷服，诸侯或朝或否，天子不能制。今陛下兴义兵，诛残

---

① ［美］M. J. 艾利克森著，［美］L. A. 休斯塔德编：《基督教神学导论》，陈知纲译，上海人民出版社2012年版，第576页。

贼，平定天下，海内为郡县，法令由一统，自上古以来未尝有，五帝所不及。臣等谨与博士议曰：'古有天皇，有地皇，有泰皇，泰皇最贵。'臣等昧死上尊号，王为'泰皇'。命为'制'，令为'诏'，天子自称曰'朕'。"王曰："去'泰'，著'皇'，采上古'帝'位号，号曰'皇帝'。他如议。"

由是，中国第一个王朝体制形成了：（1）创立皇帝制度。秦王兼采传说中三皇五帝的尊号，宣布自己为第一个皇帝。确立了皇权至上、皇位继承制。（2）设立三公九卿制。三公为：丞相（帮助皇帝处理全国的政事）、太尉（负责管理军事）、御史大夫（执掌群臣奏章、下达皇帝召令、兼理国家监察事务）。九卿：卫尉（掌管皇宫保卫）、郎中令（掌管警卫事务）、太仆（掌管宫廷车马）、廷尉（掌管司法诉讼）、典客（掌管外交事宜）、奉常（掌管宗庙礼仪）、宗正（掌管皇室内部事务）、少府（掌管山河湖海税收和制造业）、治粟内史（掌管财政税收）。（3）建构法律制度。采用战国时期法家韩非的建议，以法治国。（4）确立郡县制。地方行政机构共分郡、县、乡、里四级。郡县制与分封制不同的是，郡县长官完全由皇帝任免，他们负责管理人民、征收赋税、征发兵役、徭役等。

美国现代政治体系的建立，提供了以另一种政治理念来构建国家体制的案例。

1492年哥伦布"发现"了美洲新大陆。随之，欧洲殖民者逐步"开拓"美洲。1565年，西班牙人到达佛罗里达，1625年荷兰东印度公司建立了新阿姆斯特丹殖民地，1607年600名英国人乘"冒险家"号到达美国，建立了詹姆斯敦要塞。1620年，一群完全脱离英国教会的教徒，在后来成为马萨诸塞州的地区建立了普利茅斯殖民地。自此，一个号称清教徒的国度日渐形成——"山巅之城"，上帝为人类发展所设定的模范，后代牧师对这种观点不断解释——正如上帝在古代选中犹太人一样，上帝选中新教徒在美洲建立新的天国。这种坚信美国在人类历史上扮演独

特作用的信仰一直延续下来，并成为普通美国人话语体系的一部分。① 在
美国政治经济以及文化中起主导作用的一直是所谓的"WASP"人群，即
使在今天他们也被认为是美国社会的主流群体，体现着美国的主流意识
形态和价值观。所谓的"WASP"人群，也就是既具有白种"盎格鲁-撒
克逊人"（White Anglo-Saxon）血统，又属于"新教徒"（Protestant）的
人群——清教徒信仰或路德宗信仰是其主要特征之一。

文艺复兴，18 和 19 世纪的大革命时代，使罗马共和国成为美国政治
的思想资源。霍布斯的《利维坦》（1651）已将苏格拉底的内容与罗马政
治思想家西塞罗的共和思想联系起来。当美国联邦政府 1789 年成立时，
城市地名被罗马化命名，以表示对罗马共和的敬意。作为华盛顿之后的
第二任美国总统，约翰·亚当斯总统以罗马为原型，倡导均衡政体。他
的《为美利坚合众国政府宪法辩护》是这一思想的名篇。在西塞罗的理
想共和国里，政府的三个分支是官员（执政官，还包括法务官、营造官、
财务官、平民保民官、监察官）、元老院（贵族家族代表。公元前 3 世纪
后期到公元前 2 世纪，大约一半的执政官出自 10 个贵族家庭。这不仅说
明较小的世袭集团处于稳定的统治地位，也说明这个核心集团有相当的
流动性）② 和公民大会（包括百人大会，负责选举执政官、法务官，平民
议事会，选举平民保民官，他们通常批准元老院讨论过的议案）。在亚当
斯的宪法里，三个分支变成了总统（掌握执政官的裁决）、参议院（作为
审核机构，负责批准条约以及监督其他分支）和众议院（负责法律的通
过和宣战）。孟德斯鸠的行政、立法和司法三权分立思想，卢梭的人民主
权和公共道德思想，都与罗马的历史与传说有关。③ 当然，真实的罗马是
对外掠夺性奴隶制国家，但政权的结构与形式为现代政治所吸收了。古

① ［美］Paul S. Boyer：《美国简史》，陈崛斌译，外语教学与研究出版社 2016 年版，第
165—175 页。
② ［英］Christopher Kelly：《罗马帝国简史》，黄洋译，外语教学与研究出版社 2013 年
版，第 161 页。
③ ［英］戴维·M. 格温：《罗马共和国》，王忠孝译，译林出版社 2018 年版，第 136—
140 页。

老的政治经历成为文明想象而成为现代的雏形。

于 1831 年考察美国 9 个月的托克维尔总结说:"我一直认为,有助于美国维护民主共和制度的原因,可以归结为下列三项:第一,上帝为美国人安排的独特的、幸运的地理环境;第二,法制;第三,社会习惯和民情。"① 在他看来,美国的地理环境指的是富饶和没有强敌的地理位置,新大陆。法制则指的是美国人采用的是联邦形式,使美国把一个大共和国的强大性和一个小共和国的安全性结合起来;乡镇的制度。美国的政治生活始于乡镇,每个乡镇最初都是独立王国。乡镇成立于县之前,县又成立于州之前,州成立于联邦之前。乡镇是日常生活的关系中心,是人民的求名思想、获致实利的需要、掌权和求荣的爱好之所向。它既限制多数的专制,又使人民养成爱好自由的习惯和掌握行使自由的艺术;司法权结构,法院纠正民主的偏差,约束和引导多数的运动而从来不禁止这种运动。新英格兰的法律原则是,人民参与公务,自由投票决定赋税,为行政官员定责任,个人自由,陪审团参加审判。这些都是未经讨论而在事实上确定下来。民情则指基督教信仰下的人与人之间的道德关系及其行动规范。

理念很弱,可能仅是个人的微弱价值观念,有可能没有任何社会后果;理念也很强,可以在此引领下,通过政治集团,通过体制建设而成为强大的国家。

二 政治理念的心理功能

人作为意义化生存,是靠思想,特别是理念凝聚与引领的。政治理念作为政党或国家"共享的期待",成为国家体制构建及其治理活动的根本性、统合性观念,发挥着思想凝聚功能。

---

① [法] 托克维尔:《论美国的民主》(上卷),董果良译,商务印书馆 1988 年版,第320 页。

（一）政治理念

"理念"是多义词：一般指看法、思想，特指思维活动的成果；也指西方哲学概念，尤其指黑格尔哲学概念，是从个别事物中抽象而得的普遍概念，是事物的原型；还指理性化的想法等。为使本书有确定的概念前提，"理念"被界定为抽象的、标识世界存在根本属性与本质，指引人行动方向的根本性观念。依此，政治理念可以理解为人们关于国家政治、政权本质属性及其作用的根本观念。如中国传统的"天道""民本""仁政"，西方的"自由""平等"。

政治理念具有核心性认识图式功能。图式一般被理解为，人在与环境互动中通过经验积累而形成的、与某些观念相关的一组认知结构，可使个体对环境信息产生自我性的结构认知与意义。理念构成了人的认知范式（cognitive paradigms）、世界观（world views）、常模性解释框架（normative frameworks）等。[1] 认知图式作用的原理是，以特殊片段记忆样例（exemplars），记忆中的一般知识类型或原型（type or prototypes），自动化信息加工专门技术（know-how）而起作用。人们对社会的判断和行为，更多的是基于图式意义，而不是信息本身。[2] 认知图式的典型表现形式是"比喻隐喻"——某种社会文化现象的简洁、概括性、比喻性表达，以人们熟知的一方的语言说不易言说的另一方的语言。国家治理的"图式"指某一社会在政治历史实践中逐步完善的、凝练的政治或治理本质表达，表征着某一文明对政治的理解，以意义系统再生产的方式，塑造着当下人的政治价值观与思维方式。如"德命""牧领"就是中西方社会及国家治理的隐喻。它们在

---

① John L. Campbell, "Ideas, Politics, and Public Policy", *Annual Review of Sociology*, Vol. 28, 2002, pp. 21-38.

② Mark Bracher, "Schema Criticism: Literature, Cognitive Science, and Social Change", *College Literature*, Vol. 39, No. 4, Fall 2012, p. 84, p. 35.

各自的政治活动中发挥根基性功能。① 再如，中国共产党的"人民"理念往往以比喻方式呈现，如"党的根基在人民、血脉在人民""江山就是人民、人民就是江山"等。

（二）意识形态

意识形态是个近代概念，也有漫长的演化历史。西方的上帝信仰决定了人与上帝的精神控制关系，决定了彼岸的理想想象，有思考人如何摆脱奴役状态，到达"上帝之城"的传统。如再洗礼学派教徒们相信，必须建立天堂般美好的新秩序。文艺复兴以来，思想家在此思路上进一步遵循，形成了直线性的发展理念。亚当·斯密等思想家认为人类历史是进化的过程，从游牧民族到畜牧社会，再到农业社会，到现代商业社会。黑格尔认为，人类历史表现为理性的形态，从低级向高级发展。马克思接受了黑格尔的思想，但认为决定社会发展的是生产力与生产方式的矛盾，世界要走向社会主义。法国大革命后，法国思想家德斯蒂·德·特拉西于1801年发明了意识形态这个词。他当时在从事一项学术工作，即以经验检验观念，以确定哪些是不合理的，以达到清理知识的目的。他本想用心理学来表示，但又觉得心理学有过重的精神色彩，遂发明了"意识形态"（ideology）一词，这个词就此流传开来。1846年，马克思、恩格斯在撰写《德意志意识形态》一书时，需要使用一个词用以描述人们无法摆脱所处环境影响的错误观念，于是就引用了这个词。

意识形态就有了更强烈的政治色彩。意识形态有两个互相对立的内容——真理与谬误。意识形态似乎可以指一个教义的正反两个极端。它既可以指真理，又可以指凭借对这一真理的信仰来判定其他所有错误的信仰。这样意识形态就完成了对所有真理与谬误的探索。19世纪末美国政治学的发展使意识形态概念发生了新的嬗变。意识形态被用来统称

---

① 景怀斌、张善若：《"德命"与"牧领"的治理向度：与福柯理论的对话》，《开放时代》2021年第2期。

各种政治理论和观念。从个体角度看，意识形态指基于某种信仰的关于政治应当是什么的观念及其情感系统。随着政治观念的实践，意识形态逐步变现为"真理的统治"，不再是可以讨论的观念了。意识形态呈现一种三部曲式的理论结构——压迫、斗争、解放。因此可以说，意识形态可以指许诺人类解放的政治学说。①

意识形态是变化的。例如，"民主"一词，古希腊是"人民"的含义，但在当时很多人赋予它贬义，理解为"暴民"。亚里士多德认为，民主是善治的必要条件，但不是充分条件。但是当前，"民主"在任何条件下都成为压倒一切的原则，② 甚至成为政治正确。

意识形态在人们的政治认知中发挥枢纽性情感功能作用，它根本性地决定着人们对国家政治、国家治理的"好坏"评价，并且，意识形态一旦激活，就会根本性扭曲人的理性判断，从而给出"符合"其意识形态性质的"评价认定"。

三　政治理念的体制化

国家作为人类文明发展到一定阶段的产物，是人类智慧的产物。而人作为意义化生存，是靠思想凝聚的。这样，能够凝聚国民的"理念"就成为国家构建的思想与动力，成为人民"共享的期待"而成为国家行动的思想框架。

政治理念通过组织化过程而成为国家体制，其基本原理为：第一，理念作为对世界存在本质的认知或界定，构建意义世界。人是意义化生存动物。世界的意义因人而生发。人的意义感是有层次的，核心的观念统合和决定其他观念，如终极观念就决定了人的信仰意义系统。人们以

---

① ［英］肯尼思·米诺格：《政治的历史与边界》，龚人译，译林出版社 2013 年版，第 100—108 页。

② ［英］伯纳德·克里克：《民主》，史献芝译，译林出版社 2018 年版，第 1—3 页。

理念编织生命意义之网，使人的"活着"成为有"意义"的存在，并为自己的意义而奋斗。第二，理念指引人的行动目标或方向。中国人的"天道"理念就蕴含万物的"生生"，人的"仁"的追求和世间秩序的"和合"期待。① 理念作为"图式"，也具有集体共享的期待（collectively shared expectations）的功能。第三，共享的意义期待聚集大众思想，使理念组织化成为可能。人以"群分"，作为群体性的生存动物，实现目标必然需要整合人之力，而这是以组织化方式进行的。人的组织化是通过以奖惩为方式的制度而实现的。制度之所以能够发挥规约功能，也在于心理意义的共识、共享，而这又来自人们共享的理念。理念在此三重机制推动下，转化并发挥国家治理的体制化功能。

四 "人民"理念的三个面向

作为现代国家的执政党，中国共产党的"人民"观不仅再造和提升了中国传统的民本思想，更重要的是，作为现代国家的理念，"人民"理念引领而形成了国家治理体系，决定着国家治理能力。

"人民"作为基本理念，有多重语义。在西方语境下，"人民"有六种含义：每一个人、庞大的许多人、较低的阶层、一个有机的整体、绝对多数原则所指的大多数人、有限多数原则所指的大多数人。② 总体来看，"人民"概念有两种类型，一为实体性的，一为非实体性的。前者包括作为上帝或者历史主体的人民、作为文化或者伦理共同体的人民、作为经验中的立法者（制宪者）的人民、现实主义者眼中的群氓；后者则包括康德作为法理念的人民、凯尔森去实体化的人格观、哈贝马

---

① 景怀斌：《中华文化的终极情感价值及其共同体意识传播》，《民族学刊》2021 年第 1 期。

② ［美］乔万尼·萨托利：《民主新论》，冯克利、阎克文译，上海人民出版社 2009 年版，第 34 页。

斯的程序化的人民主权。前者在法律—政治理论中占主流的地位。① 在当今中西互动的现代社会变革与形成中，西方"人民"理念是现代中国"人民"理念的思想资源或构成要素。从词源看，在中国文化语境中"人民"是合成词，是由"人"和"民"构成。春秋时期"人"指士大夫以上的贵族，而"民"则往往指老百姓。"民人"则与今天的"人民"意通。②

中国共产党的"人民"理念是在中共革命与实践中形成的，是马克思主义政党的集体智慧产物，其核心含义由民本、阶级和行动者三个面向构成。

（一）"民本"面向

中国共产党的"人民"理念继承了中国传统"民本"观。在中国政治思想进程中，形成了多种"民本"观，如："民心论"，政权的合法性在于民心，得民心者得天下；"民舟论"，视政权为舟、民为水。水能够载舟，也能够覆舟；"循环论"，王朝兴替以"德"为据，有德即兴，无德即亡。③ "德命"以及天、天道、理、仁、民心、民意等范畴几千年来有力地塑造了中国的社会、文化、国家。中国共产党的人民立场、天下情怀正是传统"民本"精神的体现者，是传统的"民本"政治思想滋养着他们对"人民"的理解和创造性构建。

中国共产党的"人民"观形成于 20 世纪 30—40 年代，是革命时代的塑造。据统计，《毛泽东选集》第 1 卷出现"人民"346 处，第 2 卷出现 556 处，第 3 卷出现 841 处，第 4 卷出现 1442 处。在新民主主义革命前期，"人民"的使用次数相对较少，随着革命的发展，"人民"一词使用频率激增。"人民"概念的内涵也逐渐定型——一切能够促进革命事业发展的阶级、阶层以及社会团体都属于"人民"的范畴。"无

---

① 杨陈：《论宪法中的人民概念》，《政法论坛》2013 年第 3 期。
② 杨伯峻译注：《论语译注》，中华书局 1980 年版，第 214、231 页。
③ 张善若、景怀斌：《国家治理的政治文化基础："德命"隐喻的视野》，《中国行政管理》2018 年第 3 期。

产阶级"和"农民阶级"是"人民"的主体部分,而"小资产阶级"以及"民族资产阶级"甚至是投靠英美的"大资产阶级"在一定的特殊时期也可以算作是"人民"的一部分。① 中国共产党在 1945 年七大修订的《中国共产党章程》中系统强调了四个"群众"观点:"一切为了人民群众的观点,全心全意为人民群众服务的观点;一切向人民群众负责的观点;相信群众自己解放自己的观点;向人民群众学习的观点"等。这可以视为中国共产党"人民"理念的政党确立,是传统"民本"思想的现代政党化的集中体现。习近平总书记指出:"人民是我们党执政的最大底气,是我们共和国的坚实根基,是我们强党兴国的根本所在。我们党来自于人民,为人民而生,因人民而兴,必须始终与人民心心相印、与人民同甘共苦、与人民团结奋斗。"② 中国共产党的"人民"理念具有突出的"民本"面向。

(二)阶级面向

中国共产党是马克思主义政党,"人民"理念自然有马克思主义思想的要素。马克思的"人民"概念基于对一切神的批判。马克思从本体论层面,以现实的社会生产方式入手来界定"人民"的本质特征。③ 在马克思看来,劳动为人的本质规定,"以人民为中心"发展理念中内蕴着劳动权利的保障实现、劳动就业的选择自由、劳动过程的自主自觉、劳动成果的公平享有等"人民性"立场与方向。④

"人民"在马克思那里具有主体地位。马克思在思想交锋和革命实践活动中提出"真正的人民"创造历史的科学论断,奠定了"人民主

---

① 李维昌、王阳宇:《毛泽东关于"人民"概念创立与运用的历史考察及意义辨析》,《云南社会主义学院学报》2021 年第 2 期。
② 习近平:《人民是我们党执政的最大底气》,《习近平谈治国理政》第 3 卷,外文出版社 2020 年版,第 137 页。
③ 刘灵:《再思马克思的"人民"概念》,《湘潭大学学报》(哲学社会科学版)2019 年第 4 期。
④ 吴育林、赵悦彤:《从马克思人的劳动本质论理解"以人民为中心"发展理念》,《思想政治教育研究》2019 年第 2 期。

体"的理论基石。马克思从"历史事实"与"发展过程"相结合的视角阐明历史的现实主体从"有教养的少数人"向"真正的人民"发展转变的基本条件，揭示了"人民主体"实践生成的内在逻辑。① 马克思通过"阶级主体"的主体存在形式确定了人民主体的实现维度，通过"个体主体"的价值取向明晰了人民主体的终极旨趣。②

概言之，马克思人民观主要有这样几个观点：关注人民群众的利益问题，强调人民群众的历史地位和伟大作用，明确共产党人的人民立场，提出人民群众发展的根本价值目标。

中国共产党以"人民"的阶级性，分析中国革命、指引中国革命与建设。毛泽东指出："人民是什么？在中国，在现阶段，是工人阶级，农民阶级，城市小资产阶级和民族资产阶级。"③ "人民这个概念在不同的国家和各个国家的不同的历史时期，有着不同的内容。拿我国的情况来说，在抗日战争时期，一切抗日的阶级、阶层和社会集团都属于人民的范围，日本帝国主义、汉奸、亲日派都是人民的敌人。在解放战争时期，美帝国主义和它的走狗即官僚资产阶级、地主阶级以及代表这些阶级的国民党反动派，都是人民的敌人；一切反对这些敌人的阶级、阶层和社会集团，都属于人民的范围。在现阶段，在建设社会主义的时期，一切赞成、拥护和参加社会主义建设事业的阶级、阶层和社会集团，都属于人民的范围；一切反抗社会主义革命和敌视、破坏社会主义建设的社会势力和社会集团，都是人民的敌人。"④

（三）"行动者"面向

中国革命与建设无疑是一场伟大的变革，需要千千万万的参与者。谁是革命与建设的行动者？在中国共产党人看来，这就是占人口比例大

① 周康林、郝立新：《马克思"人民主体"思想的内在逻辑与当代价值》，《马克思主义研究》2019 年第 7 期。
② 杨哲：《论马克思人民主体思想的四重意蕴》，《湘湖论坛》2017 年第 2 期。
③ 《毛泽东选集》第 4 卷，人民出版社 1991 年版，第 1475 页。
④ 《毛泽东文集》第 7 卷，人民出版社 1999 年版，第 205 页。

多数的"人民"。毛泽东说："革命的主体是什么呢？就是中国的老百姓……但是这许多人中间，什么人是根本的力量，是革命的骨干呢？就是占全国人口百分之九十的工人农民。"① 毛泽东在1938年写下的《论持久战》中指出，"兵民是胜利之本"。"战争的伟力之最深厚的根源，存在于民众之中。"他认为必须要对人民群众进行抗日宣传和爱国主义教育，要让他们真正认识到抗日战争与其自身是密切相关的，充分调动他们的抗日积极性，如此方能真正地发挥出蕴含在人民群众中的伟大力量。同时，还要充分尊重普通士兵和人民群众，搞好军民关系，实现兵民结合。唯有如此，方能达到战胜强敌的目的。毛泽东在延安文艺座谈会上指出"最广大的人民，占全人口百分之九十以上的人民，是工人、农民、兵士和城市小资产阶级……这四种人，就是中华民族的最大部分，就是最广大的人民大众"②。

毛泽东关于"人民"是革命行动者的观点也是逐步发展的："五四"新文化运动时期，肯定民众联合的力量最强；中央苏区时期，确信良好的群众基础是红色政权能够存在和发展的必备客观条件；抗日战争时期，指出兵民是胜利之本；解放战争时期，主张把党的政策变为群众的行动；新中国成立初期，将工农群众作为制定国体、政体的基础；社会主义建设时期，强调一定要搞好调查研究、贯彻群众路线。

五 "人民"理念的国家体制化

（一）"人民"置换"天道"而发挥合法性功能

中国共产党的"人民"观与传统"天道"对接，转换为现代合法性制度设计的理念基础。

"天道"观是传统的国家权力合法性（正当性）范畴。夏商周已有

---

① 《毛泽东选集》第2卷，人民出版社1991年版，第562页。
② 《毛泽东选集》第3卷，人民出版社1991年版，第855—856页。

"天命"观，尤其是周人已形成非常明晰的"德命"观念——"天"为最根本力量，而人因有"德"而受"天命"，此所谓"皇天震怒，命我文考，肃将天威"（《尚书·泰誓上》）。"以德论天"便成为具有自然性和道德性的终极权力正当性观念。"天"不再是单纯的观念性的，而是"实在"的终极存在，决定着世间的政治行为与社会秩序，决定着王朝的命运。

中国近现代以来最大的变化是社会形态与结构的西方因素化。面对西方列强的侵略，中国被迫走上抗争与解放的道路。在这个过程中，学习西方的工业技术，学习西方的文化理念，学习西方的政治形态成为中国的历史性主题。中国社会走上了工业化社会，社会结构与社会运行方式有了现代西方元素——文化的、经济的、政治的西方元素，现代中国社会已表现出古今中西结合的新形态。

在这个过程中，中国共产党的"人民观"替代了传统"天道"观，使传统的"天道"观有了"革命性"变革。其一，理性提高。传统的神秘力量之天或义理之天，被"人民"替代了。"人民"与"天道"相比，更为当下，更有所指，更为具象。其二，民本思想更加强化。"德命""天道"虽然有突出的民本色彩，但在传统的政治文化中，无论是孔孟，还是所谓的明君，视"民"为上，为理论上的最高本源"天"的终极本源——所谓"天听自我民听，天视自我民视"，但"民"不是目的，王朝的统治权才是目的。"人民"置换"天道"后，"人民"走上了前台。其三，现代理念化。西方经过宗教改革和现代化，合法性判断由"上帝"走向民众，民众成为合法性的最后落脚点。在现代中国，合法性也由传统的"终极之天"走向"人民"。"天道"为"人民"置换后，合法性直接指向于"人民"，也落脚于人民。其四，"人民"是政策的着力点。以"人民"为依归，成为各项政策的所指。虽然在不同的公共政策中"人民"在很多情况下仍是抽象概念，但"人民"为政策对象是清晰的。

"人民"对"天道"置换而具有的合法性，也表现为塑造了中国的"人民"中心式的国家体制：第一，"人民"理念是中华人民共和国的制度设计依据。基于"人民"理念，与现代政党、代议制度相结合，建立了人民代表大会制度。"人民"是国体、政体的基础，也是国家任务与国家决策方式的依归。第二，"人民"的监督机制。毛泽东在回答黄炎培关于历史周期率问题时回答："我们已经找到新路，我们能跳出这周期率。这条新路，就是民主。只有让人民来监督政府，政府才不敢松懈。只有人人起来负责，才不会人亡政息。"① 这并非是一种想法，而是在国家制度化建设中逐步发展出了四种机制：其一，勇于自我革命的精神。中国共产党历经千锤百炼而朝气蓬勃，一个很重要的原因就是始终坚持党要管党、全面从严治党，不断应对好自身在各个历史时期面临的风险考验，确保在世界形势深刻变化的历史进程中始终走在时代前列，在应对国内外各种风险挑战的历史进程中始终成为全国人民的主心骨！"我曾谈到当年毛主席与黄炎培先生的'窑洞对'，我们只有勇于自我革命才能赢得历史主动。"② 其二，自我监督体系。中国共产党先后成立与完善的各种自我监督机制，发展完善了党和国家的纪律检查体系与制度。其三，国家运行机制的"民主集中制"。"民主集中制"既是国家的民主运行体制，也是组织原则，还是政府决策制度。其聚合性论证，凝聚着人民的考虑与参与。③ 其四，党和政府组织的各种批判与自我评价制度。如党的组织生活，公共组织的民主生活会，基层的民主选举等，都具有不同程度的审查和监督功能。

（二）"人民"的阶级性含义使公共政策具有"众数"性

国家治理是以公共政策为方式进行的。虽然公共政策还难以有公认的定义，但有几个明确的特征：政策为公共部门或政府制定和启动，政策为公众解释和推动，公共政策是社会问题；公共政策是过程性的，是从社会（国家）问题确认到政策终结的过程，包括政策议程、政策方

① 黄炎培：《八十年来》，中国文史出版社1982年版，第172页。
② 《国家主席习近平发表二〇二二年新年贺词》，《人民日报》2022年1月1日第1版。
③ 景怀斌：《政府决策的制度—心理机制》，中国社会科学出版社2016年版，第185—231页。

案、方案选择、方案合法化、公共政策执行、效果评估等环节；公共政策是决策过程，从确认政策目标到政策方案抉择，再到决策实施等。

公共政策的制定与执行，是围绕政策目标人群继续的。公共政策是以社会问题解决为导向的，而"社会问题"的确认则受国家体制、问题本身及社会参与方的影响。其中，政策问题所关涉的政策目标人群是公共政策的目的、作用对象和具体行动者。例如教育政策指向于特定的受教育人群，住房政策也指向于特定的需要人群。公共政策的目标人群体现着公共政策的阶级性。

这样，政策"目标人群"的界定，就成为公共政策的核心。而这涉及国家主体对"人民"的理解。中国共产党的"人民"理念民本性和阶级性就规约着中国公共政策的"大众"性——"人民"是底层的民众，政策为大部分人谋利益而不是为了少数人（精英）谋利益。"人民至上"的理念也决定了中国公共政策的非单一投入与产出考虑，如中国新冠肺炎疫情防控政策就是以普罗大众的"人民"健康权为核心的政策。这与西方的"经济中心"的疫情防控政策就极为不同。毛泽东指出："我们共产党人区别于其他任何政党的又一个显著的标志，就是和最广大的人民群众取得最密切的联系。全心全意地为人民服务，一刻也不脱离群众；一切从人民的利益出发，而不是从个人或小集团的利益出发。"① 习近平总书记也指出："治国有常，而利民为本。党的一切工作，必须以最广大人民根本利益为最高标准。"② 在中国共产党领导人的思想里，"人民"是"大部分人"的多数原则，"人民"既是革命与建设的社会或民意基础，也是实现党的目标的方式与力量，还是革命追求的终极目标——为了人民的利益。这框定了中国共产党的国家治理的政策与措施的"人民"多数性。

---

① 《毛泽东选集》第 3 卷，人民出版社 1991 年版，第 1094—1095 页。
② 中共中央宣传部编：《习近平新时代中国特色社会主义思想三十讲》，学习出版社 2018 年版，第 87 页。

(三)"人民"的"行动者"面向决定着国家治理的主体

鼓舞、调动人民主体性是国家治理的重要方面，中国的革命与建设是通过人民主体性的彰显而实现的。毛泽东曾明确指示，要"善于把党的政策变为群众的行动，善于使我们的每一个运动，每一个斗争，不但领导干部懂得，而且广大的群众都能懂得，都能掌握，这是一项马克思列宁主义的领导艺术"[1]。党和国家应该"最广泛地动员和组织人民依法管理国家事务和社会事务、管理经济和文化事业、积极投身社会主义现代化建设"[2]。

"人民"需要教育与引导。这也是中国国家治理理性的基本原则。"教民"是中国的政治传统。"汉始置祭酒博士，晋始立国子学。唐国子祭酒，从三品，掌邦国儒学训导之政令。"（唐太宗贞观十四年）"是时上大征天下名儒为学官，数幸国子监，使之讲论，学生能明一大经已上皆得补官。增筑学舍千二百间，增学生满二千二百六十员，自屯营飞骑，亦给博士，使授以经，有能通经者，听得贡举。于是四方学者云集京师，乃至高丽、百济、新罗、高昌、吐蕃诸酋长亦遣子弟请入国学，升讲筵者至八千余人。上以师说多门，章句繁杂，命孔颖达与诸儒撰定《五经》疏，谓之《正义》，令学者习之。"[3] 可见其盛与效果。教民即通过宣讲、表彰、学校教育以及各种祭祀仪式等方式，培养出符合国家需要的民众。中国共产党人对此更是重视。毛泽东指出："有许多时候，群众在客观上虽然有了某种改革的需要，但在他们的主观上还没有这种觉悟，群众还没有决心，还不愿实行改革，我们就要耐心地等待。"[4] "应该承认：有些群众往往容易注意当前的、局部的、个人的利益，而不了解或者不很了

---

① 中共中央文献研究室编：《毛泽东年谱（1893—1949）》（修订本）（下册），中央文献出版社 2013 年版，第 299—300 页。

② 胡锦涛：《坚定不移沿着中国特色社会主义道路前进 为全面建成小康社会而奋斗——在中国共产党第十八次全国代表大会上的报告》，人民出版社 2012 年版，第 14 页。

③ 《资治通鉴》卷 195，中华书局 1956 年标点本，第 6153 页。

④ 《毛泽东选集》第 3 卷，人民出版社 1991 年版，第 1012 页。

解长远的、全国性的、集体的利益。不少青年人由于缺少政治经验和社会生活经验，不善于把旧中国和新中国加以比较，不容易深切了解我国人民曾经怎样经历千辛万苦的斗争才摆脱了帝国主义和国民党反动派的压迫，而建立一个美好的社会主义社会要经过怎样的长时间的艰苦劳动。因此，需要在群众中间经常进行生动的、切实的政治教育，并且应当经常把发生的困难向他们作真实的说明，和他们一起研究如何解决困难的办法。"① 中国共产党在通过重视人民，教育人民，引导人民，参与国家治理的活动中，使人民成为了国家治理的行动主体。

---

① 毛泽东：《关于正确处理人民内部矛盾的问题》，《毛泽东文集》（第7卷），人民出版社 1999 年版，第 236 页。

第四章 国家行动的逻辑

　　(贞观二年)二月，上(唐太宗)谓侍臣曰:"人言天子至尊，无所畏惮。朕则不然，上畏皇天之监临，下惮群臣之瞻仰，兢兢业业，犹恐不合天意，未副人望。"魏征曰:"此诚致治之要，愿陛下慎终如始，则善矣。"[1]

　　这段历史记载短短数语，却道出了传统国家治理的行动逻辑:一方面政权的合法性来自终极力量的认定，所谓的皇天、天意;另一方面，治理者的兢兢业业、有效有为才能合天意、副人望，此乃所谓"政治之要"。当今的国家治理更为复杂，体制、制度、运行方式与农耕社会的"国家"有根本不同，但背后的国家行动的原则或逻辑则是一样的——国家治理是增进其合法性与有效性的策略、政策、人财物满意化配置、情境化问题处理等。合法性与有效性是国家行动的逻辑。这是理解国家治理基本过程的首要原理。

一　国家的生命体隐喻

　　国家是什么样的存在? 中国传统的主流观点是"德命"——字面

---

[1] 《资治通鉴》卷192，中华书局1956年标点本，第6048页。

理解即统治者因为有德而有统治之命。用比喻的说法，"德命"具有生命体隐喻属性，即国家如同生命体一样，尽力不断汲取营养而使生命尽可能延续，实现长治久安，政权永存，此即国家的生命体隐喻。中国的国家生命体隐喻有着漫长的历史演变和深厚的治理意蕴。

从词源看，"德命"与早期"天"的信仰相关，"命"为"令"的意思。"命之一字，作始于西周中叶，盛用于西周晚期，与令字仅为一文之异形。"① "古初以为万物之生皆由于天，凡人与物生来之所赋，皆天生之也。……命自天降，而受之者人，性自天降，而赋之者人，故先秦性命说即当时之天人论。"② 在甲骨文中"德"与"得"字是一样的。甲骨文上"德"有两重含义：一是对外征战，俘获了敌人，用弓弦束缚其首，放到神明面前祭祀；二是外出经商，将剩余商品卖出去，获得货币以归。"德命"政治性使用多见于周代对政治合法性的阐述——铜器铭文大量出现了强调周人之所以统治天下，是"上天"看在周人"有德"的决定，周王可称得上"天子"，从而将西周的"革命""德治"合法化。③

传统的"德命"思想经历了几个发展阶段：（1）"德命"观孕育期。早期中国农耕社会对自然环境高度依赖，促成了由"天"决定万事万物的存在观与发展观。夏、商建立，社会治理中的"德"因素明显突出。《尚书》中尧舜、夏商记载中出现明显的"德治"思想。（2）"德命"的早期体制化。周人立国，建立了"德治"的治理体制。在周人的话语中，以"天"代替"帝"决不是词语的单纯变化，而是有实质性的文化意义，即以"德"配天或"德命"思想。殷人因失德而失去天下，此所谓"皇天无亲，惟德是辅"（《尚书·蔡仲之命》）。周公制礼，实质性地确定了以"德"治国的指导和管理体制。（3）"德命"的孔孟学理体系化。春

---

① 傅斯年：《性命古训辨证》，载刘梦溪主编《中国现代学术经典·傅斯年卷》，河北教育出版社 1996 年版，第 10 页。

② 傅斯年：《性命古训辨证》，载刘梦溪主编《中国现代学术经典·傅斯年卷》，河北教育出版社 1996 年版，第 71 页。

③ 田继伟：《西周青铜器铭文中的"德治"思想》，《文物鉴定与鉴赏》2019 年第 9 期。

秋战国，社会动乱，孔子、孟子先后形成的天道、"仁政"思想，为"德治"提供了系统的思想与学理依据。孔孟虽然都尝试说服统治者以其学说治国理政，但并不成功。他们更多是作为思想者引领社会的。(4)"德命"的国家意识形态化与治理手段化。以董仲舒的政治儒学和汉武帝、唐太宗、朱元璋等帝王为代表，"德命"以及"德治"成为国家意识形态和统治手段。国家治理实践中的"德"与儒家思想的"德"并不完全一致，此即所谓"治统"。"治统"中的"德命"，以"天人感应"为统治合法性，其"德"既指统治者，也指被统治者，还指社会治理的方式。(5)"德命"的现代化。"德命"思想千百年来被继承、被发展，不同时代有不同的形态与特征。即使在当代，这一思想也为现代政治所继承，传统的"德命"中的天命、民本思想与现代政治结合，"天命"为"人民"所置换，成为现代中国的政治文化核心。

"德命"成为中国社会的政治认知图式，发挥着政治文化的思想与认知功能：(1)把本是残酷的政治争斗，解释为上天的授权。(2)把政权、统治过程理解为诸如人的出生、成长、死亡等生命过程。国家有道、有德，才能存在，才能长久，把"天下""国家"之物的存在人格化。(3)以"舟""民心"等比喻统治者与人民的关系。如此，"德命"简单明了又深刻地揭示着政治文化的实质，使人们以形象化的"有德有命"的图式构建政治活动的意义、方式与标准，理解复杂的政治现象，判断统治者的政治行为，发挥着文化性的强大"喻"功能，成为中国社会政治活动的认知图式与结构，起到政治合法性与有效性的文化心理基础作用。

"德命"作为政治图式，出现于传说中的尧舜禹时代，成为《春秋》《论语》《春秋繁露》等政治经典的核心议题，为孔子、董仲舒、朱熹、王夫之、康有为等思想家不断诠释发展；[①] 也是中国政治实践的理论依据，见之于周公、汉武帝、唐太宗、朱元璋等帝王的治国实践，

---

① 张善若、景怀斌：《国家治理的政治文化基础："德命"隐喻的视野》，《中国行政管理》2018 年第 3 期。

构成了中国社会的德治模式，是关涉天、天道、理、仁、民心、民意等中国政治范畴的核心命题。生命体或德命隐喻是中国国家生存本质的把握，也是国家治理行动的逻辑基础。

二 国家行动的合法性—有效性逻辑

作为基于某一政治理念而建立起来管理社会、族群的超大组织，国家增进其存在时间的方式有两种：一是通过价值观念性的意义构建而增进其合法性，二是通过有效管理社会的措施使国家有效应对各种挑战，故而，国家的行动逻辑是"合法性"和"有效性"增进。

"合法性"就其最基本含义看，是指某个实体所进行的行动在社会规范、价值、信念看来是有价值的、适当的，即社会的认可、接受与信任。① 亚里士多德在《政治学》中指出："一种政体如果要达到长治久安的目的，必须使全邦各部分（各阶级）的人民都能参加而怀抱着让它存在和延续的愿意。"② "合法性是指政治系统使人们产生和坚持现存政治制度是社会的最适宜制度之信仰的能力。"③ 阿尔蒙德也认为："如果某一社会中的公民都愿意遵守当权者制定和实施的法规，而且还不仅仅是因为若不遵守就会受到惩处，而是因为他们确信遵守是应该的，那么，这个政治权威就是合法的。"④ 没有合法的国家，便没有全体人民的认同与支持，由此导致分离，甚至反抗直至国家灭亡。戴维·伊斯顿把合法性的基础归结为三个方面：意识形态、结构和个人品质。意识形态有助于培养社会成员对于政治权威和政治体制的合法性情感，为政治系统的

① ［美］W·理查德·斯科特：《制度与组织——思想观念与物质利益》（第3版），姚伟、王黎芳译，中国人民大学出版社2010年版，第67—68页。

② ［古希腊］亚里士多德：《政治学》，吴寿彭译，商务印书馆1997年版，第88页。

③ ［美］西摩·马丁·李普塞特：《政治人——政治的社会基础》（最新增订版），张绍宗译，上海人民出版社1997年版，第55页。

④ ［美］阿尔蒙德等：《比较政治学：体系、过程和政策》，曹沛霖等译，上海译文出版社1987年版，第35—36页。

合法性提供道义上的诠释；结构对合法性的支持，意味着通过一定的政治制度和规范，掌权者可以获得统治的合法性，也就是说，政治结构赋予其执政者以合法性；合法性的个人品质意指统治者以人格、能力、道德品质赢得社会成员的信任和赞同。合法性的这三个方面相互影响、相互作用，共同奠定合法性的基础。① 对于西方现代民主国家来说，合法性是宪政的、契约式的、法律的、选举的程序合法。对于世袭国家来说，其合法性是传统的惯习政治权力安排，如中国的嫡传制。现代中国国家的合法性体现为民心合法性。民心合法性建立于国家政权是否在心理上反映民众的意愿，这不是法律投票的，而是价值回应和体验的。

无论何种形态，合法性的底层是价值观性质的，是人民作为想象共同体与统治者有共同的政治理念贯通性。合法性的心理要素可以分解为三个：一是对政权的认可，即民众在心理上接受政权，承认其行使权力的正当性；二是遵从，即民众对政权暴力的、社会的、文化的管治措施表现出发自内心的遵守；三是亲和，即民众主动地与政权管治接近，产生融合行为。

有效性则是一个国家社会治理的有效程度。没有有效的社会治理，国家的理念和意识形态就无法贯彻，社会也无法整合；没有有效治理，国家就会处于贫富分化，带来不公正感，导致社会对立；没有有效治理，就不能提供人民所需要的秩序、生活用品，人民无法生存；没有有效的社会秩序管控，社会就不会成为合作性的，而是权力或暴力博弈；如此等等，国家将不复存在。

国家社会管理的有效性起码表现为三个方面：一是最小投入与最大效益，即投入最小而获益最大；二是问题解决，即个人、民众遇到的当下困难能够解决；三是安全的，即全社会在物质和生存方面有安全生活的心理基本感受。

国家行动的逻辑是合法性与有效性有机结合和平衡的过程。合法性

---

① ［美］戴维·伊斯顿：《政治生活的系统分析》，王浦劬译，华夏出版社 1999 年版，第 348—373 页。

与有效性不是必然的合力关系，合法性不一定必然带来有效性，而有效行政在一定的时候甚至会摧毁合法性。

三　国家行动逻辑的三重对应

国家行动的合法性和有效性不是孤立独悬的，而是与个体化人的心理构成、社会文化和组织特性对应的，从而构成个体—社会—文化—组织多重对应，形成稳定的合法性与有效性互动机制。

（一）个体的情感价值与理性工具心理系统

在个体层面，合法性与有效性对应着人的心理基本功能系统。

人作为有高级自我意识的生命体，其本质是意义的。人的心理"意义世界"表现出特有的二维系统——理性工具心理系统和价值情感心理系统：一方面，人的现实存在或物质生命生存通过以效率、理性算计为特征的价值观念、认知过程和心理特征来完成或实现。如做事信奉效率，习惯以有用无用来认知事物等。这可称为理性工具心理系统。另一方面，人的终极需要或根本性的意义系统通过以价值观认定的德性方式来满足。这可称为价值情感心理系统，包括相关的终极观、认知过程和心理特征的现象。[1] 人之根本不同于其他动物，在于人有以终极价值为支配的社会人伦观念和行为。这实乃人类行为和存在的实质。无论"终极观"内容有何差异，其精神（心理）功能作用是相同的——以根本性的意义系统给定了人及社会存在的价值和方向感。其作用表现为，在个体方面，"终极观"决定了人的基本生活观，影响着人的认知方式，情感特征，也影响着心理健康，具有人格整合功能；[2] 在这个意义上，

---

① 景怀斌：《心理意义实在论》，暨南大学出版社 2005 年版，第 189—191 页。

② Peter C. Hill, et al., "Conceptualizing Religion and Spirituality: Points of Commonality, Points of Departure", *Journal for the Theory of Social Behaviour*, Vol. 30, No. 1, 2000, pp. 51–77.

正是人类的价值情感系统决定了人之特性。

(二) 文化的 "公平与效率"

在社会层面，合法性与有效性体现为公平—效率诉求。

社会公共需要表现出公平与效率二维性。意识形态的底层需要理论认为，人有多种观念性的需要或动机，表现为选择亲和（elective affinity）动机，指信仰的结构和内容带来的相互吸引和认同动机；关系动机（relational motives），即归属和建立人际关系，与他人融为一体，共享现实；认知动机（epistemic motives），即降低不确定性、复杂性或模糊性，建立确定、结构化、秩序化的认知要求；存在动机（existential motives），消除威胁环境，寻找安全，自尊和生命的意义；体制正义（system justification）动机，对现状的辩护、支持，视当前的社会安排为公正、合法和符合人的愿望。① 从中可以看出社会需要的基本特征。

第一，需要可以大致划分为生存需要和价值情感需要。生存需要指能够满足个体生命存在，更有利于生存的需要。这要通过理性、效率的方式来满足。这方面需要促进了理性工具文化的发展，形成了以 "科学理性" 为核心的理性工具文化系统。但人不仅仅是 "物" 的存在，还是 "精神" 的存在，人因永恒追求和终极追寻而具有 "终极意义" 性质的价值性情感需要。作为提供生命价值感和方向感的终极情感性需要，对于人来说同样重要，甚至更为根本。

第二，生存需要和价值情感往往经历 "硬性" 需求而转换，如需要层次理论等表明，人的物质需要是首要的，但在物质性的生存需要满足后，价值情感需要成为必要。

第三，价值情感需要能够对物质生存需要起到引导作用。价值情感

---

① John T. Jost, Christopher M. Federico and Jaime L. Napier, "Political Ideology: Its Structure, Functions, and Elective Affinities", *Annual Review of Psychology*, Vol. 60, No. 31, 2009, pp. 307-337.

需要往往支配、解释了物质生存需要。社会生活中所谓"不自由，毋宁死""不公平，不能活""无尊严，宁弃命"等价值追求，其底层原因正在于此。在这个意义上，价值需要甚至更为重要。

（三）国家的"政治与行政"

在治理行动中，合法性与有效性对应着政治与行政职能。

威尔逊和与他同时代的马克斯·韦伯一样，对政治与行政做出了区分。他认为政治涉及共同体的终极目标，理应经过民主讨论；但行政则涉及具体操作层面，可以通过经验研究、科学分析的方法进行研究。这一设想是基于即使发达国家的政府，在很大程度上也是由投机政客或腐败的市政老板们操纵的。"民主体制必须平衡两方面利益：既要保证所有人都具备参与机会，又要保证把事情办成。"① 古德诺认为，所有的政府体制中都存在着两种主要的或基本的政府职能，即国家意志的表达职能和国家意志的执行职能——政治与行政。但这最终导致一个内在困境：公共行政由于其与政治过程的关系而应该关注民主、公平和自由等规范性问题，而在以民主的方式做出决策之后，将这些决策目标转变为社会现实不过是一个专业行政知识范围内的技术问题，最终，在公共行政中，民主只是一个易被遗忘的隐性角色。其他学者则认为，这是不可能的。"行政"天然地依附于"政治"。公共行政学作为一门学科而诞生，本身就是为政治服务。行政学的研究必须适应美国的民主理念。有学者认为，公共行政学百年来的七大争论中三大争论与此相关（达尔/西蒙之争，西蒙、德鲁克/沃尔之争，西蒙/阿吉里斯之争）。② 其背后，实际上是对公共管理中"政治"与"行政"或价值与效率之间的侧重点。如西蒙所说，他与沃尔多的不同在于，他试图对行政组织的运作与机制进行经验方式研究，而沃尔

---

① 弗朗西斯·福山：《衰败的美利坚：政治制度失灵的根源》，《红旗文摘》2014 年第 12 期。

② 参见颜昌武、马骏编译《公共行政学百年争论》，中国人民大学出版社 2010 年版。

多则从政策与管理的角度理解公共行政。①

概言之，作为基于某种政治理念而构建的国家，无疑具有政治性，同时基于国家任务而建立的大型组织，同样需要有效性。国家行动的逻辑体现这三个层次的合法性与有效性增进。在现实中，国家行动逻辑与其三重对应并不是完全自动匹配的，有可能会产生复杂的社会问题，影响国家逻辑的展开。

四 国家行动的原则

从合法性与有效性的基本原理看，国家行动的原则为：

第一，国家"物实体"是社会运行和社会管理的载体。任何社会运行必定以国家实体存在为基础，如国家版图是国家活动的空间，军队是国家运行的保证，公共行政部门是公共事务管理的相关机构。

第二，国家是基于某种历史性的文化理念而建立起来的政体。如中华人民共和国乃是基于马克思主义与中华优秀传统文化相结合而建立的党政一体的国家。

第三，合法性是国家存在的法理依据。总体来看，合法性有两种，一是法律契约合法性，二是心理契约合法性。前者是契约性合法性依据，后者则是党政或政教合一式国家的合法性依据。后者不一定是法律的，但却是心理约定的，可以借用心理契约概念来解释。心理契约是指组织员工在组织活动过程中自己与组织心理上的约定。"契约"首先是法律概念，后来引申到社会领域而出现"社会契约"概念。从其基本含义看，"契约是这样一个'协议'（agreement），它'打算建立并且实际上正在建立'一项其中的一方可以施之于另一方的权利"②。心理学

---

① Herbert A. Simon, "Guest Editorial", *Public Administration Review*, Vol. 55, No. 5, 1995, pp. 404-405.

② ［英］迈克尔·莱斯诺夫等：《社会契约论》，刘训练、李丽红、张红梅译，江苏人民出版社 2010 年版，第 8 页。

家把社会契约概念引入心理领域，指个人与其所在组织之间的一份内隐的协议，协议中的内容包括在彼此关系中一方希望给另一方付出什么、同时又该得到什么，这种约定是双方在心理上对对方的一个期待。心理契约合法性即国家政体与人民的心理约定。如中华人民共和国的"人民"立场即为其政权合法性的心理契约。

第四，有效性是国家存在的能力。现代国家是竞争性国家，竞争性国家依靠有效应对外部挑战，有效解决国家问题、社会问题，满足人们的物质和精神需要而存续。

第五，公共行政有效性与政治合法性不是必然的一致关系。有效公共行政在一定的时候甚至会摧毁合法性，这即是有些改革会导致政权灭亡的原因。

第五章　国家治理的制度—心理机制

党内规矩有的有明文规定，有的没有，但作为一个党的干部特别是高级干部应该懂的。不懂的话，那就不具备当干部特别是高级干部的觉悟和水平。没有明文规定一定要报的事项，报还是不报，关键看党的观念强不强、党性强不强。领导干部违纪往往是从破坏规矩开始的。规矩不能立起来、严起来，很多问题就会慢慢产生出来。很多事实都证明了这一点。讲规矩是对党员、干部党性的重要考验，是对党员、干部对党忠诚度的重要检验。①

国家治理过程是在体制、政策、制度、人、情境互动中展开的。研究国家治理行动规则如何形成，作用过程，效果问题，是解码国家治理基本过程的重要层面。

一　制度及其作用

任何组织或其他共同体，若要维持其存在与发展，离不开共同的行

① 习近平：《守纪律，讲规矩》（二〇一五年一月十三日），《习近平著作选读》（第1卷），人民出版社2023年版，第348页。

成的支撑组织整体实际运作的规范。

（2）治理方式是多种因素结合后的行动方式。国家治理是通过政治、文化、社会和政府组织进行的。这个过程不是单一因素的作用，而是潜在因素的综合作用。其中，某一因素能够超越单一情境而发挥跨情境的主轴作用。如中国"党"的因素，就能够跨越组织和社会阶层而贯通。这既是组织特性使然，如党存在于各个组织中，也是党的政治要素使然，从而可以跨情境地作用。正是这样的制度作用互动机制，形成了不同的国家治理方式。

（3）国家治理能力体现在真实治理过程中。治理既然是种能力，就一定是主体性的，体现在国家作为行动主体解决社会问题或实现国家任务的有效性高低上。治理能力不是制度的制定能力，而是行动性的效果大小能力，是制度—人—任务的统合。治理能力既要决定于制度，更决定于人，需要在制度—心理的框架下思考与培育。

二　制度层级

制度既体现为国体、政体等国家的根本制度，也表现在国家机构的工作制度，还体现在公共政策等方面。

（一）国体与政体

国体指国家的根本性质，即国家的阶级本质和阶级内容。政体则指国家政权的组织形式和管理形式，即统治阶级采取何种方式组织自己的政权机关，实现自己的统治。国体决定政体，但政体有相对的独立性，同样的国体可以有不同的政体形式。从内容和形式的关系讲，政体作为国家政权的组织形式，体现国体的性质，使国体得以实现。一个国家必然要求实现国体和政体的内在统一，相辅相成。[1]

———————

① 李铁映：《国体和政体问题》，《政治学研究》2004 年第 2 期。

国体与政体是由宪法规定的。《中华人民共和国宪法》规定着中国的国家制度结构与体系。1949 年 9 月 29 日颁布的《中国人民政治协商会议共同纲领》，具有临时宪法的作用。中华人民共和国现行宪法为 1982 年宪法，并历经 1988 年、1993 年、1999 年、2004 年、2018 年五次修订。《中华人民共和国宪法》序言指出，"一九四九年，以毛泽东主席为领袖的中国共产党领导中国各族人民，在经历了长期的艰难曲折的武装斗争和其他形式的斗争以后，终于推翻了帝国主义、封建主义和官僚资本主义的统治，取得了新民主主义革命的伟大胜利，建立了中华人民共和国。从此，中国人民掌握了国家的权力，成为国家的主人"。《中华人民共和国宪法》确认了中国共产党的国家领导地位。

中国的国体、政体等根本性制度可以集中表述为，"中国实行工人阶级领导的、以工农联盟为基础的人民民主专政的国体，实行人民代表大会制度的政体，实行中国共产党领导的多党合作和政治协商制度，实行民族区域自治制度，实行基层群众自治制度，具有鲜明的中国特色"①。这是中国国家治理展开的政治框架基础。

(二)"党政嵌套"的组织体制

中国的执政党是中国共产党。国家的性质与国家运行决定于中国共产党的性质与能力。

《中国共产党章程》（2017 年修改）总纲指出，"中国共产党是中国工人阶级的先锋队，同时是中国人民和中华民族的先锋队，是中国特色社会主义事业的领导核心，代表中国先进生产力的发展要求，代表中国先进文化的前进方向，代表中国最广大人民的根本利益。党的最高理想和最终目标是实现共产主义。中国共产党以马克思列宁主义、毛泽东思想、邓小平理论、'三个代表'重要思想、科学发展观、习近平新时

---

① 习近平：《在庆祝全国人民代表大会成立 60 周年大会上的讲话》，人民出版社 2014 年版，第 18 页。

代中国特色社会主义思想作为自己的行动指南"。

在这样的政治构架下,"党"居于国家的领导核心位置。"党"领导社会各界的先进代表制宪、立法;而宪法和各种具体法律则体现出党的政治领导和国家的基本性质。

1. "党的领导"宪法设计

当代中国政府的制度框架是由宪法所规定的。宪法规定,全国人民代表大会是最高国家权力机关,国务院即中央人民政府,是最高国家权力机关的执行机关。《中华人民共和国地方各级人民代表大会和地方各级人民政府组织法》规定:省、自治区、直辖市、自治州、县、自治县、市、市辖区、乡、民族乡、镇设立人民代表大会和人民政府。省、自治区、直辖市的人民政府的各工作部门受人民政府统一领导,并且受国务院主管部门的领导或者业务指导。根据《中国共产党章程》的规定,党的全国代表大会和它所产生的中央委员会,是党的最高领导机关,党的中央委员会选举产生党的中央政治局及其常务委员会。中央书记处是中央政治局及其常委会的办事机构,在中央政治局及其常委会的领导下开展工作。从实际情况看,党对政府影响的制度性安排为:第一,党(中共)管干部(人才)的原则。国家机关及政府重要领导干部由党推荐。国家政权机关必须贯彻执行党所制定的干部(人才)路线、方针、政策。第二,国家机关中担任领导职务的人员多是中共党员。①

党的领导提供了国家权力整合的平台,所有国家机关统一在党中央领导下开展工作。国家权力的实际运行就如同邓小平同志所说的那样:"属于政策、方针的重大问题,国务院也好,全国人大也好,其他方面也好,都要由党员负责干部提到党中央常委会讨论,讨论决定之后再去多方商量,贯彻执行。"②

---

① 张立荣:《当代中国政府决策与执行的结构解析》,《华中师范大学学报》(人文社会科学版) 2004 年第 3 期。

② 邓小平:《改革开放政策稳定,中国大有希望》(1989 年 9 月 4 日),《邓小平文选》(第 3 卷),人民出版社 1993 年版,第 319 页。

2. 党的领导小组制度

党的领导还有一个制度性的安排，即各种各样的由党主导的"领导小组"，如党的十八大后成立的中央全面深化改革领导小组、中央网络安全和信息化领导小组、中央军委深化国防和军队改革领导小组、中央财经领导小组、中央港澳工作协调小组、中央新疆工作协调小组、中央西藏工作协调小组、中央党的群众路线教育实践活动领导小组、中央宣传思想工作领导小组、中央党的建设工作领导小组、中央巡视工作领导小组。这些小组由党的主要领导担任组长。领导小组一般是由组长、副组长、组员组成，办公室是相对常设的办事机构。领导小组发挥统筹协调功能，兼顾"决策"和"议事协调"功能。领导小组的首要职能是"决策"。因而组长和副组长通常由层级较高的领导担任，在中央层面，总书记、总理都会在小组里担任重要职位，各省也会安排对口的机构做改革协调和推进工作，并由党委"一把手"牵头小组的各项工作。领导小组在同级政府里属于规格最高的机构之一，具有独特的组织和权力结构，保障了政治决策的执行力度和效果。

3. 党组制度

中国共产党是执政党，党组制度是保证党的领导的制度措施之一。

从制度设计看，党组是党中央和地方各级党委在非党组织的领导机关中设立的组织机构，是上级党的委员会在非党组织中的派出机关，党组必须服从批准它成立的党的委员会的领导，使得党的政治领导与思想领导能够贯彻到其整个组织系统。

4. 党政联席会议制度

"党政联席会议制度"是一种基层政府领导班子集体议事的会议形式，落实党政共同负责制和领导班子集体议事的规定，保证和发挥领导班子的集体领导作用，促进工作的制度化、规范化以及决策的民主化、科学化，及时调度、安排、研究、处理重大问题，及时交流和沟通思想，统一行动，提高工作效率的工作组织制度。其优点是，加强党的领导，协调党政联系、保障集体领导，可促进工作决策的民主化，及时调度、安排、研究、处理重大问题，及时交流和沟通思想，统一行动，提高工作效率和决策水平。

三 作为制度的公共政策

国家治理是在国体、政体及其制度基础上，通过公共政策进行的。公共政策一般理解为经过审慎的决策和协调而选择的、有计划的管理行为路线。

公共政策是为解决社会或国家问题而制定的。公共政策是在国家体制、公共问题和社会相关参与力量共同作用下形成的。公共政策的制定也是政治的、经济的、文化的过程，受限于体制（包括政体、行政体制和各种制度），也受民众影响。公共政策过程是在社会问题情境下决策者—问题—民众的行为集合、整合与引导过程。公共政策一旦形成，就成为"一套"行动规则，被反复遵守与使用，就成为制度。因此，公共政策应作为制度的一个种类来理解。

四 制度认知的心理维度

国家治理是通过各种各样的制度进行的，而制度之被执行，是以人的"认知"为前提的。人对制度的"认知"不是简单的接受过程，而是心理的解释过程，为如下心理维度所决定。

第一，知识水平。有什么样的见识，决定着什么样的制度理解。现代人是学习性成长过程，要依靠学校教育和自我学习而积累知识水平。国家治理根本上关乎个人与社会、个人与国家的关系理解。这样一个人的知识水平就决定着他对国家制度、政策的认知与解释，决定了他的行为方式。

第二，终极观与价值观。终极观是人基于神圣存在而确立的人生信仰系统。如中国人的"天道"，西方的"上帝"信仰系统；价值观是认识主体对认识客体所包含的意义、作用等进行评价和选择的标准，是引导或推动认识主体采取决策等行动的思想观念。态度则是个体基于价值观而遇到事物的心理反应。其中，核心性的观念是终极观和意识形态。① 意识形态是基于某种正义观而形成的政治情感，是非理性的。意识形态一旦激活，就具有行动或决策的主导力量。

第三，认知风格。认知风格指个体处理信息时，接受、记忆、思维和解决问题的稳定态度、倾向或习惯化策略，如分析—整体维度（"analytic" versus "holistic"）②。

第四，人格特征。人格特征是人稳定的行为方式，认知风格是个体在认知过程中体现出来的习惯化模式。不同的人格特质决定着人的行为方式，如外向的人表现出行为的活泼性，宜人性格的人表现出与他人意见易统一性等。

第五，非理性心理。人的心理是微妙的，有各种非理性的心理。如从众心理、框架依赖、损失规避等造成认知偏差；③ 再如，自我服务偏差（self-serving bias）现象，即把成功归于自己，把失败归于外部影响着人民对政策的理解；④ 还有隐性知识（tacit knowledge），即主观的个体性的经验积累对于制度的解释作用⑤等。

----

① John T. Jost, Christopher M. Federico and Jaime L. Napier, "Political Ideology: Its Structure, Functions, and Elective Affinities", *Annual Review of Psychology*, Vol. 60, No. 31, 2009, pp. 307-337.

② Dutta D. K. & Thornhill S., "The Evolution of Growth Intentions: Toward a Cognition-based Model", *Journal of Business Venturing*, Vol. 23, No. 3, 2008, pp. 307-332.

③ 卞江、李鑫：《非理性状态下的企业投资决策——行为公司金融对非效率投资行为的解释》，《中国工业经济》2009年第7期。

④ Goncalo J. A., Duguid M. M., "Hidden Consequences of the Group-serving Bias: Causal Attributions and the Quality of Group Decision Making", *Organizational Behavior and Human Decision Processes*, Vol. 107, No. 2, 2008, pp. 219-233.

⑤ Bennett III, R. H., "The Importance of Tacit Knowledge in Strategic Deliberations and Decisions", *Management Decision*, Vol. 36, Iss 9-10, Nov-Dec 1998, pp. 589-597.

上述因素及其他可能因素构成了人对外部世界的解释框架。框架（framing）指"通过选择、强化现实的某些成分，压制其他成分来构建关于社会问题的原因，道德性质和可能的纠正方法的心理现象"①。框架也指人们通过特定的概念化解释，重新定位他们对问题的认识的心理过程。② 正是人的解释框架，决定着人们对国家治理制度、公共政策的认知、评价与反应。

五　制度—心理中的国家治理方式

"没有任何一套规则和非正式约束可以被完全实施，总存在一个不完全的程度。"③ 制度作用可能表现出中间状态，即理想行为与现实间的行为选择，可以称之为"现实规则"。现实规则往往是人们在资源、结构、任务等诸多要素互动中形成的支撑组织整体运作的行动规范。④

现实规则支撑国家、社会的运行。以纳税申报单为例，在美国，总统公布纳税申报单是一项政治规范，但这不是法律要求的。为了保护国家安全，除总统要遵守 1978 年的《政府道德法》和 2012 年的《国会知识（股票）停止交易法》之外，不受一般公职人员信息披露规则的约束，但政客通常会主动披露其税收记录。联邦法院和国会都在诉讼和听证会中提醒特朗普遵守这一非强制性规范。拜登和他的副手哈里斯宣布了纳税申报表。但是特朗普仍然不为所动，他拒绝

---

① Entman R. M., "Democratic Theory and the Visual Construction of Poverty", *Research in Political Sociology*, Vol. 7, 1995, pp. 139-159.

② Chong D., Druckman J. N., "Framing Theory", *Annual Review of Political Science*, Vol. 10, No. 1, 2007, pp. 103-126.

③ ［美］道格拉斯·C·诺思：《对制度的理解》，载［法］梅纳尔主编《制度、契约与组织：从新制度经济学角度的透视》，刘刚等译，经济科学出版社 2003 年版，第 16 页。

④ 景怀斌：《政府决策的制度—心理机制》，中国社会科学出版社 2016 年版，第 259—270 页。

向国会提供证据，理由是众议院调查他的委员会是"由民主党控制的"。"这违背了另一项政治规范：总统尊重国会。"在那之前，美国总统从未以党派关系为由拒绝与国会听证会合作。最可怕的是，特朗普的行为破坏了规范所依赖的社会共识。特朗普违反规范本身并不是非法的。但是当他以"傻瓜交税"的逻辑对待政治规范时，"会让那些不信任体制、觉得可以用违法方式对抗体制的人倍感鼓舞"。特朗普对准则的破坏已经失去了边界和底线。一旦打破规范成为新常态，美国政治体系中的一切都可以改变，因为毕竟美国《宪法》没有明确规定国会必须建立军队和海军。最高法院没有规定确定法律是否符合宪法，没有规定最高法院需要审理哪种案件，政府没有要求任命总检察长（检察长）起诉联邦罪行，也没有要求官员必须向公众说实话。① 如果最高法院像特朗普那样不断突破自身的非正式规范，那么美国这种政治司法化、司法政治化的闭环游戏就将难以为继。非正式规范被侵蚀得越多，留给法官们的容错空间就越小，错误判决的冲击力也就会越大。最终是否会演变成美国式的"礼崩乐坏"，恐怕也就不是法官们所能控制的了。②

六 国家治理的八种方式

基于制度—心理机制提示，国家运行的实际方式是某一时空下制度与人的心理互为塑造的社会共同行动过程，概括起来有八种方式（见表5-1）。

---

① 曹然：《反对特朗普的人在反对什么》，中国新闻周刊，http：//www.inewsweek.cn/world/2020-11-09/10867.shtml，2020年11月9日。
② 李泉：《一篇独家报道，暗藏着当下美国政治的要害》，观察者，https://www.guancha.cn/liquan/2022_05_16_639897_2.shtml，2022年5月16日。

表 5-1   **国家治理的现实方式**

	作用机制	特征	个人行为效应	有效性	合法性
政治的党性方式	党性、党纪	动员性、全体性	党性意识	党的战斗力	党性引领与资源整合
行政的组织方式	科层制度	组织性、滞后性	制度约束	执行与问责	科层机制
文化的共享方式	终极—价值观	观念性、共享性	观念认同程度	社会共识	心理合法性
经济的利益方式	投入—回报	互利性、噬利性	利益	经济效益	利益最大化可能
传播的话语方式	标识—知识—引领	话语权构建	话语认同	认同与参与	中心—去中心化
社会的道德方式	社会习俗	伦理、道德性	熟人社会	社会规范	社会利益
科学的技术方式	因果理性	效率与精准	技术应用	应用性	中性
惩罚的法律方式	惩罚	非人情	恐惧遵从	底线维护	法律合法性

（一）政治的党性方式

《中国共产党章程》（2022 年修改）指出，"中国共产党的领导是中国特色社会主义最本质的特征，是中国特色社会主义制度的最大优势，党是最高政治领导力量。党政军民学，东西南北中，党是领导一切的。党要适应改革开放和社会主义现代化建设的要求，坚持科学执政、民主执政、依法执政，加强和改善党的领导。党必须按照总揽全局、协调各方的原则，在同级各种组织中发挥领导核心作用。党必须集中精力领导经济建设，组织、协调各方面的力量，同心协力，围绕经济建设开展工作，促进经济社会全面发展。党必须实行民主的科学的决策，制定和执行正确的路线、方针、政策，做好党的组织工作和宣传教育工作，发挥全体党员的先锋模范作用。党必须在宪法和法律的范围内活动。党必须保证国家的立法、司法、行政、监察机关，经济、文化组织和人民团体积极主动地、独立负责地、协调一致地工作。党必须加强对工会、共产主义青年团、妇女联合会等群团组织的领导，使它们保持和增强政治性、先进性、群众性，充分发挥作用。党必须适应形势的发展和情况的变化，完善领导体制，改进领导方式，增强执政能力。共产党员必须同党外群众亲密合作，共同为建设中国特色社会主义而奋斗"。

这意味着，中国社会具有政治党性特征——不仅体现在国体、政体设计上，也体现在政府的中国共产党党员身份配置（如市长兼任市委副书记），各行各业优秀分子被吸收为党员，无论他们的受教育程度，工作能力，工作绩效，他们都是社会精英。

各行各业的党员，通过党的组织方式，如支部生活，党员身份意识的主动或被动提示，保证了党的统一领导，党员的模范带头，党员的党性自我意识，使中国有独特的党性运作方式。

（二）行政的组织方式

国家治理是由各级政府来执行的。政府的主要责任是以行政性制度进行社会管理。中国是单一制国家，这带来了"自上而下"统一的政府组织运行机制。

政府作为现代组织，具有政治性、科层性，是在合法性制度下的有效性追求机构。政府通过制度的、物质的、人员配置的方式，进行具体的国家治理。行政的组织方式是国家治理的基本方式。

（三）文化的共享方式

文化是千百年来形成的以终极观为核心的共享意义系统，决定了民众的社会认知与行动方向，支配着一个国家的运行意义方式。文化是成本最小、国家治理效应最大的观念方式。

对于国家来说，文化具有举旗帜、聚民心、育新人、兴文化、展形象的作用。中国的文化建设有自己的要求，即以社会主义核心价值观为引领，发展社会主义先进文化，弘扬革命文化，传承中华优秀传统文化，满足人民日益增长的精神文化需求，巩固全党全国各族人民团结奋斗的共同思想基础，不断提升国家文化软实力和中华文化影响力。

文化提供了国家治理的意义基础。中国自古以来形成的"德治"文化图式,"大一统"的国家想象、贤能政治、权威遵从、政府信任的层级差异、家国一体国家情感,成为中国国家治理的传统文化心理基础,是国家治理有效性、合法性的观念基础。

(四) 经济的利益方式

经济行为是以投入与回报最大化为原则的社会行为。人是社会的生命存在的,利益回报是人的行为的基本驱动力。经济方式构成了国家治理的趋利化动力机制。古代不必说,改革开放正是以"万元户""一部分人先富起来"这样的经济方式推动的。

当今的市场经济机制是国家富强、繁荣发展的基本方式。但同时,也要认识到,经济体系有利益最大的本能特征,逐利行为、资本也会对政治、社会构成威胁。对此,一方面要认可、鼓励经济方式,另一方面,也要基于国家总体需求,平衡经济的地位。

(五) 传播的话语方式

人类对世界的认知离不开以符号为表征的信息传播。正是因为传播,才凝聚为社会,使政治成为可能。传播的话语方式就成为国家治理的方式。

传播功能体现在三方面:其一,信息的知晓功能。信息体现着事物的存在状态、特征与趋势,人通过信息的告知而判断生存状况,明晰因果,预期行动。其二,传播的意义构建功能。人的世界是通过言语而构成的,基于不同的言语而构建世界的意义,传播提供人们认知世界的框架,而形成不同的意义世界。其三,传播的权力功能。按照福柯的解释,话语,特别是成为文化习惯的话语,标志着知识与真理,具有权力功能。

(六) 社会的道德方式

人是社会性动物,人类社会之所以能够维系,在于人类形成的社会道德规范。道德是一种以他人为标准的强制性规则，遵守道德意味着被社会、他人认可，能够获得他人的尊重，获得社会生活资源。道德因其社会性、规范性而成为国家治理的方式。道德不是可有可无的个人行为，而是人生存必要的社会方式。

道德的作用依赖于一定的社会条件。在熟知的社区，道德的作用大，而在陌生的环境下，道德的约束力要小。现代社会是"陌生人"社会，道德的约束受到消解。如何塑造新条件下的道德治理方式，是新的议题。

（七）科学的技术方式

科技是改变人类社会形态的理性知识及方法。人类正是因为科学的发展而有越来越强大的控制环境能力，也因为科学技术而增强国力。科学以因果确证的理性思维构建知识系统，其精确性，以有效或无效给出了人类行动的规律。科学技术成为国家治理的方式，如交通运输、通信卫星、检测检验等，都成为国家治理的有效手段。

科技既是动力，也是国家的任务，这样才能理解，教育、科技、人才是现代化国家的基础性、战略性支撑，科技是第一生产力、人才是第一资源、创新是第一动力等论断。科技也形塑政府管理过程与运行机制，如数字化政府就可能成为新的政府形态。

科学技术是中性的，它能够改变人，也能够为人所控制。诸如人工智能、信息化的技术方式对治理的作用，需要进一步考察。

（八）惩罚的法律方式

"性善"不是事实命题，而是价值判断，社会总是善恶并存。要维护国家的正常运行，离不开惩恶扬善。这便是法律的社会治理方式。对于国家来说，法治具有固根本、稳预期、利长远的保障作用。

法律林林总总，不外乎保持国家运行的"底线"，如对于杀人者不进行法律制裁，就无法纠正违规，也打击国家秩序。

不能用法制替代道德。道德提供的是社会运行的"上线"，它以人性美好的方式促成社会保持良好运转状态。而法制是社会运行的"底线"，以规制的方式，防止社会走向犯罪混乱。

这八种方式，共同构成了社会运作的方式，也是国家治理的方式。它们也成为国家治理的研究对象，揭示它们的真实运作过程，是国家治理能力建设的重要方面。

第六章　领袖与国家领导力

国家实力等于资源的利用加人力和意志，而一个民族的意志主要来自于领导人的榜样。①

借用格式塔心理学原理"总体大于部分之和"来说，国家实力不是单纯的人力、资源、制度、领袖等因素的相加，而是它们之间的"化学反应"，其中，领袖起到核心作用。领袖与国家体制等结合而形成国家领导力，引导国家与人民行动。

一　国家领导力

"领导"（leadership）是人们熟悉的很难有准确定义的社会现象。"领导力就像美，它难以定义，但当你看到时，你就知道。"领导力可以简单被理解为"有人追随"。而一个人之所以被追随，可以是地位的原因，可以是基于个人才能或能力、基于行动结果的回报，基于过程控制等。② 领导也可以一般理解为是影响他人（influencing others）的过程。

---

① ［美］理查德·尼克松：《领袖们》"作者再版前言"，施燕华等译，海南出版社 2012 年版，第 5 页。

② ［英］基思·格林特：《领导力》，马睿译，译林出版社 2018 年版，第 1—15 页。

领导者 (leader) 即指运用各种领导方式影响他人的人。在组织中，领导是领导者影响和形成下属 (个人、团队、组织或集群) 工作任务行为的过程。[①]

领导是管理学的核心议题，有太多研究。早期的领导研究持 "英雄理论" (heroic conception of leadership)，即认为领导是不同于一般人的、改变世界的英雄。这一思路演变为领导的品质理论视野，即认为领导者的某些品质决定了领导的效果。但 Stogdill 回顾了 148 个有关领导的研究，得出结论，很清楚，影响领导的不仅是品质，还有情境。[②] 随着学术的发展，领导行为研究理论围绕关注员工或关注任务 (consideration and initiating structure) 进行。前者注重建立领导与员工的互信、双向沟通、和谐，注重员工的工作内外需要；后者则关注工作关系、工作程序、工作方法、工作绩效。随着研究进一步深入，学者们认为领导过程不是单一的固定因素，而是多种因素的综合作用，于是出现了领导的权变理论 (contingency theories)。

领导有效理论类型主要有魅力型领导 (charismatic leadership)、转换/转化型领导 (transformational leadership) 与超越型领导 (transcendental leadership)。魅力型领导理论，强调通过领导者的个人魅力因素改变员工的目标、挑战、抱负，激励组织行为，属于思想刺激。[③] 转换与超越型领导则关注领导以什么样的方式改变下属的心理图式，实现领导效果。这可能与领导人的特征、品德、价值观等相关，也与组织激励制度等特质相关。

此外，出现了诸如诚信 (可信或真诚) 领导理论 (authentic leader-

---

① Henry P. Sims, et al., "When Should a Leader be Directive or Empowering? How to Develop Your Own Situational Theoryof Leadership", *Business Horizons*, Vol. 52, No. 2, 2009, pp. 149–158.

② Ralph M. Stogdill, "Personal Factors Associated with Leadership: A Survey of the Literature", *Journal of Psychology*, Vol. 25, No. 1, 1948, pp. 35–71.

③ Bruce J. Avolio and William L. Gardner, "Authentic Leadership Development: Getting to the Root of Positive Forms of Leadership", *The Leadership Quarterly*, Vol. 16, No. 3, 2005, pp. 315–338.

ship），即通过领导的可信性实现领导功能；信仰性理论（spiritual lead-ership），即通过领导的终极信仰方式，实现领导功能；伦理领导（ethical leadership），即通过诚实、正直和公平进行领导；正直领导（integrity leadership），即通过言辞与行动的一致性，实现领导功能。随着互联网时代的到来，分布式领导，追随、身份认同又成为领导力的关注的方面。从历史经验看，至少存在两类另外的领导类型，即意识形态领导（ideologues）和实用主义领导（pragmatics）。意识形态和实用主义领导在危机状态（crisis condition）、意义寻找（sense making）、经验类型（type of experience）、影响目标（targets of influence）和因果关系点（locus of causation）等方面是不同的。[①]

传统领导研究是属于领导中心（leader-centric）的，领导也应是下属中心的（follower-centred），下属的信息加工过程和思想形式（mind-sets），如假设、信念、期望影响着对领导的解释，也制约着领导效果，于是出现了强调下属作用的隐含领导理论（implicit leadership theories, ILT）。[②] 领导研究也关注到文化的作用。在文化的领导原型（prototypical leader）看来，共享性的文化制约人们对领导的期望，并影响了自己的工作绩效，决定了领导效果。[③]

领导不仅仅是组织现象，还是国家现象——国家是否具有领导力决定着国家的生存与发展。国家是超大型的以价值观为意义系统，追求国民良好生存，由国体、政体、各类公共组织构成，并为制度规约的超大型社会复合体。同任何组织一样，国家是否具有领导力，关系到国家生死存亡。

---

① Katrina Bedell-Avers, et al., "Charismatic, Ideological, and Pragmatic Leaders: An Examination of Leader-Leader Interactions", *The Leadership Quarterly*, Vol. 20, No. 3, 2009, pp. 299-315.

② Jörg Felfe and Birgit Schyns, "Personality and the Perception of Transformational Leadership: The Impact of Extraversion, Neuroticism, Personal Need for Structure, and Occupational Selfefficacy", *Journal of Applied Social Psychology*, Vol. 36, No. 3, 2006, pp. 708-739.

③ Lars-Eric Petersen and Jörg Felfe, "Romance of Leadership and Management Decision Making", *European Journal of Work and Organizational Psychology*, Vol. 16, No. 1, 2007, pp. 1-24.

国家领导力是政治领袖与国家体制结合而形成的，引领国家与人民、社会发展的能力。它通过以宪法为核心的法律体系，以政府组织为主体的组织管控，以社会规范为主体的伦理方式，对全社会进行规约，以经济、政治、声望等为方式的激励驱动促使国家整体性发展的能力，是一个国家制度的规约力、驱动力和引领力。

国家领导力体现在国家体制引领力、过程控制力。体制引领力是由国家体制决定的引领力。过程控制力则是国家治理者对国家前（历史经验）、后（未来态势）、左（领导群体）、右（民意心态）发展的把控和整合能力。

国家领导力也与民众相关。如果民众拥护领导人，信任领导人，则可以上下呼应，形成国家统一行动，展现出强大的国家力量。

如此，可以把国家领导力进一步界定为，通过政治领袖，并与国家体制结合而形成的引领国家与社会、人民的能力，是领袖与体制、国家过程控制等方面的综合领导能力。

二 领袖及其作用

国家领导力与领袖的能力和风格相关。历史表明，一个时期的国家体制与结构是稳定的，但是因领袖不同，国家的能力便有大小，风格也有差异。同样是汉王朝，文景之治与汉武大帝的国家风貌不同。同样是美国，林登·约翰逊"身为总统的多数党领袖"、理查德·尼克松"身为总统的外交部长"、吉米·卡特"身为总统的政治门外汉"、里根"身为总统的演员"、克林顿"身为总统的竞选者"、小布什"身为总统的纯粹的行政长官"所展现的美国国家领导力亦不同。[①]

"领袖"一般指"国家、政治团体、群众组织的最高领导人"。从

---

① ［美］查尔斯·琼斯：《美国总统制》，毛维准译，译林出版社 2013 年版，第 108—111 页。

国家功能决定看，领袖是国家和政党中"最有威信、最有影响、最有经验、被选出担任最重要职务"① 的领导人物。

关于领袖，毛泽东与蒙哥马利曾经有过对话：

蒙：我衡量一个政治领袖的标准是看他是否会为地位而牺牲他的原则。你同意不同意这样一种标准？如果一个领袖为了取得很高的地位而牺牲他的原则，他就不是一个好人。

毛：我的意见是这样的，一个领袖应该是绝大多数人的代言人。

蒙：但是他也不能牺牲他的原则啊！

毛：这就是原则，他应该代表人民的愿望。

蒙：他必须带领人民去做最有利的事。

毛：他必须是为了人民的利益。

蒙：但是人民并不经常知道什么对他们最有利，领袖必须带领他们去做对他们有利的事情。

毛：人民是懂事情的。终究还是人民决定问题。正因为克伦威尔代表人民，所以国王才被迫让步。

蒙：克伦威尔只代表少数人。

毛：他是代表资产阶级反对封建主。

蒙：但是他失败了。克伦威尔去世并且埋葬以后，过了几年，人家又把他的尸体挖出来，砍掉他的脑袋，并且把他的头在议会大厦屋顶上挂了好几年。

毛：但是在历史上克伦威尔是有威信的。

蒙：如果不是克伦威尔的话，英国就不是今天的英国了。

毛：耶稣是在十字架上被钉死的，但是耶稣有威信。

蒙：那是在他死后，在他活着的时候，他没有很多的跟随者。

毛：华盛顿是代表美国人民的。

① 《列宁选集》第4卷，人民出版社2012版，第151页。

蒙：可是他被暗杀了（说明：蒙记忆有误）。

毛：印度的甘地也是被暗杀的，但是他是代表印度人民的。①

这是一段耐人寻味的对话。他们二位可以说都是领袖：一个是中国人民的领袖，一个是二战时期的英军领袖。他们的对话反映出他们的领袖观及其政治观。毛泽东认为领袖是绝大多数人民的代表，为他们而奋斗；而蒙哥马利认为，领袖是精英的个人原则。他们都谈到了领袖代表人物，蒙哥马利以个人身后境遇判断评价领袖，毛泽东则是着重于人民是否拥护，且倚重于后世人民的拥戴。这里面又有文化差异在。在毛泽东看来，能不能代表人民，能不能为人民谋利益，是否受到人民的拥护，是领袖的标准。

对于国家而言，领袖的作用极为重大。"他们能在如此宏大的规模上有效地行使权力，以致能大大改变他们国家以及整个世界的历史进程。"② "大众在组织上的脆弱性最明显的证据在于：当他们的行动失去领袖时，他们便纷纷做鸟兽散；他们似乎天生就缺乏重新组织起来的能力，除非有新的领袖出现并取代原来的领袖，他们始终是一盘散沙。"③

具体来看，领袖的作用表现为以下五个方面。

第一，国家构建。领袖的理念往往会转化为各种国家制度。国家体制是在政治理念指引下设计与建构的，而能够把理念明晰并付诸行动的，正是领袖。中国历史上郡县制的确立与秦始皇分不开，儒家作为国家主导意识形态与汉武帝分不开，士人优待与取士为官制度化与朱元璋分不开。同时，领袖也以不同的方式，把已有的制度转换为真实的行动规范。"杰斐逊将自己当选为美国总统一事称为'1800 年的伟大革命'，

---

① 毛泽东：《同蒙哥马利的谈话》（1960 年 5 月 27 日），《毛泽东文集》（第 8 卷），人民出版社 1999 年版，第 192—193 页。

② ［美］理查德·尼克松：《领袖们》，施燕华等译，海南出版社 2012 年版，第 3 页。

③ ［德］罗伯特·米歇尔斯：《寡头统治铁律：现代民主制度中的政党社会学》，任军锋等译，天津人民出版社 2003 年版，第 50 页。

但这场革命其实主要是发生于观念层面的。国父们确立的各项大政方针均未有变动，而一项新的传统就此确立起来。正是从杰斐逊上台起，美国人开始将宪法视为民主制度的公器；如今美国人在彼此谈论政治时所使用的各种图景、观点乃至字眼，都是杰斐逊'锻造'出来的。"[①]

第二，国家资源配置。国家治理也是资源优化与整合的过程，这个过程需要各方面的平衡与优化，是细致的国家治理过程，需要领导，需要领袖来布局。

第三，高级干部管理。国家由复杂的科层组织构成，科层组织一方面需要制度化约束，另一方面也需要人员管理，尤其是国家中枢层面、地方政府的核心领导人。高级干部层的管理与引领是国家能力的重要环节。

第四，国家过程管控。国家是在历史的时空中展开的，国家治理是国家体制、制度作用的过程，这个过程有太多的具体问题需要化解，也有很多变异发生，会不断遇到新的情况，需要及时调整。这依赖于领袖对这些问题的管控与调整。

第五，品行示范。领袖是国家的象征，无论是传统国家的君圣合一，还是现代国家的领袖角色，客观上都成为社会榜样，在国家运行中具有榜样示范作用。

领袖与国家领导力的基本特征是：其一，领袖不同于组织所说的"领导"。领导是组织现象，而领袖则往往指国家层面的核心或卓越领导人。其二，领袖不等于国家领导力。领袖是个人的，他们的能力有强弱。国家领导力是以领袖为枢纽的国家影响力。领袖与国家体制的匹配程度决定着国家领导力强弱。其三，领袖与民众的匹配决定国家的动员力。民众是国家领导力的施动者，民众被动员，便激发出强大的国家力量。但民众是否能够被动员，又是领袖领导力的体现。

---

① ［美］沃尔特·李普曼：《舆论》，常江、肖寒译，北京大学出版社 2018 年版，第217页。

三 领袖的心理结构

领袖是特殊的人，具有一般人所没有的品质。尼克松说："（领袖）他们更加坚强有力，更加足智多谋，具有敏锐的判断力，使之避免犯致命的错误，并能抓住瞬息即逝的机会。"① 概括起来，领袖表现出这样的心理结构。

第一，强烈的政治使命。领袖在政治斗争中一再地经受考验，支撑他们的是政治使命。领袖必须为某个目的服务，目的越崇高，领袖的潜在形象就越伟大。

第二，自信。尼克松在《领袖们》中通过总结自己交往过的领袖人物的经验后得出：那些成功地用自己的意志推动历史的领袖人物，虽时有对错，但很少有信心不足的时候。他们信服自己的本能，虽会征求别人的意见，但仍根据自己的判断行事。他们深信自己之所以身居高位的一个原因是他们最适合做这项工作。② "在政治问题上，他认为自己同上帝之间可以直通电话。他做出决策时只需接通电话，直接从上帝那里聆听启示就可以了。"③ 伟大领袖超出常人的，是他们具有高度的政治效能感，在面对深刻危机的社会惊涛骇浪中表现出坚强有力、足智多谋和敏锐的判断力，避免犯致命的错误，并能抓住瞬息即逝的机会。④

第三，竞争性政治理念。政治理念是基于特定公平性理解而关于社会应该是什么的根本性观念。领袖的政治理念是其政治行动的目标和方向，能够整合社会人心，给出社会愿景。如在中国革命进程中，向西方学习，向苏联学习是一般人的认识，但毛泽东的"马克思主义与中国革

---

① ［美］理查德·尼克松：《领袖们》，施燕华等译，海南出版社 2012 年版，第 372 页。
② ［美］理查德·尼克松：《领袖们》，施燕华等译，海南出版社 2012 年版，第 369—370 页。
③ ［美］理查德·尼克松：《领袖们》，施燕华等译，海南出版社 2012 年版，第 369 页。
④ ［美］理查德·尼克松：《领袖们》，施燕华等译，海南出版社 2012 年版，第 372 页。

命的具体实践相结合"的观念，既坚持了马克思主义的一般原理，又兼顾了中国社会的特征，从而具有超越一般的政治理念功能。

第四，卓越的政治能力。领袖不仅具有整体性（横）认知，能够以总体的、关系的、协调的方式看待国家治理过程中的问题；也有纵向的、历史的分析能力，能够以洞察未来的、贯穿过去的方式认知世界。如毛泽东的辩证统一的思维方式就是卓越代表。

> 我们的宪法规定，立法权集中在中央。但是在不违背中央方针的条件下，按照情况和工作需要，地方可以搞章程、条例、办法，宪法并没有约束。我们要统一，也要特殊。为了建设一个强大的社会主义国家，必须有中央的强有力的统一领导，必须有全国的统一计划和统一纪律，破坏这种必要的统一，是不允许的。同时，又必须充分发挥地方的积极性，各地都要有适合当地情况的特殊。①

在毛泽东《矛盾论》《论十大关系》《关于正确处理人民内部矛盾的问题》等著作中，蕴含着他的大量的辩证，化不利为有利，视劣势为优势，在平衡中选择机会的认知思维方式。中国革命的胜利，社会主义建设的成就都是这一思维方式的成果。

第五，适应性的政治性格。性格是指一个人在态度和行为方面所表现出的较为稳定的心理特征，也就是个体对现实的较为稳定的态度和习惯化了的行为方式。良好的政治性格必须具备两方面特质：独立的自主意识和坚定的意志力。作为政治人物的领袖，政治性格要坚韧、适应。"聪明过人、勇气、勤奋、坚忍、有判断力、对伟大事业的献身精神，以及一定的魅力，都是关键的因素。"② "没有坚强的意志、不是强烈地要突出个人的人，成不了伟大领袖。"③ 能够影响他人，"我认识的大多

---

① 毛泽东：《论十大关系》（1956 年 4 月 25 日），《毛泽东文集》（第 7 卷），人民出版社 1999 年版，第 32 页。

② ［美］理查德·尼克松：《领袖们》，施燕华等译，海南出版社 2012 年版，第 373 页。

③ ［美］理查德·尼克松：《领袖们》，施燕华等译，海南出版社 2012 年版，第 369 页。

数伟大领袖，都是造诣颇深的演员，尽管只有戴高乐一人坦率承认这一点"。伟大的领袖需要深谋远虑，要甘愿冒巨大而又适当的风险，也需要运气。最要紧的是，必须坚决果断。要精明地、不带个人感情地分析种种选择的可能性，但一经选定就必须付诸行动。①

> 受任新职，不要拈轻怕重，而要拈重鄙轻。古人有云：贤者在位，能者在职，二者不可得而兼。我看你这个人是可以兼的。年年月月日日时时感觉自己能力不行，实则是因为一不甚认识自己；二不甚理解客观事物——那些留学生们，大教授们，人事纠纷，复杂心理，看不起你，口中不说，目笑存之，如此等类。这些社会常态，几乎人人要经历的。此外，自己缺乏从政经验，临事而惧，陈力而后就列，这是好的。这些都是实事，可以理解的。我认为聪明、老实二义，足以解决一切困难问题。这点似乎同你谈过。聪谓多问多思，实谓实事求是。持之以恒，行之有素，总是比较能够做好事情的。你的勇气，看来比过去大有增加。士别三日，应当刮目相看了。我又讲了这一大篇，无非加一点油，添一点醋而已。②

上面的话是毛泽东给时任（1958 年）湖南省副省长的周世钊的信。周世钊也是毛泽东早年在湖南第一师范读书的同学。这段话里表现出毛泽东既有领袖的视野，又有朋友的亲切，但重心落脚于工作上的鼓励。信中还颇有同感地说到了人生经历的世故。这是劝说朋友，但同时也是说自己。在他看来，贤与能是作为领导的基本要求，感到自己能力不足，一是认识自己不足，二是认识事物不足。聪明、老实是基本素质；临事而惧是态度，陈力就列是资历，加之磨炼与世故。使命、能力，坚韧、承担、踏实等是领袖的政治性格。

---

① ［美］理查德·尼克松：《领袖们》，施燕华等译，海南出版社 2012 年版，第 373 页。
② 毛泽东：《给周世钊的信》（1958 年 10 月 25 日），《毛泽东文集》（第 7 卷），人民出版社 1999 年版，第 430 页。

四 领袖与国家愿景

领袖的目标往往是一个时期国家的愿景。"愿景"（vision）是个体或组织行动目标的意义构建，包括价值观、使命和目标等要素。价值观是动力，使命是组织任务，目标是组织行动的方向。

领袖的领导力突出体现在国家愿景构建上。尼克松说："伟大的思想可以改变历史，但只能在产生了能给这些思想以力量的伟大领袖之后才能实现。"① "即使在一个民主国家，一个伟大的领导人是应该在面临严重危机或挑战时，提出全国一致的目标。"② "领袖们还可以通过对领袖来说极为重要的教导作用来塑造、改变和提高追随者的动机、价值观和目标。"③ 愿景领导的心理机制为，通过建立组织共同心智模式来构建与完善组织愿景，并使组织愿景成为激励成员不断朝着组织目标努力，推动组织进步的强大动力，最终实现组织愿景，完成组织使命的过程。④

比如在土地革命时期，毛泽东提出"农村包围城市、武装夺取政权的革命道路"的愿景，他的《中国的红色政权为什么能够存在?》《井冈山的斗争》《星星之火，可以燎原》《反对本本主义》等文章，在革命价值观、使命与目标道路上，给出了未来的想象，为中国革命指明了方向，引领了中国革命的发展。

美国历史上唯一一位连任四届的总统罗斯福，便是一位善于利用大众传播手段营造国家愿景的领袖。罗斯福在位期间，美国正处于大萧条

---

① ［美］理查德·尼克松：《领袖们》，施燕华等译，海南出版社 2012 年版，第 372 页。
② ［美］理查德·尼克松：《领袖们》"作者再版前言"，施燕华等译，海南出版社 2012 年版，第 7 页。
③ ［美］詹姆斯·麦格雷戈·伯恩斯：《领袖论》，刘李胜等译，中国社会科学出版社 1996 年版，第 502 页。
④ 谭红军、霍国庆等：《愿景领导力研究》，《领导科学》2009 年第 6 期。

时期，也正处于第二次世界大战前夕，国际形势复杂，国内政治面临着巨大压力。为了争取美国人民对政府的支持，罗斯福在 12 年的总统任期内，共做了 30 次炉边谈话。每当美国面临重大事件之时，罗斯福都用这种方式与美国人民沟通，使处于困境中的美国公民在明确自己权利的同时，也明确了自己的义务和责任。罗斯福的谈话不仅鼓舞了美国人民，坚定了人民信心，同时也宣传了他的货币及社会改革的基本主张，赢得了人们的理解和尊敬。①

五 领袖与国家制度

领袖是组织的最高领导者，主导着国家组织、制度与权力的变迁。对于拥有显赫的政治权力和地位的领袖来说，最重要的一条是创立一个即使在创始者去世很长时间后仍能继续实行其道德观的机构：国家、社会运动、政党、官僚政治。②

例如，中华人民共和国的制度，就与毛泽东的"人民"理念有决定性的关系。毛泽东基于马克思主义的"人民"国家治理概念，形成了自己的"人民"理解。作为中国共产党的第一代领导核心，毛泽东在汲取马克思主义的基本思想基础上，把从"国民"中分离出来的"无产阶级"概念与侧重指向底层民众的"人民"概念予以对接，以工农为中心逐渐明确"人民"概念。"人民"概念的语义指向新的社会秩序和新的民众实践方式，表征着新的社会秩序的建构功能和引导人民进行革命的实践功能，"人民"从社会身份区分概念（最初的整体性泛指到阶级区分）转变为主要是政治建构（如人民政府）概念。在这个过程中，中国共产党通过把自身塑造成人民的代表，确立了在革命中的合

---

① 黄四海：《罗斯福：四次"炉边谈话"与第一次新政》，《人民论坛》2004 年第 8 期。
② ［美］詹姆斯·麦格雷戈·伯恩斯：《领袖论》，刘李胜等译，中国社会科学出版社 1996 年版，第 534 页。

法性地位，拓展了号召能力，寻找到革命的最大力量源泉。"人民"能
够以革命的方式，确立自己的统治，建立起无产阶级专政的新型社会主
义国家政权。①"人民"理念是中华人民共和国的制度设计依据——基
于"人民"理念，与现代政党、代议制度相结合，建立了人民代表大
会制度。

六 领袖与国家治理过程

"过程管理"是企业管理的一个理论派别，即把企业的一切活动都
看作过程，并对其进行系统化管理。过程管理强调从总体上对业务过程
进行系统思考、严密设计而不是着眼于某一个单一的过程或任务点，认
为，人、机、料、法、环是影响过程输出质量的五大因素。在对"人"
这一最活跃要素的控制上，从人员的操作、管理技能和增强他们的责任
感入手来加以管理；在对"机"的控制上，过程管理强调对设备进行
定期维护保养和检修，确保设备运转正常；在对"料"的控制上，过
程管理强调投入的原材料必须是合格的，要求对所有的原材料供应商应
按照事先确定的标准进行评价和选择，选择要基于质量而不是价格；在
"法"的控制上，其主要措施是对生产和服务过程进行"防错"
（Mistake-Proof）设计；在"环"的控制上则强调确保生产环境的适
宜性。

国家治理是国家目标实现的过程，是国家范围内人财物发展与优化
配置的过程，是公共政策执行过程，是各项制度作用，各级公共部门落
实责任，协同共建的过程。其中的过程要素更为复杂，更为不确定。过
程管理自然更为必要，也是国家领导力的重要方面。

国家治理过程管理体现在以下六个方面。

---

① 袁洪亮、马玉梅：《从"国民"到"人民"：概念变迁与毛泽东无产阶级革命者身份
的确立（1912—1921）》，《人文杂志》2019 年第 1 期。

第一，人才培养与选拔。人才是国家治理的核心要素，国家治理需要大批的德才兼备的各行业人才。人才不仅体现在领导层的换代问题，还体现在国家人才选拔过程，人才培养过程。这些当然是制度的，但同时也是国家治理过程性的。

第二，制度作用与异化防控。从根本上看，国家治理是靠制度实现的，但任何制度形成后，都潜存着两个可能的"异化"：一是制度运行于具体环境中，这个环节一定是制度的再选择性执行过程，其中的行动者自主裁量权必然发生，这就可能带来制度的偏移；二是制度在执行中为人的利己性所用，导致"潜规则"等出现。这些都带来制度的异化或失效。这需要以过程管理的视野，对其进行管控。

第三，公共政策及其行为效应。现代国家治理是通过公共政策进行的。公共政策最后的效果取决于民众的政策行为效应，即政策合法性、有效性评价、政策遵从和政策的行为效果。政策在制定时往往出于理想，但政策的效果则可能与初心不对等。因此，公共政策的过程管理也是国家领导力的必要方面。

第四，国家监察制度的作用。国家有各种监察制度，但监察制度的作用很大程度体现在作用过程上，需要过程管理。

第五，国家治理过程中新问题。随着时间而有人、财、物、外部环境等变化，国家治理不断有新的问题出现，不断有突发事件出现。这些都是过程性问题，需要即时性解决，是过程管控的议题。

第六，治理行为问责制度。国家治理行动者一方面具有权力，另一方面也需要责任约束。问责制度是过程管理的必要方面，也是国家过程管理的重要内容。

第七章　政府决策

　　（朱元璋）尝与诸臣论取天下之略，曰："朕遭时丧乱，初起乡土，本图自全。及渡江以来，观群雄所为，徒为生民之患，而张士诚、陈友谅尤为巨蠹。士诚恃富，友谅恃强，朕独无所恃。惟不嗜杀人，布信义，行节俭，与卿等同心共济。初与二寇相持，士诚尤逼近。或谓宜先击之。朕以友谅志骄，士诚器小，志骄则好生事，器小则无远图，故先攻友谅。鄱阳之役，士诚卒不能出姑苏一步以为之援。向使先攻士诚，浙西负固坚守，友谅必空国而来，吾腹背受敌矣。二寇既除，北定中原，所以先山东、次河洛，止潼关之兵不遽取秦、陇者，盖扩廓帖木儿、李思齐、张思道皆百战之余，未肯遽下，急之则并力一隅，猝未易定，故出其不意，反旆而北。燕都既举，然后西征。张、李望绝势穷，不战而克，然扩廓犹力抗不屈。向令未下燕都，骤与角力，胜负未可知也。"帝之雄才大略，料敌制胜，率类此。故能戡定祸乱，以有天下。语云"天道后起者胜"，岂偶然哉。①

　　朱元璋在夺取天下时，面对张士诚势力的富足，陈友谅势力的强大，基于"以友谅志骄，士诚器小，志骄则好生事，器小则无远图"的判断，"先攻友谅。鄱阳之役，士诚卒不能出姑苏一步以为之援"，

---

① 《明史》卷3《太祖纪三》，中华书局1974年标点本，第55—56页。

击败两个对手，"北定中原，所以先山东、次河洛，止潼关之兵不遽取秦、陇者"，北取燕都而后西取天下。可见战略决策在国家兴亡中的作用。

决策是行动方案的选择，不仅考验着决策者的洞察力，也决定着决策者的命运，考验着决策者的智慧。当代国家治理的政府决策有多重国家功能：国家治理的战略、方针和措施的出台无不通过决策而实现；政府决策本身是国家治理对象；政府决策反映着政府的组织状况与能力，是国家的体制和制度所决定的组织行动能力的体现。

一　政府决策及其层次性

顾名思义，政府决策是由政府作出的决策。现代意义的政府被看作是制定和实施公共决策，实现有序统治的机构，泛指各类国家公共权力机关，即通常所谓的立法机构、行政机构和司法机构等，是国家权威的体现形式。狭义上的政府指国家权力执行机关，即一个国家政权体系中依法享有行政权力的组织体系。西方的政府往往是狭义的，中国的政府是广义的。政府决策可以理解为，国家行政机关在法定的权力和职能范围内，按照一定的程序和方法而做出的处理国家公共事务的决定过程。

"政府"的认知也是有文化差异的。在一般民众眼里，中国政府是"无限政府"，承担着国家治理的无限责任。而在西方，民众认知中的政府往往是有限的，承担"有限责任"。

《中华人民共和国宪法》第三十条规定，中华人民共和国的行政区域划分如下：（一）全国分为省、自治区、直辖市；（二）省、自治区分为自治州、县、自治县、市；（三）县、自治县分为乡、民族乡、镇。政府结构层为中央政府—地方政府（省—市—州）—县级政府—基层政府。2016年的统计显示，中国包括34个省（区、市）政府，334个市（州）政府，2851个县（市、区、旗）政府。

中国单一制政治体制形成了中国政府"分层决策、纵向引导"的决策模式。其一般过程为，基于中央，尤其是党中央的政治决定之后，形成中央层面的国家任务，各部委和地方政府按照国家发改委的统一部署，启动各自的规划编制工作；国家发改委根据规划编制要求对地方政府进行指导，而地方政府则从本地实际出发，提出规划的总体思路，并将规划建议内容与项目上报国家发改委；国家发改委统筹各地规划，形成总体规划，报请国务院常务会议审议后，再上报中央全委会审议；中央全委会审议通过后，报请党的全国代表大会审议；党的全国代表大会审议通过后，在地方党代会召开之前，地方党代会按照党的全国代表大会的要求，提出本地的规划建议。随后，地方政府在本级党委的领导下开展规划编制，经由本级人大审议批准。这个模式的核心是目标制定的"纵向民主"，即中央决策要统领全局，而地方决策要体现中央决策的要求，与中央决策相衔接。在中央层面，决策的模式又可分为"内部集体决策模式""'一言堂'决策模式""咨询决策模式"和"集思广益决策模式"。四种决策模式在决策主体、决策方式和决策特征上有所差别，但均适应了当时的政治经济环境。①

由此，理解中国政府决策，要以不同层级政府为考察对象，考察其决策过程与链条。

二 中央政府决策

中国宪法规定了党的领导核心。中央政府的重大决策是在党的领导下进行的。党的政治理念成为中央政府的行动方向。

中央政府是国家全国事务主管机构的总称。中华人民共和国的中央政府是中华人民共和国国务院，是最高国家权力机关的执行机关。由中

---

① 鄢一龙、王绍光、胡鞍钢：《中国中央政府决策模式演变——以五年计划编制为例》，《清华大学学报》（哲学社会科学版）2013 年第 3 期。

华人民共和国全国人民代表大会产生，对它负责并报告工作。

中央政府的决策往往是重大决策。所谓重大决策有主观标准和客观标准。主观标准是由判断主体根据其组织地位、决策经验、价值信念等标准来认定。客观标准是判断主体根据组织决策的全局性、重要性、使命性等量化标准来认定组织决策的"重大性"。一般来说，"重大决策"是决定组织发展的"全局性""宏观性""长远性"的决策，是组织最高领导机构做出的能够影响组织长远发展的决策。对于中央政府来说，重大决策是中国共产党做出的且影响中国全局和长远发展的决策，且决策组织是中国共产党全国代表大会及中央全会。

中国共产党历次重大决策围绕国家任务展开。在革命年代，党的一大至七大的任务是，民族独立与解放，打倒新民主主义革命时期的三大敌人，即帝国主义、封建主义、官僚资本主义。党的八大（1956）的任务是，总结从七次大会以来的经验，团结全党，团结国内外一切可能团结的力量，为了建设一个伟大的社会主义的中国而奋斗。党的九大至十一大（1969—1977）是政治性的。党的十一届三中全会（1978 年 12 月）是转折点，全会中心议题是讨论把全党工作重点转移到社会主义现代化建设上来。党的十二大至十五大（1982—1997）的任务是，建设社会主义现代化。党的十六大至十八大（2002—2012）的任务是，全面建设小康社会。党的十九大（2017）迄今的任务是，实现中华民族伟大复兴。这都是中国共产党在政治理念引领下，总体把握国家发展大局、方向与路径而确立的国家任务。相应地，各种国家治理问题的明确，解决方案的选择，相关政策的制定与执行等重大决策，都是国家任务的反映。

从决策内在过程看，中央政府重大决策体现出党的理性工具与情感价值系统的结合。① 党的七大至十八届六中全会的决策文本分析表明，在价值追求方面，中国共产党以为人民服务、以人为本展开，以发展、

---

① 李松：《中国共产党重大决策的工具—价值理性结构与演进》，博士学位论文，中山大学，2018 年。

正义、公平、和谐、法治为价值追求；在决策理性方面，以实事求是为宗旨，以生产力和改革开放为轴心，以行政、市场为驱动力。其结构分别如图 7-1、图 7-2 所示。

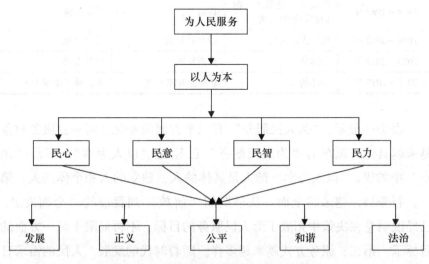

图 7-1　中国共产党决策的价值理性结构

中国共产党"为人民服务"的立党宗旨成为中国共产党决策必须坚守的核心价值。"以人为本"的决策价值要求中国共产党的组织和成员在决策时，从民心、民意、民智、民力角度考虑决策的精神或者情感适宜性，以便增强决策的认同感。中国共产党还按照公平、正义、和谐、法治和发展的价值观来决策，了解民心、知晓民意、激发民智和发挥民力，从而增强决策的有效性和合法性。

为人民服务在不同的历史阶段有不同的内涵。在革命年代，为人民服务是让人民不受压迫，获得解放。建设年代，为人民服务是提高人民生活水平，展示社会主义制度的优越性。改革年代，为人民服务是让人民有主体地位，能发挥自己能力，使其得到全面发展。各阶段内涵如表7-1 所示。

表 7-1   **"为人民服务"的时代特征**

时期	人民是谁	服务标的	服务方式
1945—1977 年	被压迫的人民，尤其是农民和工人	解放	阶级斗争
1978—1988 年	建设者、爱国者、拥护祖国的统一者	富裕	发展经济
1989—2002 年	最广大的人民	群众的利益	群众路线
2003—2012 年	个体的人	全面发展	科学发展
2013—2017 年	整体的人	获得感和幸福感	撸起袖子加油干

表 7-1 显示，"为人民服务"有三个方面的变化。第一，服务对象越来越具体。现在的"为人民服务"已经是"以人为本"，不是"民本"中的民。"以人为本"的人是具体的人，独立的人和个体的人。第二，服务目标越来越全面。从早期的"解放"到目前的"全面发展"已经说明党在决策中拓展了为人民服务的目标，不再局限于某一方面的目标了。第三，服务方式越来越多样。随着时代的发展，人民的需求日益多样化，单凭过去的老思路和老办法已经满足不了人民的需求，因此必须通过多样化的方式来提供人民需要的产品和服务。

图 7-2 显示，中国共产党决策的理性系统结构由两部分构成。第一，理性系统的准则层。理性工具系统的准则层有"实事求是""实践是检验真理的唯一标准""效率""效益""效果"。其中，"实事求是""实践是检验真理的唯一标准"是中国共产党决策的理性工具系统核心层。"实践是检验真理的唯一标准"是"实事求是"的拓展。第二，理性的操作性有"生产力""改革开放""行政""市场""法律"。"生产力"和"改革开放"是提高效益的两种途径。但改革开放是通过改革体制、制度和机制方面的弊端，从而解放和发展生产力。"行政""市场""法律"是实现"效率""效益""效果"的三个手段。因为政府的宏观调控也基本上包含了这三种手段，故此处不再阐述政府的宏观调控机制。尤其是在党的十八届三中全会中，市场已被提高到在资源配置中发挥决定性作用的高度，足以说明理性标准

逐渐充实起来了。

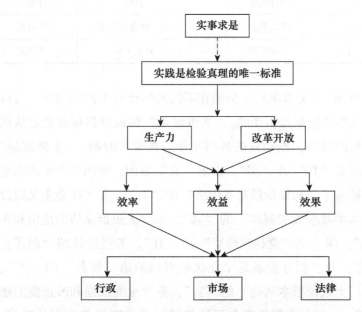

图7-2　中国共产党决策的理性工具结构

　　"实事求是"在不同的历史时期有不同的内涵和特征。中国共产党建党以来，在每个领导集体执政的时期内，主要领导人都发表了"实事求是"的时代定义和工作指南。革命年代，"实事求是"就是"没有调查就没有发言权"。建设年代，"实事求是"就是"实践是检验真理的唯一标准"。改革年代，"实事求是"就是"没有调查就没有决策权"，也是"求真务实"。如表7-2所示。

表7-2　　　　　　　　　　"实事求是"的时代特征

时期	经典注解	目标	行动
1945—1977年	没有调查就没有发言权	研究社会进行革命	实地调查
1978—1988年	实践是检验真理的唯一标准	多管齐下抓经济	实干
1989—2002年	没有调查就没有决策权	联系实际建设党	联系群众

时期	经典注解	目标	行动
2003—2012 年	求真务实	与时俱进求发展	工作落实
2013—2017 年	掌握实情	抓实工作	三严三实

表 7-2 显示，"实事求是"虽然在不同的年代有不同的注解、目标和行动，但其本质仍然是不变的。"实事求是"的最终目标是把握认识或者作用对象的规律，推动党的各项工作。在改革时期，"实事求是"提倡党员干部求"真"务"实"。在求"真"方面，中国共产党要求党员干部求"社会主义初级阶段基本国情"的"真"，求"社会主义建设规律"和"人类社会发展规律"的"真"，求"人民群众历史地位和作用"的"真"，求"共产党执政规律"的"真"；务坚持长期"艰苦奋斗"的"实"，务"抓好发展这个党执政兴国的第一要务"的"实"，务"发展最广大人民根本利益"的"实"，务"全面加强和改进党的建设"的"实"。[①] 四个求真务实全面涵盖了中国共产党各方面的工作，表明党已经将"实事求是"作为全部工作的总基调。

除认识和把握规律外，"实事求是"也要求党的组织和成员要联系群众，注意群众的所思所想，提高决策的针对性，避免因不了解情况而一味地蛮干。

中央政府重大决策情感价值—理性工具结构如图 7-3 所示。

图 7-3 显示：第一，实事求是是中国共产党决策的理性工具系统。生产力标准、实践是检验真理的标准以及改革开放等工具性标准和行为都是实事求是的表现。第二，以人为本是中国共产党决策的情感价值系统来源。中国共产党历来强调"为人民服务"，并在实践中把"为人民服务"拓展为"以人为本"，从微观上解答了"为人民服务"的具体内容。"以人为本"突出了人民的核心地位，强调人民利

---

① 胡锦涛：《求真务实》(2004 年 1 月 12 日)，《胡锦涛文选》(第 2 卷)，人民出版社2016 年版，第 156 页。

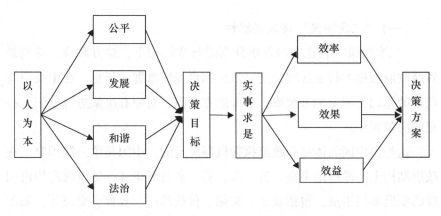

图 7-3　中国共产党决策的工具与价值理性结构

益的至上性，重视人民的自我创造精神。"以人为本"将中国共产党的宗旨融合到群众路线中，拓展了"为人民服务"的价值内涵。第三，理性工具与情感价值系统共同影响了中国共产党重大决策。中国共产党以"为人民服务"这一情感价值为轴心，以"实事求是"为方式，并根据决策形势和决策任务，进行重大决策，选择国家任务和发展道路。

三　省级政府决策

中国"单一制"的多层管理体制，使中央层级的政策需要通过省级"二次决策"或其他方式的再决策而执行。省级政府的"二次决策"既是执行的，又是高层决策的，是中央政策与地方政府的执政立场、利益、特殊性发展状况等综合因素互动的结果。①

_____

① 杨静静：《公共政策的"二次决策"——以网吧连锁政策为中心》，硕士学位论文，中山大学，2014 年。

(一)"二次决策"及其必然性

"二次决策"指在中国条块分割的行政结构下,地方政府,特别是省级政府根据本行政区域的实际情况和自身所掌握的信息,在中央原有政策的基础上制定地方政策,平衡地方利益,对原有决策进行修正、补充的决策现象。

这是由中国的体制和政策执行机制决定的。中国是单一制国家。在政府结构上,政府由中央、省、市、县、乡五级组成。每级政府均由相应的职能部门组成,包括政法、文化、科技部门、教育、交通等,如此形成了中央、地方政府之间以"职责同构"为特征的行政管理体制。所谓"职责同构"指从中央到地方的各级政府在职能、职责和机构设置上的高度统一和高度同构,即"上下对口、左右对齐"的情形。在党政关系方面,中国实行党政一体的领导体制,遵循党领导一切的原则,各级党委是相对应层级政府的领导机关。各级党委内部,根据分工设置职能部门,如宣传部、组织部等,这些职能部门与政府的各职能部门之间存在职能交叉。在实际操作中,形成了党内职能部门对口管理或指导相应的政府部门的局面,尽管这种管理或指导其具体表现并非是确定、明晰的,但这种党政一体的管理模式形成了政府职能部门受同级政府和对口党内职能部门双重管理的局面,形成了政府职能部门受地方党委职能部门、地方政府、上级政府对应部门多重管理的行政管理体制。在管理模式上,表现为分级管理和垂直管理并存,如履行经济管理和市场监管职能的部门如海关、工商、税务、烟草、交通、盐业等多数实行垂直管理,其他部门实行属地化管理。属地化管理的职能部门通常实行地方政府和上级同类型部门的"双重领导",上级主管部门负责管理业务"事权",地方政府负责管理"人、财、物",且纳入同级纪检部门和人大监督。实行垂直管理的部门则相对独立。由此,形成了地方政府职能部门受地方政府与上级政府同类部门双重管理的行政体制。

在政策执行路径上,地方政府表现出纵向和横向路径模式。

纵向政策过程与政府层级纵向结构对应，包括"自上而下"的纵向模式和"自下而上"的纵向模式两种。"自上而下"的纵向模式，由上一层政策目标决策者发起，确定政策目标，通过各种正式或者非正式方式向下传达，下一层级部门通过对政策目标的解读，对政策目标进行分解，制定细化的政策措施，进行任务分配，再向下一层级部门传达，直至最终的政策执行者。"自下而上"的纵向模式，由下一层级政策目标决策者发起，提出政策需求，然后向上汇报、请示，期望得到批准和许可，上一层级部门对这些政策需求经过权衡，做出批准或不批准的决定，对决定权的事项再向上一层部门进行报送。理论上，"自下而上"的政策需求和"自上而下"的政策供给是两个完整的逆过程。"自上而下"的政策传达和"自下而上"的实施汇报也是两个完整的逆过程。在中国的行政管理体制中，除了最低层级的管理部门，各个层级的管理者均有可能发起纵向政策过程。

横向政策过程模式包括"政—党"模式和"党—政"模式。政—党横向模式多表现为类似"自下而上"的纵向模式特征，而党—政横向模式多表现为类似"自上而下"的纵向模式特征，由党委提出政策目标，要求政府部门予以执行和实现。党委部门不负责具体事务工作，对政府事务的领导多体现在宏观的、纲领性的意见。由于执政党的领导核心地位，这些宏观的、纲领性的意见往往具有决定性，为公共政策的决策、制定、执行奠定基调，成为实际上的政策目标。各级政府对职能部门的领导更多地体现在对职能部门的人权、事权、财权的分配和控制。一项政策由上级职能部门制定，然后直接向下级对口职能部门下发，通过层层传达得到执行和落实。

这种党政一体、职责同构的行政管理体制，使决策的纵向模式和横向模式均有可能产生障碍，主要表现有：第一，纵向政策过程阻滞。"自上而下"的政策下达过程中，下级部门出现实施障碍，主要表现在政策目标解读、细化政策制定、具体任务分解等各个环节。如对上级的政策目标不理解、不认同或者出现理解偏差；细化政策制定过程中对原有政策进行了增加、减少或者改变；在具体任务分解阶段，也可能出现不分工、分工不合理等导致政策无法落实。"自下而上"的纵向过程中，上级部门对上级部门的政策需求不予准许、不完全满足或者不回应，导致下级无法进行政策调整，原定政策目标无法达成。第二，横向政策过程阻滞。一种情况下，由政府部门向党委提出政策需求后，党委对政策需求不予准许、不完全满足或者不回应，另一种情况，党委部门向政府部门提出政策目标和任务时，政府部门不完全予以落实。第三，纵向过程与横向过程冲突。这是指在多重领导的管理体制下，政府各级职能部门从党委和上级指导部门获得的政策目标不一致，存在行政指令之间的矛盾和冲突。

这样的情况就使下级政府在政策执行中要做出选择：首先，是否执行上一级决策。如果原有政策不尽合理，"二次决策"可能会做出拒绝执行原有政策，如果做出不执行的决策，则必须应对行政风险。如果执行，则必须承担相应的后果。其次，公共政策的区域化。将大范围的公共政策细化成带有区域特征的地方政策，这可能会对原有政策进行增加、删减、改变。

（二）"二次决策"影响因素

"二次决策"是省级政府的决策，要在制度、文化、心理、利益空间下进行，有相关的因素对"二次决策"产生影响。

1. 政策空间

上级决策内容一般给出了二级决策的空间。上级决策包括国家的法律法规、规范性文件、一般性文件、会议、讲话、领导批示。在实际运作中，文件明确规定的内容往往在地方政府的地方政策中得到了统一落实，对于文件中没有明确规定以及以会议、讲话、批示等方式发布的，地方政策中表现出多样化的形态。这说明，未以红头文件明确的事项是"二次决策"的重要依据。

2. 政府立场

在"职责同构"的行政管理体系中，政府的"条""块"关系同时并存。在"条"的关系链条上，是中央到地方的部门关系，体现中央行政集权的特征，要求下层级政府部门向上一层级政府部门负责，体现纵向向上负责的原则；在"块"的关系链条上，是地方行政部门与本层级地方政府之间的关系，行政部门受到同层级地方政府的约束，体现着向同级地方政府横向负责的原则，是典型的分权形态。这种"条""块"关系的目的是在保证中央政策能在地方执行的同时，赋予地方灵活自主权。在改革开放后中央政府向地方政府放权，允许地方自主治理地方事务的背景下，中央政府对地方行政部门的控制范围和力度大大降低，从而形成"事实上的行政分权体制"①。

在实际运作中，行政体制"分权"的特征更为突出。在现行行政管理体制中，除银行、土地等实行垂直管理的少数部门外，主要行政部门在运作资金、政策制定、人事考核等方面更多受制于本层级地方政府，因而行政管理体制中的横向问责远远超过纵向问责。这种弱势的纵向问责和强势的横向问责机制给"二次决策"提供了体制支撑，使得地方行政部门在制定政策时，能够对中央决策做出修正、改变或者补充。

3. 决策者的心理

"二次决策"过程中，中央政府与地方政府决策者的认识差异、地方决策者的群体心理等都会产生作用。他们在诸如集权与分权、中央调控与地方发展、市场作为资源分配资源、法律法规意识、知识结构等方面的差异使地方政府有不同的认识或立场，影响着"二次决策"。

4. 利益博弈

"二次决策"的过程是决策者—问题—民众的互动和博弈的结果，这些互动和博弈表现在长期的动态过程中，通过反复的互动和博弈，促使决策群体形成一致的价值观，形成决策者的稳定的思维方式和决策趋向。

概言之，"二次决策"是地方政府在特定的制度、文化和心理框架下，受地方政府组织运行规则和领导及团队心理特征影响，是社会—文

① 郁建兴：《条与块的游戏规则该怎么变——中央与地方混合型行政管理体制的构建》，《人民论坛》2010年第20期。

化—制度—信息—个体心理的复杂动态互动的结果，也是包含社会—民众—决策者动态互动和博弈的过程。

(三) "二次决策"作用

"二次决策"对于中央政策的顺利执行有极大的作用。第一，利于政策延续，使相关政策更能够与所在地实际情况相符。第二，利于管理模式的探索和创新。

"二次决策"存在的问题是：第一，"二次决策"给行政官僚留下权力寻租和滥用职权的空间；第二，可能引起决策主体间的矛盾和冲突。

为提高"二次决策"质量，国家公共政策制定需要为"二次决策"留足空间。首先，理顺党政关系。党内的决策对政府部门往往以命令的形式下达，具有强势地位。党内的政治管理者往往缺乏社会管理经验，目前的责任追究体制中，政策失误的责任归咎于政府部门，而非党内部门，这造成了党内领导制定政策的主观性和随意性。权力和责任不对等，给决策失误提供了条件，这就要求用法律和制度的形式规范党政关系，明确党政职能范围，确定二者的权力关系，并使之法制化，避免随意性。其次，加强行政指导约束力，防止失误。由于决策者、决策环境和客观情况的差异，"二次决策"本身具有局限性，为了发挥"二次决策"的作用，必须对"二次决策"行为加以约束，避免因为"二次决策"造成原定公共政策中的积极因素流失，不合理的消极因素得以发展，甚至会造成政策失控。

四　县级政府决策

县级政府是由中央政府设置的直接治理县级行政区域政治、经济、社会、文化事务的地方政府，下辖乡镇和村。县级政府连接国家上层与地方基层权力，是中央政权管理基层政权的关键环节，在国家治理体系中占据重要的地位。至 2018 年底，中国共有县级区划 2851 个，其中，市辖区为 970 个，县级市为 375 个，县为 1335 个，自治县为 117 个，其他县级行政单位为 54 个。①

郡县制自古即有。早期的"县"是指没有分封给公卿大夫做采邑的都邑和鄙野，由周王或诸侯直接派官吏进行管辖。到了战国中后期，随着王室的衰微，分封之地日益庞大，把诸侯王室的采邑划分为不同的县，形成了晚期的县制。秦始皇统一六国之后，推行郡县两级地方行政制度。至此，中国开始了长达两千多年的郡县制度。

（一）县级政府及其特征

县级政府处于行政管理链条倒数第二的位置，承接大量的自上而下的公共事务。为了更好地落实上级政府的政策指令，县级政府通常需要制定各种政策方案，是决策的一方。这表明了县级政府在决策中的受约束性和自主性。

县级政府决策常见的有四种情形：一是包括县委县政府的县级政府决策；二是县委部门或县政府部门决策；三是现场办公，即县级班子领导在调研过程中进行的研判和决策；四是工作会办，即县委县政府在全县实行的工作会办制度。在这样的县级政府决策架构上，县级政府决策主体通常采取制度建设、实地调研、引入专家论证、加强对政策执行的监督等方式推进决策的进行。②

（二）县级政府的决策机制

通过对县级政府决策的案例研究，可以归纳出其决策机制。③

---

① 国家统计局编：《中国统计年鉴 2019》，国家统计局，http：//www.stats.gov.cn/sj/ndsj/2019/indexch.htm.

② 马宝成：《中国地方政府决策模式探析——以 HT 县为例》，《国家行政学院学报》2009 年第 6 期。

③ 林艳：《"制度约束—资源寻求"的县级政府决策机制研究——以合山县为例》，博士学位论文，中山大学，2019 年。

1. 执行性决策的制定和执行一体化

县级政府在执行上级政府政策的时候往往基于本级政府实际情况的考虑，对来自上级乃至中央的统一政策文本进行解释甚至在内容上进行了增减，因此县级政府决策绝不只是政策执行，而是体现出政策制定和执行一体化的特征。

县级政府决策的制定首先要考虑当前上级政府乃至中央政府大政方针的要求，这就从制度上为县级政府决策框定了方向，尽管县级政府决策是解决县域内的公共问题，但是县域公共问题的界定受到整体政策环境的影响，并依托于现有政策制度的支持，县级政府决策是各级政府意图的共同体现。这种落实会贯穿到县级政府对于政策的重新制定和执行当中。县级政府决策的制定和执行一体化是通过"政策落实—政策制定—政策执行"的路径得以体现的。

2. "第一决策人"决策主导下的信息要素构建

在我国现行的政府决策制度体系中，党委是政府决策的关键主体，通过法定程序把党的意志转变为国家政策，并借助于自上而下的行政链条体系，上级决策通过任务下发的形式得以在下级政府及其职能部门中执行。政府决策的执行效果受到政策制定单位的不同位阶的影响，也就是说政策制定单位的位阶越高，其政策越容易被下级政府接受并得以有效执行。对于基层政府而言，位阶越高的政策制定单位，其决策就具有越高的合法性和权威性，在本级政府决策中占据越重要的地位。例如，精准扶贫是党中央、国务院制定的重大任务，根据其发文单位的位阶以及任务的总体思路和目标，精准扶贫首先被定位为一项政治任务，这是来自党中央的方针政策，是不容置疑且必须去执行的。

县级政府的决策通常是对上级决策的执行。其中有一类比较典型的决策，通常被归类为"动员模式"决策，比如精准扶贫、环境督查等，这些工作在政府实践中被称为"完成规定动作"。县级政府决策主体认为这类决策任务是具有"政策红线"的，也就是说不按规定不在限定的时间内完成，就要受到上级处分，这种处分通常带有"一票否决"的震慑性。同时，由于上级政府承担了决策的合法性风险，并出台了具体的配套执行政策，这类政策其实是比较容易执行的，不需要过多地去权衡相关决策信息。概言之，在这样的"自上而下"决策"序列"中，县级政府"第一决策人"会对需要做出决策的任务进行政治、经济、文化、情形与资源等判断，从而给出"轻重缓急"判断，并组织县级政府相关部门落实。

3. 组织化的决策风险规避

依法行政是政府决策的原则。这看似县级政府在决策中受到了制度因素的约束，但也反映了县级政府在决策中的适应性行动策略。

中央和省级层面的政策文件通常是战略性的或者是指导性的，市县两级的政策文件执行性较强，偏向于具体方案的落实，因此，县级政府决策通常在大方向上遵循上级的政策文件的规定，在具体操作上则根据地方的实际情况自行决定，这样既能保证依法行政，又能避免决策的重大失误，降低决策风险。

另外，县级政府决策也对行政资源进行政治化重构。从县级政府决策过程的实践来看，常常兼容了政治与行政过程。县级政府往往由较高级别的领导或者部门牵头，整合多部门资源，组成领导小组，专门为某一政策目标服务。授予小组成员必要的"附加权力"或者增设新机构等做法常常会打破科层制的部门边界，使"条""块"关系的划分趋于模糊化，政治权力和行政权力常常集中在某个组织，以便统一指挥和协调。这不只是一种"互嵌"，而是行政"内嵌"于政治，通过政治强化功能以实现行政管理职能。领导小组的成立一方面源于党政合一体制的需求，另一方面有助于降低决策风险。这主要体现在：一是降低决策领导人的风险。虽然决策领导人对决策有着重要的影响，但是为了降低自身承担的决策责任风险，决策领导人倾向于通过正式渠道表达决策意见，比如工作会议、座谈会、下乡调研等方式，因此，领导小组的成立正好为决策领导人提供了平台。二是降低决策群体的风险。领导小组的成立通常集中了该决策任务所需的各个部门，领导小组为决策群体提供了及时沟通、合理调配资源的平台，这种做法常常打破部门的边界利益，会根据实际情况的需要进行调整，这就使得决策群体有了一定的抵抗风险的能力。

4. 资源寻求型行动策略

决策资源指决策主体在进行决策时所获得的支持性资源。通常来讲，县级政府决策并不是本级政府单方面的意图，而是涉及了上下级政府之间的权力和资源互动，因此，县级政府决策资源的获取就体现了制度框架下的决策主体的能动性。为了降低本级决策的问责风险，提高决策的效率和可行性，县级政府倾向于向上获取决策资源。县级政府位于行政链条中间偏下的位置，在某些重大决策上通常没有政治权力或者立法权，导致在具体的行政事务上缺乏权威性，因此，就需要向上级寻求合法性的支持。县级政府决策的合法性表现出三重动力逻辑：第一，思想动力。思想动员实际上是一种政策工具，包括了对内动员和对外宣传。第二，利益动力。县级政府作为组织而言是具有自利性的。这类利益动力都体现为政治驱动和经济激励的相结合。第三，科层动力。借助政治势能最大程度调动科层组织的积极性和参与性。如以政治任务来定位精准扶贫，通过组织方式明确各级党委书记的工作责任，这种政治挂帅的方式促使地方主官把注意力分配到精准扶贫当中来。这种合法性资源一方面赋予了县级政府某项决策合法性权力，避免了决策先于程序所带来的行政风险，另一方面反映了上级政府对县级政府某项决策的倾向性支持，这就给决策的后续推动带来了业务沟通上的便利。对于县级政府而言，财政和技术等是其向上争取的资源，尽管在向上争取资源时，会遇到一些制度上的约束和瓶颈，但是县级政府会基于对制度的解释和实际工作经验，采取一些合法性的规避手段，比如把项目拆解、项目重新包装和指标调整等，这些规避性手段获得了上级政府事实上的默认和支持，从而满足了县级政府的资源需求。

此外，以多重任务目标进行资源融合重构。县级政府通常在同一时间承接来自上级政府的不同决策任务。多重决策任务有时候在决策目标上会呈现一致性，在人财物资源有限的情况下，县级政府常常通过融合决策目标的方式，实现多重任务目标的共同推进。

总之，县级政府在决策过程中虽然受到了来自上级政府或者制度的约束，但是自上而下的政策推行也赋予了县级政府决策的合法性和资源支持，县级政府决策把政治压力变成了一种资源动力，体现了从"制度约束"到"资源寻求"的决策机制。其中，县委书记作为"第一决策人"的主体因素在决策过程中得以凸显，在制度框架下，县级政府决策主体围绕着"问题界定、信息要素构建、方案选择和执行"这三个关键节点展开，从而产生不同的决策结果。县级政府决策机制概括如图7-4所示。

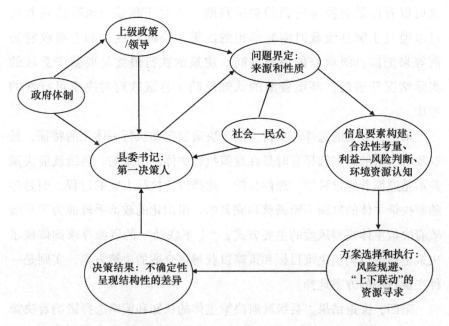

图7-4 县级政府"制度约束—资源寻求"决策机制示意

该机制表现出的特征为：

第一，问题界定。决策问题的界定往往受到多重因素的影响。从外部原因来看，焦点事件的爆发、来自社会公众的压力使得政府必须迅速关注某些事件，从而确定公共议题。从内部原因来看，来自上级的政策指标往往促使某个议题成为下级政府的公共问题，而且来自不同位阶单位的政策指令的性质也会不同，或者说这些政策指令的约束力不同。内外部因素对公共问题界定的影响并不是互斥的，通常是相互作用的，内外部因素的共同作用直接影响着县级政府决策主体对公共问题的理解和界定。

第二，信息要素构建。县级政府决策对于信息的处理与公共问题的来源和性质密切相关。以"第一决策人"为中心的决策主体首先要对问题的合法性进行考量，主要是对公共问题的重要性和地位进行把握。不同地位的公共问题，其蕴含的决策资源也不一样，这可以看作是对决策资源的初步判断。而对于利益与风险的判断则可以通过了解县级政府需要承担的决策风险的程度，和上级政府协商等来把握县级政府的决策空间。决策的执行最终是要基于县域的实际情况开展的。环境资源的认知反映了县级政府对决策可行性的考虑。

第三，方案的选择和执行。基于决策制定和执行一体化的特征，县级政府决策的方案选择有时是在政策执行中体现出来的。县级政府决策并不是遵循着经过科学、理性分析，选择最优执行方案的过程，而是伴随着决策主体的判断不断调整和完善的。组织化的政治手段成为了县级政府决策主体规避风险的主要方式，"上下联动"的资源寻求则体现了决策主体通过调整决策目标和策略以获得更合适的决策方案，实则是一种在执行中的方案选择。

第四，决策结果。县级政府决策主体的认知和策略选择影响着决策结果的走向，此外，政策执行效果与地区经济发展水平、政府行政效率和群众基础等因素密切相关，其好坏会直接影响着政策继续还是终止，决策结果也由此变得难以预测。决策结果的不确定性在多重因素的影响下呈现结构性的差异。

五 基层政府决策

讨论政府决策，不能忽视基层政府的决策现象。乡镇政府是国家政权体系中的基层政权组织，也是由农村各利益相关主体组成的合作有机体。其决策直接关系到基层治理的好坏。

1. 乡镇的组织特征

乡镇是相对独立的政治单元、经济单元、社会单元和文化单元。乡镇基层政府除具备县市以上的政府组织所具有的共性特征，如政治性、权威性、社会性、服务性、法制性等之外，还具有其自身的个性特点，如群众性、综合性、直接性、执行性、集散性、务实性和终端性等。乡镇政府作为行政体制最末端，长期以"上面千条线、下面一根针"的隐喻来表达其结构特征。在现实的社会中，乡镇常常通过运动式治理、中心工作等方式临时重组行政资源，党政班子领导下的条线部门、管理处以及行政服务中心三部分，形成了"三位一体"的结构。三类机构在岗位设定、职能设置、人事安排等方面各不相同，却通过内务与外务、前台与后台、政务与事务等运行机制有机链接起来。①

2. 乡镇政府决策的特征

第一，决策主体具有多元性和主导性。自20世纪80年代中后期开始，乡镇党、政、经三套班子逐步演化成了党委、人大、政府、纪律检查委员会、人民武装部、经济联合社（乡镇企业办公室）等六套班子。此外，还有乡镇共青团、妇女联合会、"七所八站"和村民自治组织等。这样就形成了众多的群体性利益组织和多元性的决策主体。

一般而言，凡是涉及广大农民群众根本利益的重大决策事项，将通

---

① 李元珍：《基层政府组织结构的整体性调适及其逻辑——基于浙江T镇的经验分析》，《求索》2021年第5期。

过乡镇党代表大会和乡镇人民代表大会讨论、决定，然后由乡镇党委和乡镇人民政府负责具体落实；凡是涉及农村青年和农村妇女等群体性利益的重大决策事项，将通过乡镇青年代表大会和乡镇妇女代表大会讨论、决定，然后由乡镇共青团委员会和乡镇妇女联合会负责具体落实；凡是涉及村庄内部的重大决策事项，必须通过全体村民会议讨论、决定，然后由村民委员会负责具体落实；凡是涉及乡镇部门利益的重大决策事项，则由上级主管部门和乡镇政府共同协商讨论、决定，然后由乡镇各个部门分头抓落实。但在实际中，在以乡镇党委为中心的党政一体化运作的权力结构中，乡镇党委尤其是乡镇党委书记自然就成了主导性的力量。

第二，决策内容具有综合性和无序性。乡镇工作的具体内容涉及农村政治、经济、文化、社会各个领域，既有党务工作、人大工作、政府工作、共青团工作、妇女工作、民兵工作等基层行政事务，又有农业、工业、商业、交通运输、服务业等农村经济管理事务，还有科技、教育、文化、卫生、体育、社会治安、计划生育、土地管理、村镇建设等基层社会事务，以及农村精神文明建设和基层民主与法制建设等诸多方面。乡镇一般拥有二三十个职能站所，如农业生产服务机构有农机站、农技站等。这样就使乡镇政府的决策内容具有综合性、中心性、繁杂性、随机性和无序性等特征。特别是每当上级政府的"中心任务"突然发生了变化，乡镇政府的工作重心和决策重点也会跟着发生变化，结果是乡镇工作的正常秩序全被打乱。

第三，决策制定和实施具有不确定性和风险性。乡镇工作的全部内涵就在于组织和带领当地农民群众办好自己的事情。这就要求乡镇领导必须牢固树立群众观念，一切相信群众，一切依靠群众，一切为了群众，必须在经济上充分关心农民的物质利益，在政治上切实保障农民的民主权利，实现好、维护好、发展好广大农民群众的根本利益。但在实际工作中，乡镇领导要想真正做到"为官一任、造福一方"，并不是一件容易的事情。一方面，目前我国上级对下级的政绩评价机制仍带有人为性，这样就使乡镇领导在处理"对上负责"与"对下负责"的关系问题上，会迎合上级某些领导的个人偏好；另一方面，乡镇基层政府的"事权"与"财权"不相匹配，缺乏为当地农民群众提供公共产品服务的经济实力。

第四，乡镇政府决策监督具有封闭性和滞后性。农村政治结构是"乡政"与"村治"二元分治体制，村庄内部发生的事情，乡镇政府可以不管，乡里发生的事情，村级组织也无权过问。上级组织对乡镇政府的监督一般情况下也不会过多干预，这样就使乡镇政府处于一定"悬空"的状态。而且，在处理乡村的关系问题上，仍习惯于采取行政措施直接指挥和控制。①

总之，政府决策是以国家任务为中心的社会问题解决过程，涵盖政治、经济、文化、社会、生态等方面。中央政府的决策是重大决策，是以政治理念为导引，以理性工具和情感价值为依据的决策；省级政府的决策由于其地域领导性和统合性，呈现"二次决策"特征，其决策具有政策性；县级政府则是执行性、引导性决策。就决策性质看，省级政府决策是承上启下的二次政策决策；县级政府决策是上级政策执行性决策；乡镇政府的决策则是情境性决策。这些上下贯通的政府层级性决策机制使中国政府的决策既有来自中央的统一的合法性统领，也有源自地方的分散性有效性探索，形成了中国政府决策的"散而不乱"，但偏重有效执行的政府决策总体特征。

---

① 张新光：《乡镇政府决策机制研究》，《长江论坛》2008年第2期。

第八章 传统政治文化

因此，法律虽然允许美国人自行决定一切，但宗教却阻止他们想入非非，并禁止他们肆意妄为。

在美国，宗教从来不直接参加社会的管理，但却被视为政治设施中的最主要设施，因为它虽然没有向美国人提倡爱好自由，但它却使美国人能够极其容易地享用自由。

……

我在美国期间，得知一个证人被传到切斯特县（属纽约州）出庭作证，而此人在法庭上宣称：他不相信有上帝存在，也不相信灵魂不灭。庭长说，鉴于证人在准许他作证之前已使法庭失去对他的信任，故拒绝此人宣誓作证。[①]

托克维尔的观察说明这样一个"常识"——文化以实实在在的方式对国家治理产生作用。人类社会是高度复杂的生存体系，其存在与发展是以良性秩序为前提的。要构成良性的社会秩序，其核心要素便是共享的意义系统。对于国家而言，政治文化就提供着国家政治生活的共享意义系统。它构成了国家治理合法性与有效性思想基础，是成本最低，效益最大的国家治理方式。政治文化来自人类历史的凝结——漫长历史

---

① ［法］托克维尔：《论美国的民主》（上卷），董果良译，商务印书馆1988年版，第339页。

发展过程中构建的关乎生存、发展、公平、正义等意义系统。它以过去的方式决定着当下国家的政治品性与未来道路。

一　政治文化的含义与作用

政治文化有很多定义，总体上有两大类。一是偏重于政治价值观或态度的定义。其中，最有代表性的是阿尔蒙德给的——政治文化是从一定思想文化环境和经济社会制度中生长出来的、经过长期社会化过程而相对稳定地积淀于人们心理层面上的政治态度和政治价值取向，是政治系统及其运作层面的观念依托。二是偏重于政治意义系统的定义。政治文化是一个民族在特定时期流行的政治态度、信仰和情感的集合，即关于政治在本来意义上是什么、能够是什么、应该是什么的设想，是政治系统赖以生成的文化条件或背景，提供了政治理念、秩序方案的意义基础，影响着政治现象选择、组织、解释、意义赋予、评估。[①]

政治文化的学术研究有英美的经验—实证主义传统和欧洲大陆的定性—诠释学传统。英美传统建立在美国行为主义以及帕森斯、希尔斯的文化—社会理论之上，实质是把政治文化理解为政治态度，通过经验—实证方法探讨政治文化状况。这一路径下的政治文化被分解为三个方面：认知取向、情感取向、评价取向。英美政治文化传统有四种具体的研究路径：阿尔蒙德、鲍威尔和沃巴等为代表的心理或主观（psychological or subjective）角度，以认知、情感、评价来进行政治文化研究；伊斯顿的客观（objective）路径，从信念、观念、规范和价值对政治输入和制度运行的思维、情感和行为模式理解政治文化；白鲁恂的启发性（heuristic）路径，主张制度运行于价值、情感和取向之上，政治文化关注导致制度差异的态度，而不是个体的态度；费根和塔克为代表的综合

---

① 秦明瑞：《政治态度还是政治设想？——论两种社会科学传统中政治文化的定义、研究对象和问题》，《社会科学辑刊》2019年第6期。

性 (comprehensive) 路径, 政治文化应关注与重复发生的明显行为方式相关的个人思维模式的集成, 既包括隐在心理, 又包括显在的行为。[①]欧洲大陆的定性—诠释学传统将政治文化理解为由意义关联构成的政治思维、行动和话语框架。英美传统是实证的, 经验的, 是对现状的研究; 欧洲视野是对思想及其现实意义关系的考察, 兼顾历史演变。

无论何种定义, 政治文化都是国家治理的观念基础, 它以共享意义的方式, 使国家治理有了共同的思想基础, 也成为政治思维方式, 决定了一个国家共同的认知, 还以共同的情感气质凝聚着民众, 从而实现付出最小、获益最大的国家治理效果。

二 传统政治文化再认知

政治文化是个外来概念, 中国政治文化研究总体趋势为, 本土性问题研究与引介性研究并存、规范研究与实证研究互为消长, 政治哲学与政治思想、历史—制度主义、人类学、社会学与心理学等路径多元发展。关于中国传统政治文化, 西方学者代表性的看法有: 邹谠的"全能主义"(totalism) 观。全能主义政治的基本特点是, 社会没有政治权力机构不能侵犯的领域, 个人或群体自由活动范围的大小和内容, 是政治权力机构决定的。全能主义政治是应付全面危机的一种对策, 在国家生死存亡的历史条件下, 只有先建立强有力的政治机构或政党, 用它的政治力量、组织方法深入和控制每一个阶层和每一个领域, 才能改造或重建社会国家的组织与制度, 克服全面危机。[②] 魏特夫 (K. A. Wittfogel)提出"东方专制主义"观点。他认为, 东方农耕社会的自然环境使治水成为关乎生存和发展的首要任务。治水工程必然导致庞大的社会政治结构和专制政权的建立, 国家组织覆盖了整个社会。治水社会中这种庞

---

① 马庆钰:《近 50 年来政治文化研究的回顾》,《北京行政学院学报》2002 年第 6 期。
② 邹谠:《中国廿世纪政治与西方政治学》,《政治研究》1986 年第 3 期。

大的权力是一种"极权力量而非仁慈力量",宪法、社会、自然法则和文化模式都无法对其构成有效的制约。魏特夫所说的东方是西方人眼中的东方,包括了古代埃及、美索不达米亚、印度、中国以及中南美洲的一些地区。"东方专制主义"观点具有明确的政治意识形态目的,试图为苏联、中国等国家找到"极权主义"的社会、历史、政治、经济根源。① 白鲁恂认为政治文化的研究对象是对政治系统制度产生作用的部分,而不是个体政治态度,包括信任与不信任、阶层与平等(对权力的态度)、自由与压制、忠贞的层次(认同层次)。他的中国政治混合理论包括文化因素和结构因素。文化因素表现在矛盾服从与自主、谦虚与高人一等。结构因素则包括两个方面:马列主义、一党专政原则(坚持民主集中制)和发展中国家"精英政治"动员模式。中国政治本质始终是两种观念相互激荡的结果——一方面千方百计要维持共识与和谐;另一方面却又深信只有关系才是安全的,而后者不可逃避地会威胁到共识的维持。② 此外,史天健的政治文化调查,③ 唐文方的政府信任,④ 张善若的中国政治文化作用机制⑤等,都对中国政治文化,尤其是当下政治文化的现状与作用机理进行了理论说明。

国内学者也对传统政治文化进行了多角度概括:包括孔子仁政德治礼范的治国之道,墨翟兼爱互利、尚同尚贤、节用节葬的社会政治观,老子道法自然、贵德守道、小国寡民的君主南面术,先秦法家权势、法治、心术的治国之道,大同思想与中国现代转型等。⑥ "王权主义"政治文化观认为,中国具有以王权为中心的权力系统,以及以这种权力系

① 常保国:《西方历史语境中的"东方专制主义"》,《政治学研究》2009 年第 5 期。

② 梅祖蓉、谭君久:《关于白鲁恂中国政治文化研究的评价与研究综述》,《国外社会科学》2011 年第 2 期。

③ Tianjian Shi, *Political Participation in Beijing*, Cambridge:Harvard University Press, 1997.

④ Wenfang Tang, *Populist Authoritarianism:Chinese Political Culture and Regime Sustainability*, Oxford:Oxford University Press, 2016.

⑤ Shanruo Ning Zhang, *Confucianism in Contemporary Chinese Politics:An Actionable Account of Authoritarian Political Culture*, Maryland:Lexington Books, 2015.

⑥ 徐大同:《中国传统政治文化讲录》,江苏人民出版社 2015 年版。

统为骨架形成的社会结构及其相应的观念体系。① 中国政治文化包括天作民为的国家起源说、家国同构的伦理国家观、事君安邦的国家主义和仁政礼教的治国方略。② 中国传统政治文化的传播表现为以儒学为主要内容的教育机制，排斥异端邪说的强抑制机制，以注经为主线的损益机制，以吏为师的政治教化机制，以儒家为中心的儒道佛互补机制等五大系统。③

中国传统政治文化研究表现出如下特征：第一，政治批判的视野。大部分属于政治学理论批判视野，如王权主义观、东方专制主义、全能主义等对中国传统政治文化的王权机制及其弊端进行了批判，在特定的中国启蒙和对外学习时期有历史作用，但从学术理性看，过度强调了中国政治文化的负面性和集权性，没有进入中国历史的真实运行机制，没有适度关注到中国传统政治文化的发展性、全面性和内在制约性。中国国家治理历代的理性化和制度化努力被忽略了（如唐代三省制的权力制约思想，明代六部给事制度的行政理性等）。从方法论角度看，政治批判的视野大都基于西方标准，但这些标准又是建立在对西方的政治想象基础上，是外在嵌套式的理论，失去了中国政治文化分析的内在脉络和历史视野。第二，思想史框架。政治文化作为政治实践的共享意义系统，是国家治理运行过程的信念、理念和观念系统，而不是理论上的纯粹理想状态。中国传统政治文化体现在历代的国家治理实践中，体现在尧舜周公、秦皇汉武、唐宗宋祖、明清王朝的国家治理中，是一种"治统"的经验、观念与情感思维，而不仅仅是孔孟理论上思想主张。儒家的政治文化主张不同于周公、汉武帝、唐太宗的国家治理实践。一个是所谓的"理想状态"，一个是现实的共享政治观念系统。真实的政治活动充满暴力，充满正当与阴谋、高尚与卑劣、伟大与渺小。以孔孟思想

---

① 葛荃、鲁锦寰：《论王权主义是一种极权主义——对中国传统政治文化的一种解读》，《山东大学学报》（哲学社会科学版）2006 年第 4 期。

② 谢志岿：《孔孟开创的国家观传统及对中国政治文化的影响》，《学术探索》2004年第 4 期。

③ 金太军：《论中国传统政治文化的政治社会化机制》，《政治学研究》1999 年第 2 期。

中的政治文化替代历史实践中的政治文化，显然失真。

三　传统政治文化的内容

作为统治者与儒家政治思想的互动、传统国家的制度化教育结果，中国传统政治文化形成了多维度的、内在意蕴一致的观念系统，大致包括如下八个方面。

（一）"天道—民心"权力终极观

政治或国家治理的正当性根本性地体现在权力终极来源的理解与解释——权力的神圣来源是什么？中国传统政治文化的结论是"天道—民心"，有四层含义。

第一，"天"生万物，是世界的本源。

《周易·系辞下》载："天地缊缊，万物化醇；男女构精，万物化生。""有天道焉，有人道焉，有地道焉。兼三材而两之，故六。六者非它也，三材之道也。道有变动，故曰爻；爻有等，故曰物；物相杂，故曰文；文不当，故吉凶生焉。"这些经典认定，"地道"基于"天道"，而"人道"又基于"地道"，如此便有天道—地道—人道的关系性演变链条。"有天地然后有万物，有万物然后有男女，有男女然后有夫妇，有夫妇然后有父子，有父子然后有君臣，有君臣然后有上下，有上下然后礼义有所错。"（《周易·序卦》）这样，人、社会在宇宙链条中的地位和属性就给定了：天地—万物—男女—夫妇—父子—君臣—上下—礼义。它们是演化性的，后一环必有前一环的性质。"天"是万物起点和造就者。随着孔子的"仁"形成而出现意义抽象化，天道更有"人道"意蕴，早期的主宰之天演变为兼具主宰与体悟意的"天道"含义——天不言而有万物的根本性生养之道。

第二，"天道"指"天"所展现的以仁、生、诚、德为本质的事物规律性。

在古人看来，天有仁、生的生命成长力，所谓"天地之大德曰生"（《周易·系辞下》）。"诚者，天之道也；诚之者，人之道也。诚者，不勉而中，不思而得，从容中道，圣人也。诚之者，择善而固执之者也。"（《中庸》）朱熹解释说："诚者，真实无妄之谓，天理之本然也。诚之者，未能真实无妄，而欲其真实无妄之谓，人事之当然也。"① 天有内在的、本体性的生命力，即所谓"天行健，君子以自强不息"（《周易·乾·象》）。

这一品质的抽象概括即天道。《大戴礼记·哀公问》载："大道者，所以变化而凝成万物者也。""问：'天与命，性与理，四者之别：天则就其自然者言之，命则就其流行而赋于物者言之，性则就其全体而万物所得以为生者言之，理则就其事事物物各有其则者言之。到得合而言之，则天即理也，命即性也，性即理也，是如此否？'曰：'然。但如今人说，天非苍苍之谓。据某看来，亦舍不得这个苍苍底。'"②

立天之道是阴与阳，立地之道是柔与刚，立人之道是仁与义，此为天道。"天道"因有了以仁、生、诚、德而成为生命之根本意义，具有存在之根本价值属性，是人之所以为人，社会之所以为社会的根本，具有了至上神圣性。

第三，"天道"是世间、社会行为的根本依据。

"天道"作为本原、本体、超越、绝对、统摄、恒常、神圣、神秘，无所不包，无所不在，亘古亘今，永恒不灭，具有统摄性和恒常性，成为世间社会行为的根本依据，成为世间万物的原则与标准——"与天地合其德，与日月合其明，与四时合其序，与鬼神合其吉凶"（《周易·乾》）。对个人而言，道是依据、规则与目标，"志于道，据于德，依于仁，游于艺"（《论语·述而》）。对于社会而言，则是有序化的标准。"孔子曰：'天下有道，则礼乐征伐自天子出；天下无道，

---

① 《四书章句集注》，中华书局 1983 年版，第 31 页。
② 《朱子语类》卷 5，中华书局 1986 年版，第 82 页。

则礼乐征伐自诸侯出。自诸侯出，盖十世希不失矣；自大夫出，五世希不失矣；陪臣执国命，三世希不失矣。天下有道，则政不在大夫；天下有道，则庶人不议。'"（《论语·季氏》）董仲舒说："道者，所由适于治之路也，仁、义、礼、乐，皆其具也。故圣王已没，而子孙长久，安宁数百岁，此皆礼乐教化之功也。"①

第四，"天道"具有神秘显示性。

在治统框架下，"天道"具有意志力。董仲舒说："视前世已行之事，以观天人相与之际，甚可畏也。国家将有失道之败，而天乃先出灾害以谴告之，不知自省，又出怪异以警惧之，尚不知变，而伤败乃至。以此见天心之仁爱人君而欲止其乱也。自非大亡道之世者，天尽欲扶持而全安之，事在强勉而已矣。强勉学问，则闻见博而知益明；强勉行道，则德日起而大有功：此皆可使还至而有效者也。"② 天在人失道时，以其特定的方式显现，以警告统治者。"天道"兼具了"天"的神秘性与"道"的道德性。

"天道"的神秘性是通过"民心"来体现的。民心民意乃是天意的体现，即所谓"天视自我民视，天听自我民听"（《尚书·泰誓》）。君主是不是受民拥戴，天意如何，通过老百姓的眼睛，通过老百姓的耳朵才知道。③ 天道—民心是相通的。

"天道—民心"终极权力随着历史发展有不同变体。

其一，"民心论"。政权的合法性在于民心，得民心者得天下。《孟子·离娄上》载："桀纣之失天下也，失其民也；失其民者，失其心也。得天下有道：得其民，斯得天下矣；得其民有道：得其心，斯得民矣；得其心有道：所欲与之聚之，所恶勿施尔也。民之归仁也，犹水之就下、兽之走圹也。"《左传·襄公三十一年》载："民之所欲，天必从之。"《吕氏春秋·爱类》载："人主有能以民为务者，则天下归之矣。"

---

① 《资治通鉴》卷17，中华书局1956年标点本，第549页。
② 《汉书》卷56《董仲舒传》，中华书局1962年标点本，第2498—2499页。
③ 徐大同、高景柱、刘训练：《西方政治思想史研究：回顾与前瞻》，《马克思主义与现实》2012年第5期。

天子之权位不是天子所予，而是"天予之"，天予夺天子权位的根据则是民意，君王与社稷都是为民而设的，不能为民兴利除害则被"变置"。天子只有得到了民，得到了民心，才能称其为"天子"，也只有得到民心，才能顺利推行国家治理主张，获得长久统治。

其二，"民舟论"。这即视王朝为舟、民为水。水能够载舟，也能够倾覆舟。《荀子·哀公》载："君者舟也，庶人者水也。水则载舟，水则覆舟；君以此思危，则危将焉而不至矣！""上谓侍臣曰：'朕自立太子，遇物则诲之，见其饭，则曰："汝知稼穑之艰难，则常有斯饭矣。"见其乘马，则曰："汝知其劳逸，不竭其力，则常得乘之矣。"见其乘舟，则曰："水所以载舟，亦所以覆舟，民犹水也，君犹舟也。"见其息于木下，则曰："木从绳则正，后从谏则圣。"'"① 人民能够帮助统治者获得统治，也能推翻统治者。

其三，"循环论"。这是儒家基于王朝兴替而提出的以"德"为依据的政权变化学说。《孟子·滕文公下》载："天下之生久矣，一治一乱。"朱熹注释为"一治一乱，气化盛衰，人事得失，反覆相寻，理之常也"。"尧舜既没，圣人之道衰。暴君代作，坏宫室以为污池，民无所安息；弃田以为园囿，使民不得衣食。邪说暴行又作，园囿、污池、沛泽多而禽兽至。及纣之身，天下又大乱。"② 顾炎武说："有亡国，有亡天下。亡国与亡天下奚辨？曰：易姓改号，谓之亡国；仁义充塞，而至于率兽食人，人将相食，谓之亡天下。……是故知保天下，然后知保其国。保国者，其君其臣肉食者谋之；保天下者，匹夫之贱与有责焉耳矣。"③ 统治者失德便失去统治的合法性或正当性，就要被新的更有德的王朝替代。

天道—民心的权力终极观张扬神秘性的天人感应现象。董仲舒继承《洪范》五行思想，建立起天人宇宙学说。他认为，宇宙由木、火、

① 《资治通鉴》卷197，中华书局1956年标点本，第6199页。
② 《四书章句集注》，中华书局1983年版，第271页。
③ 《日知录集释》（全校本），上海古籍出版社2006年版，第756—757页。

土、金、水五种不同的属性组成，相生相胜。人间、自然界之异均是不依五行之性所致。应天而改制，不仅仅包括改正朔、易服色、徙居处等，还包括政治、教育、人伦等多方面的问题和内容，他以六经和数术的两套话语体系进一步建构了《春秋》之道，主张天、地、人三统递相继承。①

历史上的帝王，即使其并不相信这一学说，但鉴于国家治理的合法性，仍然坚持。《明史》载："（洪武二十年春正月）甲子，大祀天地于南郊。礼成，天气清明。侍臣进曰：'此陛下敬天之诚所致。'帝（朱元璋）曰：'所谓敬天者，不独严而有礼，当有其实。天以子民之任付于君，为君者欲求事天，必先恤民。恤民者，事天之实也。即如国家命人任守令之事，若不能福民，则是弃君之命，不敬孰大焉。'又曰：'为人君者，父天母地子民，皆职分之所当尽，祀天地，非祈福于己，实为天下苍生也。'"②

天道终极权力观对皇权有不小的制约性。《资治通鉴》之类的史书，常有"月食之""日食之""彗星现"等记载，警示皇权。皇帝罪己诏是这一制约的体现。《汉书·文帝纪》有载，汉文帝前元二年（前178）十一月日食，文帝下诏云："朕闻之，天生民，为之置君以养治之。人主不德，布政不均，则天示之灾以戒不治。"③有人统计，中国历史上有八十九位皇帝下过二百六十多份"罪己诏"。最早的一份是公元前179年汉文帝所下，最后一份是民国五年（1916）袁世凯所下，整个跨度为两千零八十五年。约平均八年就有一份罪己诏颁发，这也形成了中华帝王所特有的一种治理方式。④

---

① 徐兴无：《〈春秋繁露〉的文本与话语——"三统""文质"诸说新论》，《中国典籍与文化》2018年第3期。

② 《明史》卷3《太祖纪三》，中华书局1974年标点本，第44页。

③ 《汉书》卷4《文帝纪》，中华书局1962年标点本，第116页。"朱元晦曰：此则系乎人事之感。盖臣子背君父，妾妇乘其夫，小人陵君子，夷狄侵中国，所感如是，则阴盛阳微而日为之食矣。是以圣人于《春秋》，每食必书，而诗人亦以为丑也。"载《资治通鉴》卷1，中华书局1956年标点本，第24页。

④ 杨兴培：《罪己诏：中国古代帝王的自省与表演》，《领导文萃》2016年第8期。

（二）家国一体的国家观

无论是历史上的"天下""国家"，还是近代以来的"中国""中华民族"，中国的国家观都是"家国一体"观，有以下四层含义。

第一，权力层级按照天下—国—家依次递减。早期的天下、国家、家是分封的统治领域。天下，谓天子之所主；国，谓诸侯之国；家，谓卿大夫之家。"天下"大于"国"，"国"大于"家"，上一层面的重要性大于下一层面。历史上，皇帝以"天下"为依据，夺情而杀皇子，臣民以"天下"为由，诛灭皇帝，都是"天下"观的例证。"阎乐前即二世数曰：'足下骄恣，诛杀无道，天下共畔足下，足下其自为计。'二世曰：'丞相可得见否？'乐曰：'不可。'二世曰：'吾原得一郡为王。'弗许。又曰：'愿为万户侯。'弗许。曰：'愿与妻子为黔首，比诸公子。'阎乐曰：'臣受命于丞相，为天下诛足下，足下虽多言，臣不敢报。'麾其兵进。二世自杀。"（《史记·秦始皇本纪》）中国社会形成了家是国的有机要素，国大于家，天下大于国，家国同构、家国命运共同体的观念与情怀。

第二，国家治理路径则是相反的家—国—天下。儒家经典《大学》载："古之欲明明德于天下者，先治其国；欲治其国者，先齐其家；欲齐其家者，先修其身；欲修其身者，先正其心；欲正其心者，先诚其意；欲诚其意者，先致其知；致知在格物。"这成为中国人看待家、国、天下的认知图式。相应地，国家治理以"己—家—君（国）"为轴心，个人自己是起点、家是单元、国或君是秩序枢纽。修齐治平是儒家安身立命的总路线。

第三，国家治理模式是家长式的。家国同构思想构建了中国传统政治的家长制（家天下）传统和仁政明君传统。统治者乃国之家长，用家长式的方式规范其臣民；统治者是民之父母，可以左右臣民，好的父母官则为民做主，高于百姓，老百姓只能服从。作为子民，其最高的道德就是效忠君臣（孝所以事君也）。孔子认为君子应该"出则事公卿，入则事父兄"（《论语·子罕》）。统治者也以家长自居。如唐太宗说："朕为兆民之主，皆欲使之富贵。若教以礼义，使之少敬长、妇敬夫，则皆贵矣。轻徭薄敛，使之各治生业，则皆富矣。若家给人足，朕虽不听管弦，乐在其中矣。"①

第四，以血缘亲情来构建社会与国家。早期德治思想的形成起源于家庭血缘纽带。儒学亦是基于"世间情感"，随早期社会家庭，家人，家族的情感需要及其社会治理需求而形成和发展，是对生存、人、家园情感思想的理论化。齐景公问政于孔子，孔子对曰："君君，臣臣，父父，子子"（《论语·颜渊》），背后就是基于社会形态与文化情感的家国同构——国就是一个大家，君就是国之父母，民即是君之子民，是以血缘亲情为思维方式的。中国人把"国"认同为自己的"家"，与之有血缘感，视他人为同胞，视社会、国家为自己的"家"。这种国家中心、单向奉献、牺牲等情感特征就是血缘感的体现。这不同于西方把国家理解为"利维坦"——怪物，是对自己的权力剥夺，但人为了生存，不能不让渡自己的权力，形成契约，形成国家。西方家、国分离，甚至是对立的观念。

家国一体及其命运共同体观念，不仅是中国的社会形态，也是国家治理的模型。

（三）"大一统"国家形态观

"大一统"三字，字源上各有其意。"大"的本义为"泰"，是重视、尊重、鼓吹的意思；"一"被理解为"天下"的本质；"统，纪也"（《说文》），"纪，绪也"（《方言》），"绪，丝端也"（《说文》），引申为功业开端、连续不断。三字连在一起即"大一始"或"太（遵）一开始"，后被引申为天下诸侯皆统系于周天子，一统天下之意。

"大一统"之意有儒法之别。儒家是"春秋大一统"，指统一于天下归一的周礼之中。《汉书·王吉传》载："《春秋》所以大一统者，六

① 《资治通鉴》卷196，中华书局1956年标点本，第6181页。

合同风，九州共贯也。"法家"大一统"指富国强兵、提升国力、开拓疆土一统天下的政治行动。如秦始皇"灭诸侯，成帝业，为天下一统"（《史记·李斯列传》），"海内为郡县，法令由一统"（《史记·秦始皇本纪》）。汉武帝之后的历代王朝，大都儒法并用、外儒内法，"大一统"有儒家的天下文化观，也有法家的大一统政治观。[①]

作为政治文化的"大一统"，有三层意涵。

第一，"大一统"是中国早期"天下"形态的经验总结。

周灭商后，疆域扩大，形成"四国多方"（《周书·多方》）的"天下"。"普天之下，莫非王土；率土之滨，莫非王臣"的观念形成了——"大一统"是"天下"（国家）的形态。"及至秦王，续六世之余烈，振长策而御宇内，吞二周而亡诸侯，履至尊而制六合，执棰拊以鞭笞天下，威振四海。南取百越之地，以为桂林、象郡，百越之君俯首系颈，委命下吏。"（《史记·秦始皇本纪》）"大一统"成为中国国家（天下）基本理念与形态图式。

第二，"大一统"是"天下"的本体本源。

《公羊传·隐公元年》载："元年者何？君之始年也。春者何？岁之始也。王者孰谓？谓文王也。曷为先言王而后言正月？王正月也。何言乎王正月？大一统也。"如此，对"大一统"进行了本体本源论证——"元""正""一""王""春"等皆是万物开端。何休《公羊解诂》载："统者，始也，总系之辞，天王者始受命改制，布政施教于天下，自公侯至于庶人，自山川至于草木昆虫其不一一系于正月，故云政教之始。"他强调了"大一统"的"始"与"正"的本源地位。把天、地、君纳入"正"的统一性，为"大一统"确立了本体性。

"大一统"还借用道家思想，把"天下"的正当性建立在"一"的道体基础上。老子以"一"为本，"道生一，一生二，二生三，三生万物"（《老子·四十二章》）。唐颜师古说："一统者，万物之统皆归于

---

① 许纪霖：《国家认同与家国天下》，《华东师范大学学报》（哲学社会科学版）2014年第4期。

一也……此言诸侯皆系统天子，不得自专也。"徐彦疏："王者受命，制正月以统天下，令万物无不一一皆奉之为始，故言大一统也。"如果说"正月"既是自然之始，也是人间万物的开端与本源，"一"则有根基性。董仲舒赋予"大一统"以道的恒常性。"求王道之端，得之于正。正次王，王次春。春者，天之所为也；正者，王之所为也。其意曰，上承天之所为，而下以正其所为，正王道之端云尔。然则王者欲有所为，宜求其端于天。天道之大者在阴阳。阳为德，阴为刑；刑主杀而德主生。"（《汉书·董仲舒传》）"《春秋》大一统者，天地之常经，古今之通谊也。""道之大原出于天，天不变，道亦不变；是以禹继舜，舜继尧，三圣相受而守一道，亡救敝之政也，故不言其所损益也。"①把"大一统"看作是天地古今之道，实质是把政治社会自下而上地归依于形而上的"一"的本体本源上。

第三，"大一统"是君王使命。

在治统视野下，"大一统"或许没有了学理性，但成为君王使命。《公羊》载："王者孰谓？谓文王也。"何休解释说："文王，周始受命之王，天之所命，故上系天端。"把始于"大一统"视为由天而行的"文王"使命。周亡而天下裂，以承周为志的孔子，形成德治思想。其目的乃是"大一统"。如孔子把"一匡天下"视为最高的德行。子贡曰："管仲非仁者与？桓公杀公子纠，不能死，又相之。"子曰："管仲相桓公，霸诸侯，一匡天下，民到于今受其赐。微管仲，吾其被发左衽矣。岂若匹夫匹妇之为谅也，自经于沟渎而莫之知也。"（《论语·宪问》）在孔子眼里，管仲小节有瑕疵，但一匡天下足以为"仁人"，是最大的价值追求。荀子的学生李斯明确提出："灭诸侯，成帝业，为天下一统。"这成为历代君王的信念。"天子居天下之尊，率土之滨，莫非王臣……凡土地之富，人民之众，皆王者之有也。"②唐太宗灭突厥，实现统一，成为"贞观之治"的标志。"上皇闻擒颉利，叹曰：'汉高

---

① 《资治通鉴》卷17，中华书局1956年标点本，第555、554页。
② 《周易程氏传》卷1《周易上经上·大有》，中华书局2011年版，第81页。

祖困白登，不能报；今我子能灭突厥，吾托付得人，复何忧哉！'上皇召上与贵臣十余人及诸王、妃、主置酒凌烟阁，酒酣，上皇自弹琵琶，上起舞，公卿迭起为寿，逮夜而罢。"①

在政治生活中，"大一统"往往是三者含义并用，成为中国国家形态的根本理念与追求，尤其是近代以来，"大一统"更多具有了国家统治权的意蕴。杨向奎说："一统和大一统思想，三千年来浸润着我国人民的思想感情，这是一种向心力，是一种回归的力量。这种力量的源泉不是狭隘的民族观念，而是一种内容丰富，包括有政治、经济、文化各种要素在内的'实体'，而文化的要素有时更占重要地位。'华夏文明'照耀在天地间，使人们具有自豪感和自信心，因而有无比的精神力量。它要求人们统一于'华夏'，统一于'中国'。这'华夏'与'中国'不能理解为大民族主义或者是一种强大的征服力量，它是一种理想，一种自民族、国家实体升华了的境界。"②

（四）"仁政"理想

"仁政"是传统王朝的理想社会标准。"三代之得天下也以仁，其失天下也以不仁。国之所以废兴存亡者亦然。"（《孟子·离娄上》）"仁"是治理的方式与理想。孟子给出的"仁政"图式是，"五亩之宅，树之以桑，五十者可以衣帛矣；鸡豚狗彘之畜，无失其时，七十者可以食肉矣；百亩之田，勿夺其时，数口之家可以无饥矣；谨庠序之教，申之以孝悌之义，颁白者不负戴于道路矣。七十者衣帛食肉，黎民不饥不寒，然而不王者，未之有也"（《孟子·梁惠王上》）。"老吾老以及人之老，幼吾幼以及人之幼。"（《孟子·梁惠王上》）"天下归仁"是儒家的理想境界，指在天下建立仁政统治，实现社会的有序、稳定、和谐。

"仁政"以"德"为出发点。"为政以德，譬如北辰，居其所而众星共之"（《论语·为政》），认为有德，民众自然跟从，并形成"德

---

① 《资治通鉴》卷193，中华书局1956年标点本，第6075页。
② 杨向奎：《大一统与儒家思想》，北京出版社2016年版，第1页。

治"天下。"仁政"强调德主刑罚,即所谓"道之以政,齐之以刑,民免而无耻;道之以德,齐之以礼,有耻且格"。

以民为本是仁政的核心。《孟子·梁惠王上》载"仁政"的主要内容是宽民(省刑罚)、富民(薄税敛)、教民(深耕易耨,谨庠序之教)、乐民(与民同乐,使人民安居乐业)。这也包括了制民之产、薄其税敛、以身行道、宽猛相济、与民同乐、选贤举能、礼治德教等。

"仁政"在统治实践上是"推恩及民"。"推恩足以保四海,不推恩无以保妻子。古之人所以大过人者无他焉,善推其所为而已矣。"(《孟子·梁惠王上》)"仁政"的统治是"礼乐征伐自天子出",以周礼为准绳,人人各守其位,各尽其职,和睦相处,不偏不倚的稳定社会秩序,就是孔子仁政思想所追求的美好愿景。①

"仁政"者应有"仁心"。史上公认,"仁"是孔子的创造。其心理过程为,孔子早期政治实践中以"德命"来行为处事、自律,但结果却是"再逐于鲁,削迹于卫,穷于齐,围于陈、蔡,不容身于天下"(《庄子·盗跖》)。为什么如孔子这样有德,谨慎对天的人却有如此遭遇?这挑战着孔子早期的"有德有命"信仰,使其形成机遇性的"时命"观。"时命"观虽然化解了孔子的"德命"困境,但也挑战了孔子持有的"有德有命"的信念,为使其德性追求有内在的精神动力,孔子在内外互动中体悟而形成了"仁"的信念。② 孔子的"仁"是有多重含义的:"仁"是人生的最高目标,"仁"是行为的准则,"仁"是诸德之核心,"仁"是心灵境界的体现,"仁"化解死生之困惑。"仁"后来为朱熹所抽象表达——心之德,爱之理。用今天的话理解,"仁"是儒家生命价值与人间秩序的核心,是"天道"的必然要求,是人之所以为人的人性善的体现。③ 对于统治者来说,"仁政"是以悯安斯民的"仁心"为前提的。"惟仁者宜在高位,不仁而在高位,是播其恶于众

① 徐大同:《孔子仁政、德治、礼范的治国之道》,《政治思想史》2013年第1期。
② 景怀斌:《孔子"仁"的终极观及其功用的心理机制》,《中国社会科学》2012年第4期。
③ 景怀斌:《心理层面的儒家思想》,中国社会科学出版社2017年版,第72页。

也。"（《孟子·离娄上》）唐太宗与臣下讨论治国说："公知其一，未知其二。周得天下，增修仁义；秦得天下，益尚诈力：此修短之所以殊也。盖取之或可以逆得，守之不可以不顺故也。"[1]

"仁政"给出的理想社会是大同、小康社会。《礼运》载："大道之行也，天下为公，选贤与能，讲信修睦。故人不独亲其亲，不独子其子，使老有所终，壮有所用，幼有所长，矜寡孤独废疾者皆有所养，男有分，女有归。货恶其弃于地也，不必藏于己；力恶其不出于身也，不必为己。是故谋闭而不兴，盗窃乱贼而不作，故外户而不闭。是谓大同。今大道既隐，天下为家，各亲其亲，各子其子，货力为己，大人世及以为礼，城郭沟池以为固，礼义以为纪；以正君臣，以笃父子，以睦兄弟，以和夫妇，以设制度，以立田里，以贤勇知，以功为己。故谋用是作，而兵由此起。禹、汤、文、武、成王、周公，由此其选也。此六君子者，未有不谨于礼者也。以著其义，以考其信，著有过，刑仁讲让，示民有常。如有不由此者，在埶者去，众以为殃。是谓小康。"

"仁政"及其大同和小康理念也成为现代中国转型的文化或理念基础。康有为用达尔文的进化论观点，把公羊家三世和《礼运》大同、小康的学说融合在一起，建立了改良主义这一循序渐进的历史进化论思想，又运用"天赋人权"的观点和空想社会主义观点，给出了改良主义最高理想社会——人人皆公的大同社会。[2]

（五）皇权为中心的权力等级观

皇权为中心的权力等级观表现在人们对君主权威的认同。君主权威的传统合法性则表现为一种无需证明的"历来如此"，如"天无二日，民无二王""率土之滨，莫非王臣"等。人们希冀理想君主和厌恶昏君，为"有道伐无道"的传统"革命"提供了合法性依据。[3]

---

① 《资治通鉴》卷 192，中华书局 1956 年标点本，第 6036 页。

② 杨向奎：《大一统与儒家思想》，北京出版社 2016 年版，第 246、251 页。

③ 刘泽华：《论天、道、圣、王四合一——中国政治思维的神话逻辑》，《南开学报》（哲学社会科学版）2013 年第 3 期。

传统中国认同国家权力是以皇权为中心的。周天子是"天下共主"，是世间最高统治者，掌握立法，行政与司法大权，下设置三公协助周王治理天下。"天子作民父母，以为天下王。"（《尚书·洪范》）各地诸侯在所辖地区执掌各种权力，是中央政权的分支或部分。这一期间所创造的治国经验，对后世产生了深刻影响。秦汉乃至明清，中国社会逐步完善以皇权为中心的国家权力机制。①

在认识到皇权中心权力观同时，也要看到王权的制约性。第一，天道观的终极性控制。有道则王，无道则纣是中国历史的基本共识，替天行道一直被歌颂。中国各种史书所记"日食之""月食之"，帝王由此而下"罪己诏"，也是"天"对皇权制约的例证。第二，权力监督机制。唐设三省制（中书省、门下省、尚书省）。中书省主要负责与皇帝讨论法案的起草，草拟皇帝诏令。门下省负责审查诏令内容，并根据情况退回给中书省。这两个部门是决策机构，通过审查的法令交由尚书省执行，尚书省下设有六部（吏部、礼部、兵部、户部、刑部和工部）。三者是决策、行政、监督的关系。这一传统为明清所继。第三，权力配置体制。中国古代社会的王权与民间体系往往是分开的。所谓皇权不下县，从一个方面说明皇权的界限性。第四，社会阶层的权力制衡。如明代士人与王权的激烈博弈就成为阶层性的对抗，致使嘉靖、万历无奈地自我罢工，都是权力制约的体现。第五，君王的自我警惕。唐太宗说："不然。朕所以能及此者，止由五事耳。自古帝王多疾胜己者，朕见人之善，若己有之。人之行能，不能兼备，朕常弃其所短，取其所长。人主往往进贤则欲置诸怀，退不肖则欲推诸壑，朕见贤者则敬之，不肖者则怜之，贤不肖各得其所。人主多恶正直，阴诛显戮，无代无之，朕践阼以来，正直之士，比肩于朝，未尝黜责一人。自古皆贵中华，贱夷、狄，朕独爱之如一，故其种落皆依朕如父母。此五者，朕所以成今日之

① 徐大同：《政治学学科发展史略——兼论中西传统政治学的差异》，《政治学研究》2007年第1期。

功也。"① 虽然说史上如唐太宗这样的君王少见，但君王的自我惕厉意识还是常有的。

在中国几千年漫长的王权历史中，固然有皇权的独霸性和残酷性，但也要看到皇权的制约性，认识到此，才能对中国传统政治文化进行全面解释。否则，把传统政治文化单以"王权主义"标注，则有以偏概全之嫌。

（六）养民教民的人民观

养民教民是中国传统政治文化的基本主张。养民包括安民、富民、惠民、恤民等思想。孔子总结三代治理经验，提出"安民"思想。"闻有国有家者，不患寡而患不均，不患贫而患不安。"（《论语·季氏》）孟子强调以财产方式使人民生存下来。"无恒产而有恒心者，惟士为能。若民，则无恒产，因无恒心。苟无恒心，放辟、邪侈，无不为已。及陷于罪，然后从而刑之，是罔民也。"（《孟子·梁惠王上》）揭示了富民是治与礼义的物质基础。

教民即通过宣讲、表彰、学校教育以及各种祭祀仪式等方式，培养出符合君主政治需要的臣民。董仲舒说："今陛下贵为天子，富有四海，居得致之位，操可致之势，又有能致之资，行高而恩厚，知明而意美，爱民而好士，可谓谊主矣。然而天地未应而美祥莫至者，何也？凡以教化不立而万民不正也。"（《汉书·董仲舒传》）唐太宗说："朕为兆民之主，皆欲使之富贵。若教以礼义，使之少敬长、妇敬夫，则皆贵矣。轻徭薄敛，使之各治生业，则皆富矣。若家给人足，朕虽不听管弦，乐在其中矣。"②

中国历史上很早就出现专门的教化国家机构。例如，（唐太宗贞观十四年）"是时上大征天下名儒为学官，数幸国子监，使之讲论，学生能明一大经已上皆得补官。增筑学舍千二百间，增学生满二千二百六十

① 《资治通鉴》卷198，中华书局1956年标点本，第6247页。
② 《资治通鉴》卷196，中华书局1956年标点本，第6181页。

员，自屯营飞骑，亦给博士，使授以经，有能通经者，听得贡举。于是
四方学者云集京师，乃至高丽、百济、新罗、高昌、吐蕃诸酋长亦遣子
弟请入国学，升讲筵者至八千余人。上以师说多门，章句繁杂，命孔颖
达与诸儒撰定《五经》疏，谓之《正义》，令学者习之"①。

教民的方式是"以吏为师"。"（汉武帝）诏曰：'盖闻导民以礼，
风之以乐。今礼坏、乐崩，朕甚闵焉。其令礼官劝学兴礼以为天下先!'
于是丞相弘等奏：'请为博士官置弟子五十人，复其身；第其高下，以
补郎中、文学、掌故；即有秀才异等，辄以名闻；其不事学若下材，辄
罢之。又，吏通一艺以上者，请皆选择以补右职。'上从之。"② 不但
"吏"与"师"，"政"与"教"合而为一，而且"师"从属于"吏"，
"教"由"政"出，皇帝及其属下的各级官吏是真理的拥有者，为百姓
教化之师。

以吏为师的最高形式为"以君为师"。不少封建帝王还直接以经学
大师的身份自居，御撰经疏，教化民众。康熙亲自在孔庙宣讲程朱理
学，讲解朱熹的《四书集注》，俨然饱学硕儒。为彰示自己"为民之
师""化民成俗"的圣德，顺治皇帝便作《钦定卧碑》，康熙作《上谕
十六条》，雍正将之演化成《圣谕广训》，乾隆也作《太学训饬士子
文》，均从道德、伦理、风尚、法律等方面规范了封建行为规则。这些
方式对于整个社会的教化作用十分显著。

传统政治文化中的"民"实际上是被"一实一虚"化。以"实"
而论，"民"作为被统治者，他们被"知识化"——以儒家知识而被教
化，成为福柯所说的知识/权力主体。在这样的政治实践中，"民"需
要被管理，被教化，通过"保民""富民""教民"等而实现。从孔子
以"仁"为核心的仁政，到孟子以民为本的仁政，到后儒朱熹、王阳
明、王夫之、颜元等的新民、亲民、治民等主张，可以看出儒家及统治
者在不断总结社会治理的经验，回应社会治理需要的不断发展。以

---

① 《资治通鉴》卷195，中华书局1956年标点本，第6153页。
② 《资治通鉴》卷19，中华书局1956年标点本，第617—618页。

"虚"而论，"民"又是权力正当性的判断者。如，"天聪明，自我民聪明，天明畏，自我民明威"（《尚书·皋陶谟》），"民之所欲，天必从之"（《尚书·泰誓上》）。《尚书·五子之歌》载大禹训示"民惟邦本，本固邦宁"。这一思想发展至后来，形成了孟子所谓的"民为贵，社稷次之，君为轻"的民本思想。

（七）选贤任能的精英观

选贤任能是中国传统政治文化中的重要方面。汉武帝元朔元年（前128）"诏曰：'朕深诏执事，兴廉举孝，庶几成风，绍休圣绪。夫十室之邑，必有忠信；三人并行，厥有我师。今或至阖郡而不荐一人，是化不下究，而积行之君子壅于上闻也。且进贤受上赏，蔽贤蒙显戮，古之道也。其议二千石不举者罪。'有司奏：'不举孝，不奉诏，当以不敬论；不察廉，不胜任也，当免。'"① 唐太宗说："为朕养民者，唯在都督、刺史，朕常疏其名于屏风，坐卧观之，得其在官善恶之迹，皆注于名下，以备黜陟。县令尤为亲民，不可不择。""乃命内外五品已上，各举堪为县令者，以名闻。"② 他把都督、刺史的名字写在屏风上，并把他们的善恶写在名字下，用来奖惩升降。

选贤任能的背后，是中国的"贤能"合法性理念。董仲舒说："文王顺天理物，师用贤圣，是以闳夭、大颠、散宜生等亦聚于朝廷。爱施兆民，天下归之，故太公起海滨而即三公也。当此之时，纣尚在上，尊卑昏乱，百姓散亡，故文王悼痛而欲安之，是以日昃而不暇食也。"（《汉书·董仲舒传》）文王遇到天下剧变，也是寻访贤良，仁政治国，才有天下大治。朱熹说，"一有聪明睿智能尽其性者出于其间，则天必命之以为亿兆之君师，使之治而教之，以复其性。此伏羲、神农、黄帝、尧、舜，所以继天立极，而司徒之职、典乐之官所由设也"③。"孔

---

① 《资治通鉴》卷18，中华书局1956年标点本，第597—598页。
② 《资治通鉴》卷193，中华书局1956年标点本，第6061页。
③ 《四书章句集注》，中华书局1983年版，第1页。

子与三千人习而行之，以济当世，是圣人本志本功"①，中国传统政治文化高度认可圣人天然有义务修道立教、教化百姓的观念，"贤能"就是权力合法性。

"选贤任能"自然重视人才培养与选拔。董仲舒说，"夫不素养士而欲求贤，譬犹不琢玉而求文采也。故养士之大者，莫大乎太学；太学者，贤士之所关也，教化之本原也"（《汉书·董仲舒传》）。汉武帝诏令设置太学，令"天下郡国皆立学校官"。

（八）礼范刑辅的治理观

传统政治文化也持有礼范刑辅的观念与执行方式，通过道德教化维护君君、臣臣、父父、子子的社会行动范式，建立各得其所的社会秩序。

一方面，周公治礼，改变了"礼"之商业交换性质，形成礼乐社会规范。诸如社会交往的礼乐程序、"歌诗必类"等，构成了国家治理的方式，士族皆熟于诗，用诗达礼，构成礼乐文明，成为一统天下的理想制度。② 儒家甚至对"礼"有本体认定。"礼有三本：天地者，生之本也；先祖者，类之本也；君师者，治之本也……故礼上事天，下事地，尊先祖而隆君师，是礼之三本也。"③

"礼"本质上是行为规范，甚或是传统社会的制度。刘邦夺取天下，颇采古礼，与秦仪杂就之，形成礼乃曰"吾乃今日知为皇帝之贵也！"对此，司马光评曰："礼之为物大矣！用之于身，则动静有法而百行备焉；用之于家，则内外有别而九族睦焉；用之于乡，则长幼有伦而俗化美焉；用之于国，则君臣有叙而政治成焉；用之于天下，则诸侯顺服而纪纲正焉。"④ "礼"，乃用来"定亲疏、决嫌疑、别同异、明是非"的一套规则，在社会规则运行规范方面具有根本性作用。

---

① 《颜元集》，中华书局1987年版，第157页。
② 杨向奎：《大一统与儒家思想》，北京出版社2016年版，第49—56页。
③ 《荀子集解》卷13《礼论篇第十九》，中华书局1988年版，第349页。
④ 《资治通鉴》卷11，中华书局1956年标点本，第375—376页。

另一方面也以"刑"为强制性制度保证。《尚书》各种"誓"中就有突出的软硬两手。"尔尚辅予一人，致天之罚，予其大赉汝！尔无不信，朕不食言。尔不从誓言，予则孥戮汝，罔有攸赦。"（《商书·汤誓》）"尚桓桓，如虎如貔，如熊如罴，于商郊。弗迓克奔，以役西土。勖哉夫子。尔所弗勖，其于尔躬有戮。"（《周书·牧誓》）《礼记·乐记》载："礼乐刑政，四达而不悖，则王道备矣。"孔子也说："道之以政，齐之以刑，民免而无耻；道之以德，齐之以礼，有耻且格。"（《论语·为政》）对破坏和违反者可以进行征讨和处罚，即罚与刑。

中国传统政治文化主张要先教后刑，反对"不教而诛"。"圣人治化，必刑政相参焉。太上以德教民，而以礼齐之。其次以政导民，而以刑禁之。化之弗变，导之弗从，伤义以败俗，于是乎用刑矣。"董仲舒改铸了先秦法家绝对尊君集权的专制理论，在天人合一阴阳五行的思维框架中，融合了儒法思想，提出了王霸并用、刑德兼施的统治术，开启了此后两千年封建社会儒表法里或曰阳儒阴法的统治思想的模式。[1] 如唐"玄龄等定律五百条，立刑名二十等，比隋律减大辟九十二条，减流入徒者七十一条，凡削烦去蠹，变重为轻者，不可胜纪"[2]。

四　传统政治文化的国家治理功能

作为共享的意义系统，传统政治文化发挥三重功能——治国依据（仁政大同）、治国方式（仁爱治国）、治国标准（理想状态）。它们既提供了国家治理的合法性，也制约着国家治理的有效性，塑造着中国传统政治活动的价值观念、思维方式、情感诉求。

① 徐大同：《孔子仁政、德治、礼范的治国之道》，《政治思想史》2013年第1期。
② 《资治通鉴》卷194，中华书局1956年标点本，第6126页。

（一）合法性与有效性功能

合法性是国家权力或暴力的认同与接受程度，取决于文化对权力的理解与观念。任何阶级要掌握对社会和国家的统治权，就必须掌握名义上代表全社会的公共权力组织——国家政权。如何夺取统治权，建立什么样的统治权，如何维持统治权，对现有统治权的态度等就成为政治领域的核心问题，成为合法性问题。对这一问题，因民族、时代的不同而不同，也可因阶级、集团的不同而有不同回答。[①] 有效性是国家政治意志的行政化程度，是国家治理目标的有效实施程度，是国家治理能力的体现。这取决于国家公共组织科层有效性和执行力，是组织、制度与人的有机结合。合法性与有效性不一定是同步关系。合法不一定有效，有效不一定合法。良好的国家治理是合法性与有效性的有机统合。[②]

无论是合法性还是有效性，在很大程度上均决定于政治文化——共享政治意义、情感和思维。传统中国政治文化的不同方面，有些发挥合法性观念如以"天道—民心"、皇权为中心（包括嫡长制），有些发挥有效性功能，如礼范刑辅、选贤任能和养民教民观。其合法性与有效性功能机制如图 8-1 所示。

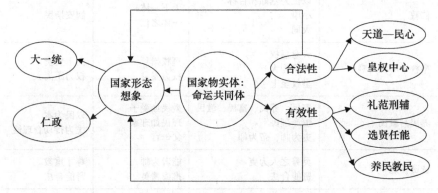

图 8-1　传统政治文化结构示意

---

① 徐大同：《中国传统政治文化讲录》，江苏人民出版社 2015 年版，第 11 页。
② 景怀斌：《政府决策的制度—心理机制》，中国社会科学出版社 2016 年版。

（二）价值观念、思维方式和情感体验功能

政治文化的功能体现在三个层面——价值观念、情感特征与思维方式。总结上述八个方面的政治文化，其心理功能如表8-1所概括。

表 8-1　　　　　　　　　　**传统政治文化三重功能**

	价值观念	情感特征	思维方式
天道—民心终极观	天、天命、天意至上 有德有命、 天谴、天象、祥瑞 民舟、民心、民意 仁道、明君、民为邦本 替天行道	恐天 敬天 仁心 爱民 因道而正义	天为至上法则 天意即合法 天人感应 天人合一思维
家国一体	家即国，国即家 国是家的集合 家国命运共同体 治国如治家	爱国如爱家 为国奉献 爱国如家 利国利民	亲族主义 国家主义
大一统	大一统 时正 王正 理正	推崇大一统 统一为大 正统	天下思维 整体思维
仁政	以仁为基础和目标 小康 大同	天下一体， 一体之仁	悯安斯民
皇权中心权力观	天意皇权 天子为大 皇权至上	皇权崇拜 权力崇拜	向上负责 权力距离大
养民与教民	安民、养民、富民、教民 恒产理民 吏为师、帝为师	爱民如爱子 理民如理家 父母官	以民为本 民为行动合理性
选贤任能	灵秀之人为吏 贤能合法	能者为师 推崇精英	尊才重教 贤能合法
礼范刑辅的治理观	法本于天 以礼为制 刑罚为辅	礼即理 习俗规制	公正持平 从众思维

五　传统政治文化的现代化

中国近现代以来最大的变化是社会形态与运行方式的西方化。随着西方列强的侵略，中国被迫走上抗争与解放的道路。在这个过程中，学习西方的工业技术，学习西方的文化理念，学习西方的政治形态成为中国历史性主题。随着中国共产党的建立并领导中国人民建立了新中国，进行社会主义现代化建设，中国在这一历史过程中，政治文化也发生了实质性变化，传统的以"天道—民心"为核心的政治文化转向以"人民"为核心的政治文化。如果说"天道"观是天命—民心互动而构建的神圣终极权力，具有某种超自然非理性思想的话，那么"人民"则成为理性的、现实的、具象的理念，这是"革命性"的转换。其一，理性提高。过去的神秘的力量之天或义理之天，为具象化的"人民"替代了。"人民"与"天道"相比，更为当下，更为具象，更有所指。其二，民本思想强化。在传统政治文化中，无论是孔孟，还是所谓的明君，均视"民"为上，民在理论上成为最高本原。但"天听自我民听，天视自我民视"，"民"为幕后之人。"人民"置换"天道"后，"人民"走上了前台，民本思想大大强化。其三，现代理念化。"人民"置换后，合法性直接指向并落脚于现代概念——"人民"，实现了政治概念的现代化。其四，"人民"是政策的着力点。以"人民"为依归，成为各项政策的原则。虽然人民在很多情况下是抽象的表述，但"人民"的政策目标是清晰的。

"人民"对"天道"置换，使传统政治文化的王（皇）权中心走向"人民"中心，但中国传统政治文化的结构与功能保留。中国的政治文化既历史又现代，提供了当代国家治理合法性与有效性的文化基础。

第九章 "人"作为资源

　　乾称父，坤称母；予兹藐焉，乃混然中处。故天地之塞，吾其体；天地之帅，吾其性。民吾同胞，物吾与也。大君者，吾父母宗子；其大臣，宗子之家相也。尊高年，所以长其长；慈孤弱，所以幼（其）〔吾〕幼。圣其合德，贤其秀也。凡天下疲癃残疾、惸独鳏寡，皆吾兄弟之颠连而无告者也。于时保之，子之翼也；乐且不忧，纯乎孝者也。违曰悖德，害仁曰贼；济恶者不才，其践形，唯肖者也。知化则善述其事，穷神则善继其志。不愧屋漏为无忝，存心养性为匪懈。恶旨酒，崇伯子之顾养；育英才，颍封人之锡类。不弛劳而底豫，舜其功也；无所逃而待烹，申生其恭也。体其受而归全者，参乎！勇于从而顺令者，伯奇也。富贵福泽，将厚吾之生也；贫贱忧戚，庸玉女于成也。存，吾顺事，没，吾宁也。①

　　这段被称为《西铭》的话，据说是北宋著名学者张载写在西墙上用以教导其子弟的。因其高度概括了儒家的基本思想，被后儒视为经典。这段话从儒家所倡导的天地人视野，以天道为生、人生而善为基点，讲述人为什么要承担尽责，以善对己、对人、对物，如何在不确定的人生确立德性道路，迄今仍有启迪。深度的生命意义的构建无不以人性理解为基础。人性问题不仅仅是人生论问题，还是国家治理的基点。

---

　　① 《张载集》，中华书局1978年版，第62—63页。

一 "人性"与"人在"

"人性"在汉语中是合成词,由"人"和"性"构成。在古汉语里,"性"和"生"是一对转注和假借词。转注指两个字互为诠释,彼此同义而不同形,而假借则指原来本无此字,然而有些新的意义又无合适的字表达,于是就把这种新的、尚无字可以表达的意义赋予一个原有的字,即所谓"本无此字,依其托事"。"性"和"生"即有转注和假借的含义,"性"字引申为生来就有的自然属性。"性"后来成为中国思想或哲学的抽象范畴,其含义深奥复杂。

治理是以对人性的理解为前提的。西蒙说,在我们设置研究方向和传授研究方法时,对于所要研究的人的行为而言,没有比关于人性的观点更为根本的要素了。我们所研究的究竟是近似于无所不知的经济人的理性选择理论,还是认知心理学的有限理性心理人,对于我们的研究策略是有影响的,而且有很大的影响。[①] "管理者不管是否自觉地知道这些,在他们的心目中,总有一个个体的模式和基于人的假定的组织行为模式。这些假定和它们的有关理论影响着管理者的行为。"[②]

人性理解直接影响管理方式的有效性。管理方式有三个层次:人性认知态度、目标价值取向及领导行为模式。[③] 管理方式一般理解为管理活动中所采取的手段、措施、途径,领导者指导和协调被领导者的手段和方法等。管理方式体现在技术组织维度和社会心理维度。技术维度注重工作标准、操作程序、组织结构和规章制度等,突出刚性控制和物质因素的刺激;社会心理维度注重价值导向、情感满足、心理归属和文化

---

① Jonathan Bendor, "Herbert A. Simon: Political Scientist", *Annual Review of Political Science*, Vol. 6, 2003, pp. 433–471.

② [美] 孔茨等:《管理学》,黄洁纲、范煦等译,上海人民出版社 1990 年版,第 577 页。

③ 熊平安:《管理移植与创新》,《求实》2004 年第 S1 期。

认同，突出柔性控制和精神因素的激励。这些方面的措施都取决于对人性的理解或认定。如认为人是不可信赖的，是自私的，是依赖的，那么管理的措施必定是控制式的；如认为人是自觉的、成长的，有能力的，那么管理的措施可能是参与式的。

然而，作为单个的人，现实中的"人"并不是抽象的存在，而是生存于特定时空下的生命体——有其独特的需要、价值观、性格，是与他人关系网中的存在，这里权且称为"人在"。"人性"是关于人类属性的总体看法，与其说是事实价值的，不如说是认定的。例如，"人性是善的，所以应该有德治"。但真实的"人在"却是具体的，有善的，也有不善的。

"人性"与"人在"的差异对于国家治理有两个重要启示：一是社会判断悖论认知。人们常常不经意地以案例进行类别判断，但事实上案例不能推出类别判断。例如，不能因为一个教师有违师德，就说"老师都是缺德的"。但是，现实中又常常会如此，即使政治家也难免。例如，马基雅维利因在其《君主论》中论述了政治的非道德现象，主张可以用非道德的手段进行统治而"臭名昭著"。这使现实中的政治家避之不及。亨利·基辛格曾在一次访谈中阐述自己的政治哲学。采访者评论说，"听你说话，我们时常关心的不是你在多大程度上影响了美国总统，而是马基雅维利在多大程度上影响了你"。吓得基辛格赶紧否认——"绝对没有"。① 二是国家治理不能是单一的"善"，而是要应对"人在"的多样性，以物质的、精神的、法律的方式进行国家治理。现实中因为"人在"，而有违法、违规，甚至反社会人格，犯罪，这些需要以控制的方法来处理。

---

① ［英］昆廷·斯金纳：《马基雅维里》，李永毅译，译林出版社 2014 年版，第 1 页。

二　人性与治理模式

（一）"性善" 与 "德治"

中国传统文化持性善观。中国早期社会在天—地—人关系中对人定位，注重对人的此岸（现实、理性）理解，确认了人的独特性，带来人本取向的价值认定。如《尚书·泰誓》载，"惟天地万物父母，惟人万物之灵"，《诗经·大雅·烝民》载，"天生烝民，有物有则。民之秉彝，好是懿德"。对人不同于自然界其他生物的独特地位有了明确认定。到了春秋时期，孔子提出"性近习远"的主张，这隐含着对人乐观和善的看法；孟子更直接提出善端的主张，他说，"恻隐之心，仁也；羞恶之心，义也；恭敬之心，礼也；是非之心，智也。仁义礼智，非由外铄我也，我固有之也，弗思耳矣。故曰：求则得之，舍则失之。或相倍蓰而无算者，不能尽其才者也"（《孟子·告子上》）。朱熹的解释为"有物必有法：如有耳目，则有聪明之德；有父子，则有慈孝之心，是民所秉执之常性也，故人之情无不好此懿德者。以此观之，则人性之善可见"。"盖气质所禀虽有不善，而不害性之本善；性虽本善，而不可以无省察矫揉之功。学者所当深玩也。"① 这一方面说明人的善端，另一方面强调人的自我控制责任。孔子的性近习远，孟子的善端，朱熹的天命之性，都认为人有成德的天然必然性，人只需把潜在的善培养、发展起来即可。同时也寓意着人有代天理物的责任。人的善要依赖于自己的自我与超越。总之，儒家的人性说，蕴含着基于人性善的人的责任认定，包括自我责任和社会义务。

"性善论"的主要观点为：人性是善的，都有成为有道德的人的必然性。只要自我努力，就可以成为社会认可的有德性的人。人因为是善的，所以人应承担责任。责任包括自我责任和社会义务。人因为是善

---

① 《四书章句集注》，中华书局 1983 年版，第 329 页。

的，人是可以信任的。人通过自我的道德意识和外在礼而进行社会规范，也需要通过教育来培养。承担教育的人是教师和官员。

中国社会在性善认定基础上，形成了"德治"的治理方式。

德治的基本思想是：通过道德意识或文化观念，激发人的内在道德感，以道德约束人，调动人的积极性，通过自治的方式形成道德化社会秩序；通过领导者的道德榜样激发人的道德社会行为。

从国家治理视野看，德治表现在为政以德，民惟邦本、政得其民，礼法合治、德主刑辅，治国先治吏，正己修身，居安思危等。

德治的方式是：榜样示范、道德礼仪、教化活动。

德治的社会组织方式是：制定乡规民约和宗族家法、舆论褒贬扩大影响，加强影响力。

"德治"的本质是用道德来进行治理。这与参与式的自我价值感实现和科学管理的投入与产出理性化有本质不同。

人存在于历史文化和当下情境中，传统思想文化体现在人的思想观念、风俗习惯、生活方式、情感样式等方面。人是社会动物，社会性带来道德性，通过道德对人进行影响是任何社会都有的，"德治"的价值应在新的条件下发展应用，而不应对之持刻板态度。

"德治"是基于早期中国政治经验的总结，契合于中国社会形态，通过以汉武帝为代表的国家力量的张扬，成为中国政治的传统，为历代所坚守。其力量与韧性之强，以至于汉武帝这位确立儒家主流意识形态的"王者"，也被"德治"的标准评判，警示后人。司马光在评点汉武帝时说："孝武穷奢极欲，繁刑重敛，内侈宫室，外事四夷，信惑神怪，巡游无度，使百姓疲敝，起为盗贼，其所以异于秦始皇者无几矣。然秦以之亡，汉以之兴者，孝武能尊先王之道，知所统守，受忠直之言，恶人欺蔽，好贤不倦，诛赏严明，晚而改过，顾托得人，此其所以有亡秦之失而免亡秦之祸乎！"①

---

① 《资治通鉴》卷22，中华书局1956年标点本，第747—748页。

(二)"原罪"与法制

自基督教成为罗马帝国的国教后,西方走向了宗教社会。基督教成为西方文化的底色。

无论是早期基督教,还是后来的新教、天主教、东正教,均秉持基本的教义:上帝创世说,原罪救赎说,天堂地狱说。基督教信奉圣父、圣子、圣灵三位一体的上帝,圣父是万有之源造物之主,圣子是太初之道而降世为人的基督耶稣,圣灵受圣父之差遣运行于万有之中,更受圣父及圣子之差遣而运行于教会之中,但这三者仍是同一位上帝,而非三个上帝。基督教认为上帝创造了宇宙(时间和空间)万物,包括人类的始祖。旧约《创世纪》第一章讲到,上帝创造世界,并且按照自己的形象创造了男人,用男人的肋骨创造了女人。最初上帝与人有伊甸园的约定,这即亚当和夏娃的故事。夏娃不听上帝的要求,在蛇的挑唆下吃了善恶树的果子,还让亚当与她同食,想要脱离造物主而获得自己的智慧,从此与上帝的生命源头隔绝,致使罪恶与魔鬼缠身,而病痛与死亡成为必然结局。后世人皆为两人后裔,生而难免犯同样的罪,走上灭亡之路。面对原罪,人可以被救赎——在于信奉耶稣基督为主,因他在十字架上赎罪,并在三日后死而复活,使悔改相信他的人的一切罪皆得赦免,并得到能胜过魔鬼与死亡的永恒生命。基督教说人是有罪的,但并不意味着罪是不会得以解脱的。圣经说,人可以通过自己后天的忏悔,使上帝赦免人的罪恶,最终同样也可以升天堂。也就是说,虽然人是有罪的,但人可以通过向上,成为上帝的选民。还有灵魂与永生,人有灵魂,依生前行为,死后受审判,生前信仰基督者得靠基督进入永生。世界终有毁灭的末日,但在上帝所造的新天新地中却是永生常存。

在基督教看来,罪(sin)是人所固有的状态,是一种控制力。罪是一种内在的倾向,包括:第一,罪是一切不合乎上帝道德律要求的事,或是行为,或是意念,或是内在倾向与状态。第二,罪也是悖逆和不顺服。圣经指出，所有人与上帝的真理都有联系。但因人的悖逆隔断了这样的联系，如同亚当和夏娃不遵从上帝的命令。第三，罪是没有达到上帝的标准，或是没有按照上帝的期望去做。第四，罪是取代了上帝的位置。任何形式的偶像崇拜，不是骄傲，而是罪。人因为罪而带来灵性的无能，阻碍了人对上帝的靠近。罪的后果是影响人与上帝的关系，招致上帝的恨恶、罪咎、刑罚，造成肉体与灵性的死亡和永死。在个人看，是人的被罪管辖，逃避现实，自我欺骗，麻木，自我中心。在人与人关系上，是彼此竞争，缺乏同情心，拒绝权威，难以爱人。罪是如此之强，人难以杜绝。人有罪，但人的灵魂是上帝专门为每个人创造的，上帝的恩典可以救人。①

获得上帝的恩典的方式在不同的神学家那里有不同的解释。虔敬的、苦行的、理性的、认知的、预定的、为上帝服务的、神秘恩宠的等不同路径的诠释构成了神学思想史的一条主线。② 欧洲的文明正是在这样的主线下推进并"异化"于上帝，结果使自我彰显，理性高扬而构成如今的文明。

由于"人性"的"罪"，人与上帝的关系通过"约"而建立。人违背与上帝的契约而被赶出伊甸园。信仰性的"约"推行到社会，便是"法"。西方人的"法"的观念是独特的。"在英裔美国人中，有些人信奉基督教的教义，是出于他们对教义的真诚信仰，而另一些人信奉基督教的教义，则是因为害怕别人说他们没有信仰。因此，基督教可以毫无障碍地发挥支配作用，并得到所有的人承认。""因此，法律虽然允许美国人自行决定一切，但宗教却阻止他们想入非非，并禁止他们肆意妄为。在美国，宗教从来不直接参加社会的管理，但却被视为政治设施中的最主要设施，因为它虽然没有向美国人提倡爱好自由，但它却使美国

---

① ［美］M. J. 艾利克森著，［美］L. A. 休斯塔德编：《基督教神学导论》，陈知纲译，上海人民出版社 2012 年版，第 255—291 页。
② ［奥］弗里德里希·希尔：《欧洲思想史》，赵复三译，广西师范大学出版社 2007 年版，第 504 页。

人能够极其容易地享用自由。"①

　　人性理解与政治体制的关系，美国提供了实例。1776 年 7 月 4 日乔治·华盛顿大陆会议在费城发表了《独立宣言》，宣称：在世界各国之间，接受自然法则和自然界的造物主的旨意赋予的独立和平等的地位；人人生而平等，造物者赋予他们若干不可剥夺的权利，其中包括生命权、自由权和追求幸福的权利。杰斐逊也宣称，政府的"正当权力是经被统治者同意所授予的"。在这样的理念下，美国创立新的合众国，其特征是三权分立（由宪法规定的制衡原则）和联邦制。② 分权制指行政、立法和司法分权。政权组织形式为总统共和制，并以副总统辅之，下设几个行政部门。立法机关是参议院与众议院并设的二院制议会。司法机关以联邦最高法院为首下设控诉法院，地方法院及特别法庭。政府的权力有联邦政府、州政府之分，联邦政府的权力系以一州政府无法单独行使者为限，如课税、财政、国防、外交、货币银行、出入境管理、对外贸易、国民福利和邮政，以及科学艺术的发展援助等。美国逐步发展为以"法"为规则的社会，一个"法制"的社会形态。托克维尔1831 年在美国观察到，"不管一项法律如何叫人恼火，美国的居民都容易服从，这不仅因为这项立法是大多数人的作品，而且因为这项立法也是本人的作品。他们把这项立法看成是一份契约，认为自己也是契约的参加者"③。"在美国，几乎所有政治问题迟早都要变成司法问题。因此，所有的党派在它们的日常论战中，都要借用司法的概念和语言。大部分公务人员都是或曾经是法学家，所以他们把自己固有的习惯和思想方法都应用到公务活动中去。陪审制度更把这一切推广到一切阶级。"④

　　当代中国在学习西方的过程中，也建立了自己的法律体系。但是由

① ［法］托克维尔：《论美国的民主》（上卷），董果良译，商务印书馆 1988 年版，第339 页。
② ［美］L. 桑迪·梅塞尔：《美国政党与选举》，陆赟译，译林出版社 2017 年版，第 3 页。
③ ［法］托克维尔：《论美国的民主》（上卷），董果良译，商务印书馆 1988 年版，第275 页。
④ ［法］托克维尔：《论美国的民主》（上卷），董果良译，商务印书馆 1988 年版，第310 页。

于文化传统不同，"法"的观念是不同的。中国的"法"是"异常"性的，而不是常态性的，"法"是最后的底线。同样是"法治"，由于人性理解的不同，真实的"实践"是有差异的。

三 "人"的"心理"构成

芒斯特伯格在其著作《心理学与工业效率》中曾把工业活动的问题集中概括为三个方面：最合适的人、最合适的工作、最理想的效果。[①] 无论是组织的人，还是国家的人，人都是中心，"人"不仅是抽象的人，还是真实行动的人。人的心理构成是对"真实"人的具体把握。人的心理构成由下列三个系统构成。

（一）神经生理系统

大脑为中心的神经生理过程是人的心理活动的物质基础。神经生理系统指个体与生俱来的、稳定的、影响其心理活动的生理机制及其特征。按照巴甫洛夫的观点，个体之间的差异主要决定于大脑两半球的活动。神经活动过程的特征可以从强度、均衡性、灵活性和条件反射建立的特性等方面进行划分。由此，人的神经类型分为四种：兴奋型（又称不可抑制型）；抑制型（又称弱型）；活泼型（大脑神经活动强而均衡且又灵活）；安静型（神经活动强而均衡但不灵活）。由于神经类型的不同，有机体对压力的反应特性不同。近来的神经心理研究发现，人脑特殊的大脑区域的系统敏感性（不同人之间有差异）影响了人对环境奖励和威胁线索的反应。如发展心理学家提出了努力性控制（effortful control）的看法，努力性控制能够克服来自回避系统的冲动，为人提供充分的心理资源，同时抑制情绪，允许有机体计划

---

① ［美］丹尼尔·A·雷恩：《管理思想史》，孙健敏等译，中国人民大学出版社 2009 年版，第 221 页。

未来，把情境的复杂性考虑到行为决策中来。这类似自我控制，更像一个高层管理系统，让人克服冲动，从而有能力从事困难的、无兴趣的和不愉快的任务。接近和回避系统以及管理系统使人能够规划优先追求，称为人性生物模型的核心。[1]

神经生理系统是心理活动的物质基础，离开了神经生理系统，心理无从谈起。但是，应该指出生理机制不同于心理机制，不能把心理活动归结为生理过程。

(二) 心理内容系统

心理内容指个体拥有的言语符号—意义系统，包括动机、态度、价值观、信仰，其中主要成分是价值观，核心是信仰。

信仰是个体关于世界本质的终极性认识系统。在西方文化中，关于人的终极感有两个词：spirituality 和 religion。前者一般被理解为通过个体性（化）的神圣存在（如超自然力、上帝、超验现实）理解而追寻生命存在的终极意义，[2] 其心理表现为对人生意义、人生目的的认识；后者则指对神圣感问题的系统回答而形成的规范化的知识、仪式及相关行为系统。[3] 在汉语里，religion 的对应概念容易界定，即为"宗教"，而 spirituality 则极难给予准确的对应概念。有人翻译为"灵性"，但灵性的说法多了宗教性。这里给出一个中性的词语："终极信念"。生命终极观体现在这些问题上：人为什么要到世界上？将向哪里去？生命的起源是什么？生命的性质是什么？生命的目的是什么？生命的显著价值是什么？生命中什么是有意义的或有价值的？生活或生活的理由是什

---

① Charles S. Carver and Jennifer Connor-Smith, "Personality and Coping", *Annual Review of Psychology*, Vol. 61, No. 1, 2010, pp. 679-704.

② Paul Wink and Michele Dillon, "Spiritual Development Across the Adult Life Course: Findings From a Longitudinal Study", *Journal of Adult Development*, Vol. 9, No. 1, January 2002, pp. 79-94.

③ Eleonora Bartoli, "Religious and Spiritual Issues in Psychotherapy Practice: Training the Trainer", *Psychotherapy Theory Research and Practice*, Vol. 44, No. 1, 2007, pp. 54-65.

么？等等。①

公认的终极信念体系不仅决定该文明体中人的意义系统、认知和行为方式，也决定该文明体的社会结构和形态。如西方基督教信仰体系决定了西方长达千年的政教合一的中世纪宗教社会形态，其思想中的契约思想促进了现代西方的法制观念，对上帝的认知影响了西方职业精神、诚信观念等核心价值观。② 美国社会生活的各个方面，从自我观念、道德依据、市场经济，到民主与政体，无不有基督教的影子。③ 人的意义感根本性地为个体终极价值观所决定。④

价值观是人以信仰为基础的系统化心理内容，包括个体对自己、对他人、对社会等方面的看法。价值观为人的目标提供原则基础，它通过人的认知与经验形成，是选择行为的标准。价值观可能是下意识的，但常常比需要更容易唤起和表达。⑤

态度则是价值观与社会现象互动而产生的对人、事、物的具体看法，包括三个因素，即认知因素、情感因素和意向因素。认知因素指对态度对象带有评价意义的叙述，包括个人对态度对象的认识、理解、相信、怀疑以及赞成或反对等。情感因素指对态度对象的情感体验，如尊敬—蔑视、同情—冷漠、喜欢—厌恶等；意向因素是指对态度对象的反应倾向或行为的准备状态，即准备对态度对象做出何种反应。

心理内容的核心是终极价值观，中层是社会价值观，外层是一般的

① Bruce B. Frey et al., "Measuring a Dimension of Spirituality for Health Research: Validity of the Spirituality Index of Well-Being", *Research and aging*, Vol. 27, No. 5, 2005, pp. 556-577.

② [德] 马克斯·韦伯：《新教伦理与资本主义精神》，于晓、陈维纲等译，生活·读书·新知三联书店 1987 年版，第 58—68 页。

③ Richard Madsen, et al., *Meaning and Modernity: Religion, Polity and Self*, Berkeley and Los Angeles: University of California Press, 2002.

④ John T. Cacioppo, et al., "Sociality, Spirituality, and Meaning Making: Chicago Health, Aging, and Social Relations Study", *Review of General Psychology*, Vol. 9, No. 2, 2005, pp. 143-155.

⑤ Gary P. Latham and Craig C. Pinder, "Work Motivation Theory and Research at the Dawn of the Twenty-first Century", *Annual Review of Psychology*, Vol. 56, No. 2, 2005, pp. 485-516.

态度。终极观是世界观和生命观，往往由宗教信仰和哲学观决定，社会价值观是具体的社会观念，受终极观影响，但更为具体，一般的态度又由前两者决定。

心理内容有以下几方面的特征：第一，已有即现性，指心理内容基本成分先于环境信息而存在于个体身上，即现性则指具体的心理内容是在环境信息出现的时候才明确起来的；第二，组合形成性，指心理内容可组合相关心理内容而产生新的心理内容的性质，即个体能够在已有的心理内容基础上，组合形成一个新的心理内容；第三，复杂层次性，心理内容是有层次性的，有的心理内容的要素和含义少些，简单一些，有的心理内容的要素和含义多些，丰富一些。①

（三）认知系统

认知系统指人对事物认识的心理过程及相关心理活动现象，包括感知过程、记忆、思维过程等。按照心理学的一般观点，感觉是对事物个别属性的认知，如温度、气味；知觉是对事物整体属性的认识，如对苹果的感受；记忆是对事物属性的识记，分为短时记忆、瞬时记忆、长时记忆；思维是对事物进行分析综合，从而得出认知判断结果的心理过程，其中有分析、综合的过程。思维从不同角度有不同分类，如按照思维的创新性，可以分为一般思维、创造思维等类型。

西蒙提出有限理性（bounded rationality）理论。有限理性摒弃理性人假设，提出人因认知、任务等有限而使决策表现为有限理性。决策的过程是价值与事实，手段与目的有机作用的过程。决策过程更多的是启发式过程。现实中的决策往往通过再认（recognition）、启发式寻找（heuristic search）、模式识别（pattern recognition）、推断（extrapolation）等方式进行。②

---

① 景怀斌：《心理意义实在论》，暨南大学出版社 2005 年版，第 49—69 页。
② Herbert A. Simon, "Invariants of Human Behavior", *Annual Review of Psychology*, Vol. 41, No. 1, 1990, pp. 1–19.

在有限理性的基础上，出现了生态理性（ecological rationality）认知决策观念。Gigerenzer 基于进化论思想，提出 ABC（Adaptive Behavior and Cognition）决策理论。该理论认为，人类和动物既不是非理性的，又不是纯理性的，有限理性可使他们在现实环境中做出快速而节俭性的判断和决策，这对人的生存已经足够。判断和决策是否合理应该用现实的外在标准来判断，而不是用经典理性论所推崇的概率和统计标准来判断。人脑的生物和社会进化使得人具备了一套心理捷径，即一套能够做出快速反应的工具。基于生态理性的启发式决策有：基于无知的决策规则（如再认启发式）、单一理由决策规则（如最近启发式、最少化启发式）、排除规则（如排除归类法）及满意性规则（如抱负水准终止规则）。实验研究、计算机模拟、数学分析等证明，尽管这些决策是快速、节俭的，但其成效并不比多元回归和贝叶斯模型等传统决策方法的成效差。[1]

总之，个体的神经生理和心理内容、认知系统特征共同塑造了个体特征，使个体在认知、性格、能力等方面表现出独特性。如人格理论认为，性格具有理智特征，即性格中的理智程度；情绪特征，即性格的情绪特征；意志特征，性格表现中的意志程度和态度特征，即性格中的价值观方面的特征。

四　心理作用机制

人的心理是在特定情境化条件下，由个体已有的心理内容、认知系统、神经心理系统与环境信息互动而产生的结果，其作用过程如图 9-1 所示。

图 9-1 说明了个体认知的不同阶段。

---

① 刘永芳：《快速节俭启发式——相关争议与简短评论》，《心理科学进展》2009 年第 5 期；Gerd Gigerenzer and Wolfgang Gaissmaier, "Heuristic Decision Making", *Annual Review of Psychology*, Vol. 62, No. 1, 2011, pp. 451-482.

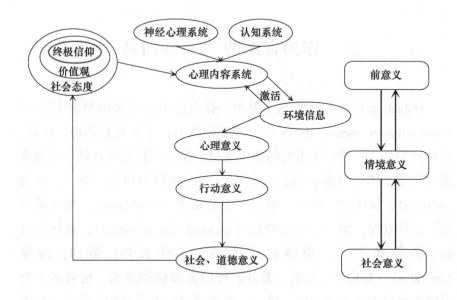

图 9-1 心理意义生成机制示意

第一，个体先在心理内容的选择。个体以信仰、价值观、态度为表征的心理内容系统在认知系统和神经系统等共同作用下，会先在地影响个体对外界信息的注意，决定个体对环境信息的解释。

第二，个体对选定的环境事件对象进行深度认知，对其进行心理反应，形成具有具体针对性的心理过程，可以称为"情境意义阶段"。

第三，个体的心理和行为反应与社会规则互动，成为具有社会价值或道德意义的心理反应，这些又对个体已有的心理内容进行反馈，产生社会评价作用。

它们循环式地沟通个体—社会（组织），激励或限制个体的社会行为，从而维持社会影响着个体，个体又对社会产生作用的开放、互动机制。

五　作为资源的"心理因素"

Hobfoll 曾借助经济学基本思想，提出压力的资源保护理论（the conservation of resource theory）。[①] 该理论认为，个体具有获得、保持、保护他们认为有价值的事物的基本动机，即心理资源的动机。心理资源可以是个体认为有价值的任何东西，可概括为四类：第一，物质（objects），如房子、汽车；第二，生活状态（conditions），如好的婚姻、工作状况；第三，个人特征（personal characteristics），如社会自信、高自我评价、积极的世界观、工作技能；第四，能量（energies），如信誉、知识、爱好。按照资源保护理论，面对如下情况时个体会产生心理压力：第一，资源受到失去的威胁；第二，失去资源；第三，进行心理资源投资而没有得到资源。虽然这个理论是讨论压力问题的，但也说明人的心理其实是种资源，是可以带来物质和心理产出的"无形资源"。

人的心理资源体现在以下方面。

第一，"人因"作为"工程"要素。人因工程（human factors engineering）也称为人类工效学（ergonomics），是研究如何使人—机—环境系统最佳匹配的学科分支。其重心是：其一，设计应符合人的身体结构和生理心理特点，以实现人、机、环境之间的最佳匹配。其二，使处于不同条件下的人能有效地、安全地、健康和舒适地进行工作与生活。如药物使用说明书如何使人更容易理解，就涉及人的认知规律。再如，仪表知觉设计的心理原理也是人因问题的一个方面。人因工程体现在设备设计、任务设计、环境设计、选拔、培训等环节。

第二，价值观。价值观有很多方面，Schwartz 归纳了十种价值观：

---

① Stevan E. Hobfoll, "Conservation of Resources: A New Attempt at Conceptualizing Stress", *American Psychologist*, Vol. 44, No. 3, 1989, pp. 513–524.

（1）自我导向（Self-Direction）：源自于控制和独立自主的需要，指行为和思考的独立性，体现为创造力、自由、自主选择目标等。（2）刺激（Stimulation）：维持积极、乐观的生活需要，体现在刺激、新颖和生活的改变中。（3）享乐主义（Hedonism）：来自个体满足和快乐的需要，表现为享乐、享受生活、自我放纵。（4）成就（Achievement）：根据社会的标准显示胜任工作的能力，例如成功的、有能力的、有抱负的、有影响力的，源自个体自我肯定需要及群体或集体互动的需要。（5）权力（Power）：指社会地位和名望及对他人和资源的控制，表现为追求财富和社会权利等，源自自我操控的需要和控制他人的互动需要。（6）安全（Security）：体现为安全、和谐、社会、关系的稳定，来源于个人和集体的需要，分为个人的利益和更广范围的集体的利益，表现在社会秩序、家庭安全、清洁等方面。（7）遵从（Conformity）：限制可能伤害他人和违背社会期望的行为和倾向，是个体禁止那些将会打扰和破坏友好交往和组织功能的行为倾向。该价值观主要强调的是在日常生活中与亲近的人交往的自我限制，表现为服从、自律、尊师敬长等。（8）传统（Tradition）：尊重，接受文化或宗教中传达的传统和理念。传统以宗教仪式、信念或行为准则等为存在形式，在个体身上主要体现为尊重传统、谦卑、奉献等。（9）慈善（Benevolence）：是指保护和提高经常与之交往的人的福利，起源于良好的组织交往、生物体联合的基本需要。强调自愿关心他人的福利，如：乐于助人、诚实、责任、忠诚等。（10）大同主义（Universalism）：表现为对于社会和世界的福祉及对自然的福祉的关注，重视社会正义、平等、世界和平、保护环境等。①

第三，能力。能力是个体顺利完成某种活动所必备的个性心理特征。能力和知识是有区别的。知识是个体经验的总结和概括，能力则是一个人比较稳定的个性心理特征，表现在人们掌握知识和技能的难易、

---

① 张敏、邓希文：《基于动机的人类基础价值观理论研究——Schwartz 价值观理论和研究述评》，《宁波大学学报》（教育科学版）2012 年第 1 期。

快慢、深浅、巩固程度以及应用知识解决实际问题等方面。能力和知识又是密切联系着的，能力是在掌握知识的过程中形成和发展的，同时，掌握知识又必须以一定的能力为前提。能力的核心是人的智力。智力（intelligence）基本可以理解为人适应、形成和选择环境的能力。20世纪早期的智力研究侧重于用测验、因素分析和统计的方式进行研究。现在一般认为，智力是有机整体，包括了言语的、逻辑数学的，空间、音乐、身体运动、人际关系的，内在个人的，自然的。每个人都有自己独特的能力结构和水平，都有各自的长处和短处。

第四，人格。人格是具有动力一致性和连续性的持久自我。人格有这样的特点：一是整体性，人格是人全部心身特征的反映，而不是心理的某一方面。二是相对稳定性和一致性。人格在时间序列上是相对稳定的，在空间序列上是一致的。三是形成的复杂性，作为个体的人格，其形成过程中既有先天的因素作用，又有后天的经历、社会活动的作用。人格理论分六大流派：行为—学习、精神分析、特质、认知、生物和人本。目前影响比较大的是五大理论：开放性（openness）：想象、情感丰富、审美、求异创造、智慧等；责任心（conscientiousness）：胜任工作、公正、有条理、尽职、成就、自律、谨慎克制等；外倾性（extraversion）：热情、社交、果断、活跃、冒险、乐观等；随和或宜人性（agreeableness）：信任、直率、利他、依从、谦虚、移情等；神经质性（neuroticism）：焦虑、敌对、压抑、自我意识、冲动、脆弱等。性格决定行为方式，进而影响工作。

第五，情感。在心理学中，情感与情绪是有区别的，情绪多指个体基本需求欲望方面的态度体验，而情感则多指社会需求欲望方面的态度体验。情感是人的精神活动的关键性动力因素，其作用尚未被现代心理学充分认可与解释。情感一方面显示了人的心理品质，另一方面也是活动的中介因素。由情感可以形成情感管理。情感管理是综合运用管理者和被管理者的情感体验规律进行的一种管理方式。情感管理在中国管理实践中有特别地位。这是因为中国传统文化是一种伦理型文化，伦理型文化本质上要依赖情感纽带来维系。

第六，心理资本。心理资本指促进个人成长和绩效的心理资源，是个体在成长和发展过程中表现出来的一种积极心理状态。与人力资本强调的"你知道什么"和社会资本强调的"你认识谁"不同，心理资本强调"你是谁"以及"你想成为什么"，其关注的重点是个体的积极心理力量和状态。心理资本体现在：在面对充满挑战的工作时，有信心（自我效能）并能付出必要的努力来获得成功；对现在和未来的成功有积极的归因（乐观）；对目标锲而不舍，为取得成功，在必要时能调整实现目标的途径（希望）；当身处逆境和被问题困扰时，能够持之以恒，迅速复原并超越（韧性）。心理资本影响的态度相关变量包括：工作满意度、组织承诺、工作投入、离职意愿、幸福感、心理授权、学习动机、下属对领导的信任、工作压力感；影响的行为相关变量包括：组织公民行为、工作不合规行为、犬儒主义、缺勤行为、工作搜寻行为、反生产行为、培训迁移行为、真诚的领导行为；影响的绩效变量包括：员工个体绩效、新创企业绩效（收入、员工成长）、高技术企业绩效、群体财务绩效、员工的创造力绩效和企业技术创新绩效。

总之，心理资源既体现为作为个人的品质资源，如能力、性格，也体现为与技术融为整体的资源，如工作认知、人因工程，还体现为与他人、组织活动的资源，如合作性、情感激发等。

六　作为社会问题的"心理疾病"

在现代社会，心理疾病越来越突出。以年龄标准化伤残调整生命年（DALYs，Disability-adjusted life year）衡量，1990—2019年全球健康状况虽然稳步改善，但心理健康问题越来越突出。2019年在10—24岁的青少年中，影响DALYs的主要原因包括三种伤害：道路伤害（第一位)、自残（第三位）和人际暴力（第五位）。10—24 岁年龄段与 25—49 岁年龄段中影响 DALYs 的前十名原因中有五种相同，分别是：道路伤害（第一位）、HIV/AIDS（第二位）、腰痛（第四位）、头痛（第五位）和抑郁症（第六位）。50—74 岁和 75 岁及以上年龄组中 DALYs 的主要原因是缺血性心脏病和中风。[1] 在青年和中年，心理疾病已成为伤残调整生命年的主要影响因素。

国际疾病分类第 10 版（ICD - 10）和 DSM-IV（美国精神疾病分类）、中国精神疾病诊断标准（CCMD-3）均给出了主要的精神疾病类型：器质性精神障碍、精神活性物质与非成瘾性物质所致的精神障碍、精神分裂症和其他精神性障碍、心境障碍（情感性精神障碍）、心理因素相关的生理障碍、人格障碍、习惯和冲动控制障碍、性心理障碍、精神发育迟滞与童年和少年期心理发育障碍、童年和少年期多动障碍、品行障碍、情绪障碍等。这还不包括程度较弱其他心理健康问题。

为什么现代社会心理疾病越来越突出？大致可以这样理解：其一，人的精神和物质特性，是人的心理或精神问题的存在诱因。人类特有的符号化自我意识使人具有天然和必然的意义性终极追求。人类特有的高级脑功能带来人特有的自我意识，即人能够以深度的、符号化的、比较性的方式对自己的心理、存在状态、行为因果关系等进行自我观察和思考。人的这些特性使人成为具有意义寻求（meaning-making）需要的动物。意义寻求可以理解为人对重要的或不重要的，真实存在的或虚构的事件的心理构建，这些构建决定了个体的生命感。但是，人的生命又是有限的。如此，人无限的精神世界与有限的生命就构成了精神困惑的总根源。无数的生与死、此岸与彼岸的追问就由此产生，生存焦虑与死亡恐惧由此而生。其二，人的理性工具与情感价值心理系统并不完全一致。理性工具心理系统指个体心理表现出的理性特征，即人的心理无论在内容还是形式上，都具有以效率、理性为标准或功能的特征。情感价值心理系统则是以终极观为核心的观念系统、认知过程和心理特征的现

---

① The Lancet：《2019 全球疾病负担报告》，《北美华人健康》2020 年第 5 期。

象。这两类系统具有天然的内在不一致性。随着社会的发展，理性工具文化越来越发达，这不断地、持续地挑战着人类早期文明形成的意义—情感精神文化。例如，早期人类生活中的巫术既有理性工具文化的东西，又有神秘的终极意义—情感精神因素。宗教发展和成熟后，宗教成为人类活动的核心，主导人类的活动。宗教本质上是以价值认定的方式解决人的终极依托，其本身不具有理性。如现代社会难以用"科学"的方式证明上帝的存在。这样，随着社会的发展，理性工具文化越来越发达，越来越排挤终极意义—情感精神文化。人类的情感精神文化越来越萎缩，精神焦虑越来越凸显。其三，在现代社会，人类的"我向关注心理取向"与"生存他向化"生存形态存在内在紧张。现代科学文明基本解决了人类生存的物质忧虑，把人从繁重的体力劳动中解放出来，为人们提供了大量的闲暇时间，这使得现代化社会是"我向关注心理取向"的社会。这就是说，人们对外部世界的关注程度和强度日益减弱，而对自我的关注日益增强——现代化社会肯定个人价值取向；现代人确立了"心灵优先"原则。在这样的时代背景下，社会逐步形成了尊重个人权利和尊重个人隐私的社会氛围，形成了"管好自己，对别人的事情少操心"的时代性心态；人的各种欲望得到了社会的默许和鼓励。传统单一的价值体系摇了，社会以最大经济利润为原则，鼓励人们取得各种各样的成就，调动人们各种各样的欲望。与此相反，现代社会的生存、生活越来越社会化了。社会分工越来越细，人们只有一技之长，只有依赖他人才能生存。自己没有土地可以养活自己，不能靠自己双手保暖自己，连我们的用水都要依赖专门机构。现代人的自我控制感越来越弱，自我有效性越来越小。人作为社会存在，要参照外面的世界来决定自己的生存方式。在一个封闭的传统社会，一百公里就是一个遥远的世界了。但在今天，诸如电视、计算机互联网等媒介，使天涯近在眼前。现代信息社会又使传播扁平化、瞬息化，天涯海角的生活事件与自己同步。人们以"他人"为生活参照，以"异常""非常规"的"新闻"为方式，框定自己的观念与行为。如此，心理的比较性被大大激发。外面的世界"很精彩",这无疑诱发了人的心理期望或欲望。其四,现代社会竞争激烈,生活节奏加快,人们始终处于应激状态,这对人的心理—生理机能的正常作用产生消极影响,成为导致心理问题的直接原因。如今,不断发展着的数字化传播技术正彻底改变着传统的以信息"把关人"为主要特征的主流传播形态,信息扁平化、在地化、负面化、可比较性更为突出,由此可以说,心理问题、心理疾病将可能更为严重。

心理疾病已成为现代社会不能忽视的问题,不仅影响个人作为"资源"的发挥,也影响个人生活质量,造成社会负担,甚至带来社会严重后果(如反社会行为)。对这方面的问题,个人要重视,社会要关注,国家也要视之为"社会问题",以公共政策的方式应对。

作为公共政策问题的"心理疾病",可以在这些方面采取措施:首先,公共政策的制定与执行要有心理健康因素,在教育、就业、住房等公共政策中,兼顾人们的心理状况。其次,有针对性的公共卫生政策,在对诸如抑郁症、自闭症等方面有专门的政策。最后,社会制度建设要注意建立以心理健康为底层的心理服务体系。

第十章　民心及其生成

我们要实现好、维护好、发展好最广大人民根本利益，紧紧抓住人民最关心最直接最现实的利益问题，坚持尽力而为、量力而行，深入群众、深入基层，采取更多惠民生、暖民心举措，着力解决好人民群众急难愁盼问题，健全基本公共服务体系，提高公共服务水平，增强均衡性和可及性，扎实推进共同富裕。①

"民心"是中国政治、国家治理的基本命题。传统的"民心"思想是在"王（皇）权"或"国家"视野下展开的，是"自上而下"的国家叙事。在这样的框架下，"民心"概念常常是泛指的、抽象的、模糊的、动态的。然而，"民心"作为"人民"（民众）之心，又是"自下而上"性的，是政情的、社情的、民意的。"民心"既是现代国家治理过程展开的心理基础，又是国家治理效果的体现。只有"自上而下"的国家治理视野下的"民心"与"自下而上"的民情民意"民心"之间良好互动、观照和适应，才能实现理想的以"民心"为合法性与有效性轴心的国家治理行动。

---

① 习近平：《高举中国特色社会主义伟大旗帜　为全面建设社会主义现代化国家而团结奋斗——在中国共产党第二十次全国代表大会上的报告》，人民出版社 2022 年版，第 46 页。

德是辅"，而且本身就是道德的最后根源和评判者——有德而有天命。"有德有命"便成为早期国家合法性的依据。而"德命"根本上是指向于"人"的。"天聪明自我民聪明，天明畏自我民明威"（《尚书·皋陶谟》），"民之所欲，天必从之"（《尚书·泰誓》）。《尚书·五子之歌》载大禹训示"民惟邦本，本固邦宁"。由是，"民本"思想成为中国传统国家治理的基本理念。

"民本"向"民心"的递进，离不开儒家思想的推动。孔子总结三代"德治"经验，提出了"仁政"愿景并以"仁心"为其思想基础。在孔子"仁政"框架里，德主刑辅，即所谓"道之以政，齐之以刑，民免而无耻；道之以德，齐之以礼，有耻且格"。在政治现实中，孔子主张以周礼为准绳，各守其位，各尽其职，和睦相处，形成不偏不倚的稳定社会秩序，实现"仁政"的美好愿景。[①] 孟子明确了"仁政"的实践或行动图式，他说："桀纣之失天下也，失其民也。失其民者，失其心也。得天下有道：得其民，斯得天下矣；得其民有道：得其心，斯得民矣；得其心有道：所欲与之聚之，所恶勿施尔也。民之归仁也，犹水之就下，兽之走圹也。"（《孟子·离娄上》）孔孟的"仁政"乃是起于悯安斯民的"仁心"，行于"安民""富民""教民"，达成"小康""大同"的治理过程。"德治"愿景与过程是以得"民心"为依据的。

与思想家的政治"理想"或"愿景"相比，政治家是从统治需要的角度论证"民本"的。"自武帝初立，魏其、武安侯为相而隆儒矣。及仲舒对册，推明孔氏，抑黜百家。立学校之官，州郡举茂材孝廉，皆自仲舒发之。"（《汉书·董仲舒传》）自此，儒家的德治、民本、民心理念得以政治制度化，成为中国传统国家治理的实践传统。唐太宗汲取历史经验，亦取儒家之道。"梁武帝君臣惟谈苦空，侯景之乱，百官不能乘马。元帝为周师所围，犹讲《老子》，百官戎服以听。此深足为戒。朕所好者，唯尧、舜、周、孔之道，以为如鸟有翼，如鱼有水，失

---

① 徐大同：《孔子仁政、德治、礼范的治国之道》，《政治思想史》2013 年第 1 期。

之则死，不可暂无耳。"① 朱元璋说："人者，国之本；德者，身之本。德厚则人怀，人安则国固。故人主有仁厚之德，则人归之如就父母。人心既归，有土有财，自然之理也。"② 在这些君王眼里，"民本"不是目的，而是国家治理的方式。

近代以来，西方列强以坚船利炮打开了中国的大门。中华民族救亡图存，开始了向西方学习，建设新型国家的历史征程。十月革命给中国送来了马克思列宁主义。中国共产党人建立了现代政党，探索形成了自己的"人民"政治理念、政治路线与国家治理模式。《中共中央关于党的百年奋斗重大成就和历史经验的决议》总结了中国共产党百年奋斗的历史经验，其中第二条为"坚持人民至上"——"党的根基在人民、血脉在人民、力量在人民，人民是党执政兴国的最大底气。民心是最大的政治，正义是最强的力量"。

中国共产党的"人民"政治理念具有时代性、政治性。毛泽东在汲取马克思主义思想的基础上，把从"国民"中分离出来的"无产阶级"概念与指向底层民众的"人民"概念予以对接，以工农为中心，逐渐形成了"人民"概念。毛泽东指出："我们共产党人区别于其他任何政党的又一个显著的标志，就是和最广大的人民群众取得最密切的联系。全心全意地为人民服务，一刻也不脱离群众；一切从人民的利益出发，而不是从个人或小集团的利益出发。"③ 习近平指出："人民是我们党执政的最大底气，是我们共和国的坚实根基，是我们强党兴国的根本所在。我们党来自于人民，为人民而生，因人民而兴，必须始终与人民心心相印、与人民同甘共苦、与人民团结奋斗。"④ 可以看出，中国共产党人的"人民"是主体的、主位的而不是辅助的、客位的。

---

① 《资治通鉴》卷192，中华书局1956年标点本，第6054页。
② 《明太祖实录》卷49，台北："中研院"历史语言研究所1962年版，第961页。
③ 《毛泽东选集》第3卷，人民出版社1991年版，第1094—1095页。
④ 习近平：《人民是我们党执政的最大底气》，《习近平谈治国理政》第3卷，外文出版社2020年版，第137页。

当代"人民"观具有突出的"民本"性和历史传承性。如果说传统皇权时代的"民本"是为了"国（皇权）"而要有"民"，那么中国共产党人的"人民"观则是为"人民"而有"国"；二者的国家治理功能不同。中国共产党人的"人民"观引领构建了人民民主的国家体制，传统的"民本"观在皇权国家体制中并不突出；再者，二者的主体程度不同。在传统的"民本"思想里，"人民"并非觉醒的群体，而是为皇权国家而生的"人"，而在"人民"观里，"人民"是国家的主人，是国家治理有效性的行动者、依靠者和公共政策的目标人群。

现代的"人民"观也同样直指于"民心"。"人民"是行动主体，"民心"则是支配这一行动主体内在的心理状态。"民心"是"人民"关于国家体制的认知，公共政策的评价，是国家治理方式的恰切性评价，是社会生活的满意度等。

三 民心的维度

在宏大的国家叙事框架下，"民心"一词，虽然视之皆知，但常常是泛指的、抽象的、模糊的、动态的。显然，这样的概念无法使社会科学的实证研究展开。在上述理论分析的基础上，可以给出民心的操作性界定——"民心"是民众对政府（国家）治理行为的政治性评价，它不仅是对政府治理的合法性、有效性评价，还是道德性评价；不仅是民众生存需要的政府满足反映，也是政治情感满足体现；不仅是民众对政府治理的外在性评价，还是对政府亲和性心理的展现。概言之，"民心"是民众与政府一体性的心理体现，是民众政治认知、情感、情绪、愿望、信念等与国家治理互动的结果。

"民心"发生在国家治理空间中。从国家治理要素看，国家治理是由治理者、国家任务（社会问题）、民众构成的复杂的行动空间。

从行动过程看，国家治理是治理者以政治理念为引导，以国家体制、制度为基础，以国家任务（社会问题）为问题，通过立法、行政、参与等过程而形成公共政策，并采用政治的、经济的、社会、道德的、法律、话语等政策工具，施之于政策目标人群的过程。由此，"民心"生成机制的理论模型可以概括为政策—民众—传播所构成的三维问题空间。

第一，国家政策能否满足人民的物质、精神需求，构成了"民心"生成的国家前提。现代社会，国家是"民心"生成的提供者或施动者：以古人言，"民心"体现在如《孟子·梁惠王上》所载"百亩之田，勿夺其时，数口之家可以无饥矣；谨庠序之教，申之以孝悌之义，颁白者不负戴于道路矣"。以现代政治话语来说，体现在"人民日益增长的美好生活需要和不平衡不充分的发展之间的矛盾"的解决程度上。无论是何种表述，"民心"的生成，关键都在于国家治理—公共政策满足人民物质需要和精神需要的程度，或者说，民心是公共政策带来的民众的受益感、获得感程度。

第二，民众的"心理"决定着他们对国家治理行动、公共政策的认知、解释与满足程度。人是以自己的方式认知、解释世界的。人的心理图式、解释框架决定了人希望什么、期待什么，尤其是政治理想。由此看，诸多的相关心理因素如价值观、认知方式、性格特征等影响着"民心"的生成。[①] 这些因素也是文化性的。如中国社会根深蒂固的"公平""大同"观就影响着"民心"的生成机制。民众的心理状态、价值观念系统构成了"民心"生成的心理基础。

第三，传播因素影响着民众的信息接收及意见互动。"民心"是传播、教化的。唐太宗说："若教以礼义，使之少敬长、妇敬夫，则

---

① Dennis Chong and James N. Druckman, "Framing Theory", *Annual Review of Political Science*, Vol. 10, No. 1, 2007, pp. 103-126.

皆贵矣。轻徭薄敛，使之各治生业。"① 毛泽东指出，"应该承认：有些群众往往容易注意当前的、局部的、个人的利益，而不了解或者不很了解长远的、全国性的、集体的利益。……因此，需要在群众中间经常进行生动的、切实的政治教育，并且应当经常把发生的困难向他们作真实的说明，和他们一起研究如何解决困难的办法"②。当今社会已是互联网时代，自媒体信息化形态使传统的媒体"把关人"的作用大大降低，参与式信息接收与传播已成为趋势。民心的传播形成机制更为多样。

四 "民心"的生成机制

基于"民心"生成的政策—心理—传播三维理论模型进行问卷调查，4203 个样本统计显示，"民心"是包含国家治理满意、政党认同、德性政府、物质需求满足、安全需求满足等要素的心理图式，与国家治理的合法性与有效性评价、政府信任高相关，印证了"民心是最大的政治"的基本判断。"民心"受传统政治文化、国家认同、政策受益感显著影响；与政治思维、中华民族共同体意识、牺牲精神、亲社会观念、信心呈显著正向关系；与儒家终极观、物质主义、平等意识、科学态度等呈显著负相关；政策受益感、政府信息、政府信息信任具有调节作用。"民心"的生成机制可以概括为：政策受益感×国家政治价值观×政府信息。

第一，"民心"是复合性心理图式。

因素分析显示，"民心"由治理满意感、政党认同、德性政府、物质需求满足、安全需求满足等要素构成的。这提示，可把"民心"视

---

① 《资治通鉴》卷 196，中华书局 1956 年标点本，第 6181 页。
② 毛泽东：《关于正确处理人民内部矛盾的问题》（1957 年 2 月 27 日），《毛泽东文集》（第 7 卷），人民出版社 1999 年版，第 236 页。

为由多维度意义构成的心理图式。心理图式指人在与环境互动中通过经验积累而形成的、与某些概念相关的一组认知结构，使个体对环境信息产生自我性的结构认知与意义生成。① "心理图式"影响着人们对信息的知觉，决定人们能够"看到"什么，补充缺失的"信息刺激"，使信息意义化，加速信息加工过程。② 图式往往以特殊片段记忆样例，抽象的语义记忆中的一般知识类型或原型，程序化记忆系统的自动化信息加工专门技术发挥作用。③ 这意味着，与"民心"五个维度相关的历史事件、名言、政府行为，如"仁政""大同""小康""德治"，尧舜、有为帝王等均可能起到唤醒"民心"的作用。

第二，"民心"是国家观念性质的。

政治文化、政治思维、中华民族共同体意识、国家认同等与"民心"高相关，且它们的标准化回归系数值大。这提示了"民心"的国家观念属性。

第三，"民心"不是经济、社会地位决定的。

"民心"与 GDP、人均可支配收入、SES 相关不高，甚至是负相关，说明"民心"不是由经济收入、社会地位决定的，甚至相反。可能的原因是，"民心"固然是政策受益感的，但也是价值观性的，民众的认知、价值评价作用很大。越是收入高，社会地位高的民众，可能其价值观的多元性、批判性越强，致使他们对国家治理行为的批判性越高。

第四，政策获得感调节着多种政治观念对民心的影响。

政策受益感减弱了传统政治文化、政治思维方式、中华民族认同、国家认同对"民心"的正向作用，强化了儒家终极价值观、物质主义、

① S. L. Bem, "Gender Schema Theory: A Cognitive Account of Sex Typing", *Psychological Review*, Vol. 88, No. 4, 1981, pp. 354-364.

② D. N. McIntosh, "Religion as Schema, with Implications for the Relation between Religion and Coping", *International Journal for the Psychology of Religion*, Vol. 5, No. 1, 1995, pp. 1-16.

③ M. Bracher, "Schema Criticism: Literature, Cognitive Science, and Social Change", *College Literature*, Vol. 39, No. 4, Fall 2012, pp. 84-117.

平等意识、科学技能等对"民心"的反向作用，说明政策受益感一方面是"民心"的决定性影响因素，另一方面也调节着相关变量的作用方向与大小，构成"民心"生成的政策外在条件。

第五，政府信息来源、政府信任调节若干变量对"民心"的影响。

政府信息来源、政府信息信任弱化了政治思维方式、国家认同、牺牲精神、科学态度对"民心"的影响，信息来源与这些变量共同影响"民心"；信息信任（政府）弱化了政治思维方式对"民心"的影响，强化了科学知识对民心的关系，削弱了平等意识对民心的负向影响。这些说明了传播对"民心"形成的重要性。

第六，儒家终极价值观的作用很特殊。

儒家终极观与政治文化、政治思维、民众认同、国家认同、牺牲精神、亲社会行为等都是高相关的，但在回归模型中儒家终极价值观与民心的关系则呈现出负相关。这意味着，有其他效应调节了儒家终极观的作用。统计发现，儒家终极观对"民心"的作用，受政策受益感调节——政策受益感越大，儒家终极价值观的作用越小，出现了政策受益感替代儒家终极观对"民心"作用的现象；政策受益感越小，儒家终极价值观作用就越大，出现了儒家终极观对"民心"影响替代了政策受益感。这说明，儒家终极观对"民心"发挥根基性作用。

第七，"民心"的人口学变量影响不突出。

回归分析显示，人口学变量的模型仅能解释"民心"总变异量的1.6%，但男性、党员身份对"民心"有所影响。这虽然说明"民心"受性别、政治面貌影响，但总体作用并不突出。

第八，"民心"与现代西方观念有不一致的地方。

"民心"与物质主义、平等精神负相关，与科学知识、科学态度等负向影响，说明二者不是同步关系。这提示，"民心"观念具有文化性，是价值观性的，无法以科学观代替民心的政治性。

统合上述关系，可以整合出"民心"生成机制，如图10-1所示。

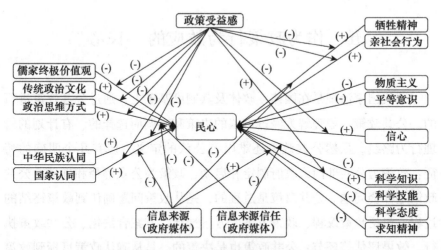

图 10-1 民心生成机制修正模型示意

从图 10-1 可以看出。

第一，对"民心"有显著影响正向作用的价值观因素为：政治文化、政治思维；中华民族认同、国家认同；牺牲精神、亲社会观念、社会信心；此外，科学技能水平也有作用。

第二，对"民心"有显著影响负向作用的价值观因素为：儒家终极观、物质主义、平等精神、科学知识、科学态度、求知精神。

第三，对"民心"显著价值观因素有调节作用的变量为，政策受益感、政府信息来源、政府媒体信任。它们调节着这些变量对"民心"的影响程度。

第四，如果把价值观因素视为心理综合作用，"民心"的形成机制可以概括为政策—心理—传播三维结构。这意味着，在政府信息来源与政府信息信任的传播环境下，公共政策的受益感调节了民众的国家观念、政治观念、亲社会观念、科学素养等心理，共同决定着民众的"民心"强弱。

五　作为政策行为效应的"民心"

现代国家治理是在国体、政体及其制度基础上，通过公共政策进行的。公共政策一般理解为经过审慎的决策和协调而选择的、有计划的管理行为路线。虽然公共政策还难以有公认的定义，但有几个明确的特征：政策为公共部门或政府制定和启动，政策为公众解释和推动，公共政策是社会问题。公共政策是过程的，是从政策问题确认到政策终结的过程，包括政策议程、政策方案、方案选择、方案合法化、公共政策执行、效果评估等环节；公共政策也是决策的，是从确认政策目标到政策方案抉择的过程。公共政策过程是在社会问题情境下决策者—问题—民众的行为集合、整合与引导过程。公共政策是在国家体制、公共问题和社会相关参与力量共同作用下形成的，也是政治的、经济的、文化的过程，受限于体制（包括政体、行政体制和各种制度），也受民众影响。

公共政策目标人群的政策体验便是"民心"。公共政策是有特定对象的。例如教育政策指向于特定的受教育人群，住房政策也指向于特定的需要人群。"民心"是民众对国家治理政策、方针、措施等的认同与情感体验。

进一步看，"民心"实际上是"人民"的政策行为效应。政策行为效应首先体现在人民对政策的合法性与有效性评价上。中国的合法性更多属于"正当性"认同，即民心性认同——它不是法律形式的，而是心理性的：一是对政权的认可，民众在心理上接受政权，承认其行使国家权力的正当性；二是遵从，民众对政权暴力的、社会的、文化的管治措施表现出遵守；三是亲和，民众主动地与政权管治接近，产生融合行为。有效性则是国家应对社会问题、满足人民需求的有效程度，也体现在三个方面：一是投入效益，即国家投入最小而获益最大；二是问题解决，即国家任务、社会问题和民众需求的有效解决程度；三是满足安全需要，即国家能够提

供满足全社会物质和生存方面的需要。合法性与有效性不是必然的合力关
系，合法性不一定必然带来有效性，而有效公共行政在一定的时候甚至会
消解国家或治理行为的合法性。① 民众的政策行为效应体现着政策带来
"获得感"和"欣慰感"。公共政策的"人民"则是"具象的民众"，是常
规国家治理行动中的目标人群。民众的"获得感"与"欣慰感"是作为
制度的公共政策与民众的民情、民意等心理互动的结果。"民心"的获得
也可以通过政治宣传、社会心态引导而达成，但根本上看，"民心"是国
家治理所采用的政策给人民的"获得感"和"欣慰感"。

概言之，"民心"是抽象的"人民"理念与具象的公共政策目标人
群的利益、期待的对接或契合程度——若"人民"理念的政策能够很
好地在目标、方式方面与政策的目标人群契合，便带来"民心"。否
则，即使"人民"理念被抽象强调，公共政策制定、执行与"人民"
的目标人群有偏离，亦不能获得"民心"。

---

① 景怀斌：《政府决策的制度—心理机制》，中国社会科学出版社 2016 年版。

第十一章　社会激励机制

　　臣闻赏罚者，人主御天下之操柄也。得其操柄，死命可致，天下可运之掌；不得其操柄，百事具废，欲治得乎？故明主慎之，至亲不可移，至仇不可夺，有功必赏，有罪必诛；然必称天以命之，示非私也。臣下视之，不饰虚誉，不结援党，不思贿托，惟勉忠勤，死不敢易，欲不治得乎？今或不然，凡饰誉、援党、贿托，讥谗不及，必获显擢，无不如意。凡尽忠勤职，即讥谗猬集，黜辱随至，无不失意。以此操柄失御，人皆以奸结巧避为贤，孰肯身仕国家事哉？臣不能枚举，姑以先朝末年陛下初政一事论之。①

　　王阳明的这份奏疏强调，赏罚是君王管理国家的核心方式。若运用恰当，则国家处于良好状态；若运用不当，则导致国家灭亡。赏罚的最好方式是制度化的，是能够排除个人情感和亲疏关系进行奖惩的。同样道理，现代国家要有成长力，就需要调动全体人民的积极性。这即是通过社会激励机制而实现。

一　激励与激励物

　　激励有狭义和广义之分：狭义的激励指工作活动的推动和引发过

---

　　① 《王阳明全集》卷39，上海古籍出版社1992年版，第1460—1461页。

程；广义的激励则指运用各种有效手段激发人的热情和主动性，发挥人的创造精神和潜能，朝向组织所期望的目标而努力的心理过程。工作激励（work motivation），即一系列来自个体内部或外部互动的力量，它们决定个体或群体的工作行为形式、方向和持续时间。①

从心理学看，激励是通过调动和满足人的需要而进行的，此所谓"最有效的激励来自人的内心"。激励的诱因称为激励物，有这样一些。

（1）物质。如金钱、物品等。这是最常见的激励物，主要满足个体的生存需要。在经济学看来，永恒不变的激励是金钱。

（2）福利性激励物。狭义的福利指为帮助特殊社会群体，特别是为弱势群体提供的物质和服务上的救济；广义的福利指促进和实现人类共同福利的措施，包括社会保险、社会救助、教育政策等。

（3）成就激励物。指能够施展人的才能，做出社会认可和期望的成就的机会、名声和物质报酬。

（4）社会激励物。指层级性的名誉、社会地位等。最大的社会激励是社会流动。社会流动指个体从下层社会地位向上层社会地位变化的过程。如古代科举制度，若科举考中，则有地位、官职、名声的变化，是当时最重要的社会激励物。

一般来说，激励的来源是多样的，其作用方式也具有多样性，物质有激励作用，精神同样有激励作用。激励也是动态的。个体对不同激励源的敏感性有差异，个人解释认知激励物在不同时空之中也是不同的。

现代管理心理学形成了诸多激励理论，如归因理论、公平理论、需要层次理论、诱因理论、双因素理论、期望理论等。激励理论有三个视野：内容视野，即从人的心理需要的具体内容讨论如何激励人。代表性理论有需要层次理论、成就动机和权力动机等；过程视野，从激励的发生过程讨论影响或决定激励的理论。代表性理论有强化理论、目标理论

---

① Gary P. Latham and Craig C. Pinder, "Work Motivation Theory and Research at the Dawn of the Twenty-first Century", *Annual Review of Psychology*, Vol. 56, No. 2, 2005, pp. 485-516.

和公平理论；综合视野，从内容与过程结合及其综合因素等角度讨论激励问题。总的来说，激励理解越来越综合化，目标设定、社会认知和组织公平被整合，认知、情感与行为在激励中的互动作用被认可，文化的作用和工作的特征，以及二者的匹配越来越被重视，不同理论之间的对抗转变为不同理论的整合与互补。①

从国家治理层面看，激励不仅仅是个体的，还是社会的，更是政策的，要在政策机制方面进行讨论。

二　社会激励的文化性

西方现代社会的职业激励受新教伦理的影响。根据韦伯的考察，马丁·路德在翻译德文《圣经》时，使用了德语 Beruf（职业、天职），即英语的 calling（职业、神召）一词，含义是"上帝安排的任务""终生的任务""人不得不接受的，必须使自己适从的、神所注定的事"。韦伯认为，这个含义在原《圣经》和其他民族文化传统中，甚至德国都是没有的。路德之所以如此界定，与路德本人的神学思想有关——世俗生活同样有价值，人要完成个人在现世里所处的地位赋予他的责任和义务，人应通过工作而不是苦修得到上帝的恩典和成为上帝的选民，每一种正统职业在上帝那里都具有同等价值。这便是他的天职。这成为新教伦理的核心：生命是上帝创造的，上帝安排了一切，包括婚姻和职业。上帝会给你安排一个职业，或者你可以通过祷告请求上帝给你安排一个可以荣耀上帝的职业。这样的思想迅速成为新教徒的价值观，成为促进资本主义发展的精神动力。②

新教伦理与美国实用主义的结合，促成了美国成就主义价值取向。

---

① Gary P. Latham and Craig C. Pinder, "Work Motivation Theory and Research at the Dawn of the Twenty-first Century", *Annual Review of Psychology*, Vol. 56, No. 2, 2005, pp. 485–516.

② ［德］马克斯·韦伯：《新教伦理与资本主义精神》，于晓、陈维纲等译，生活·读书·新知三联书店 1987 年版，第 58—68 页。

美国是移民社会，欧洲大陆的许多传统在这里失去原有意义，移民们在生存探索中寻找发展道路，出现了实用主义。实用主义的方法不是什么特别的结果，而是一种态度，不是去看先在的事物、原则、范畴和假定，而是去看最后的事物、效果和事实。这样的哲学精神与新教伦理结合，形成了美国式成就主义价值取向。美国人坚信，一个人的价值就等于他在事业上的成就，人们应以自己的成就获得金钱和社会地位。其核心是个人中心主义，提倡个人至上、追求个人利益和享受，强调通过个人奋斗、实现个人价值，具体体现在：工作和财富观认为工作是上帝安排人做的一件事情。虽然人是有罪的，但人是可以完美的，可以通过自己的努力在上帝面前脱掉罪恶，最终得到完美；竞争观，认为人在上帝面前是平等的，但不是所有的机会平等地分配到每一个人，人要通过自己的努力，主动获取发展的机会，这要通过公平竞争而实现；时间观念，时间是有限的，要在有限的时间内完成这些事情，就需要自己的努力。

这些观念带来压力性竞争，完美主义带来进步观，个人主义带来控制观取向，平等观带来权利距离低、排斥权威等，也使美国社会的压力表现出需求—控制（demand-control）模型，努力—回报不平衡（effort-reward imbalances）模型。①

比照而言，中国传统的社会激励属于另一种文化类型。儒家文化有突出的伦理性，其成就指向是道德的。儒家虽然提倡"开物成务"，但重心是人的道德修为和社会秩序。然而，这不是说儒家的成就动力弱，而是目标指向于自我努力，展现和发展人的道德。此外，成就追求也具有家族性，光宗耀祖成为人社会追求的强大动力。

时代在发展，当今中国的社会形态已经不同于历史上的中国，应提倡新的职业或成就追求。应从儒家思想转换发展出中国式的成就追求或职业精神，其基本理路为：人为自然精华，万物之灵秀，有高度发达的

---

① Michael Peterson, John F. Wilson, "Work Stress in America", *International Journal of Stress Management*, Vol. 11, No. 2, 2004, pp. 91–113.

大脑，有高级自我意识，能够使用符号语言，不同于一般动物；人本性上是可以自我管理的，人的发展是可能的；人为自然精华，意味着人性为善的，发展"善"是人的生命之职；人之灵秀，意味着人有天生的代天理物的生命责任和社会责任，通过"做人""做事"而实现。"做人"是使自己成为社会伦理认可的、有德性的人。"做事"是在事业上成功、发展。通过利于社会、他人的成就而取得社会地位；职业是体现人之灵秀、善的场所，是做人、做事的场所，本身就是有生命价值的，而不仅仅是生存手段；职业有契合性，好的职业不是地位和金钱，而是人的素质与岗位的匹配；职业有发展性，当前的职业构成了下一人生环节的基础。[①]

三　社会激励的内容

社会激励是指为引导社会成员的社会行为或价值观，社会或国家按照一定激励标准将社会资源分配给社会成员的过程。符合社会倡导的社会行为，社会将予以激励，即分配给该社会成员以较多的社会资源。广义的社会资源包括物质性的，如金钱、物品等，也包括精神性的，如荣誉、地位等。

社会激励机制是一套明文或文化性制度，其作用过程为政策引导、民众行动、社会评估、回馈、政策效应。其本质是政策—制度性的（如政策性的制度、文化性的社会常模）。它是基于某种公平的原则，付出与获得对应的制度性安排，以物质+声望+阶层上升的方式实行。如东汉刘秀时期的社会激励机制为：对官吏，以封侯加官安抚功臣；用赐爵、增秩、赏物等办法激励贤能官吏；礼遇有功之臣；对士人，制定人才选拔标准；表彰隐士；对民众，旌表孝悌，引导社会风气；表彰妇女贞节等。

---

① 景怀斌：《公务员职业压力：组织生态与诊断》，中央编译出版社 2011 年版，第 248 页。

社会激励机制受几大因素影响。

(一) 人生动力

人生动力是基于生命意义和价值的自我成长力量。在这样的动力驱动下，个人会觉得生命是有价值的，是能够克服困难的，是自我驱动成长的。

人生动力虽然是个体的，但来自文化信仰。信仰一般被理解为通过个体性（化）的神圣存在（如超自然力、上帝、超验现实）理解而追寻生命存在的终极意义，[①] 信仰是文化共享的，给定了人生意义、人生目的。

信仰的激励作用是巨大的，西方的殉道士为了信仰而主动走向死亡，革命者为信仰而甘愿付出生命，这些都是信仰的力量。信仰性激励是自主的、能动的、内在深层的、根本性的激励，是最有持久效力的激励，是国家、民族的成长动力。

(二) 成就动机

成就动机指人追求超出一般人价值的心理动力，是激励机制之所以发挥作用的心理基础。心理学家麦克利兰（David McClelland）认为，人有成就需要、权力需要和情谊需要。成就需要（need for achievement）指人追求卓越、实现目标、争取成功的需要；权力需要（need for power）是控制、影响他人的需要；情谊需要（need for affiliation）是建立友好和亲密的人际关系的欲望。其中，成就需要是与绩效密切关联的。一些人有获得成功的强烈动机，他们追求的是个人成就而不是成功的报酬本身，具有使事情做得比以前更好或更有效率的欲望。权力需要是影响和控制其他人的欲望，具有高权力需要的人喜欢承担责任，努力影响他人，喜欢处于有竞争性和重视地位的环境。与有效的绩效相比，

① Paul Wink and Michele Dillon, "Spiritual Development Across the Adult Life Course: Findings From a Longitudinal Study", *Journal of Adult Development*, Vol. 9, No. 1, January 2002, pp. 79-94.

这样的激励下人可以为国家民族命运而奋斗、而献身。

四 古代社会激励机制

在中国历史上，有两个社会激励机制值得阐述，一个是军功激励，一个是科举激励。它们分别形成于不同的历史时期，都发挥了极大的国家治理功能。

（一）军功激励机制

秦孝公任用商鞅，开展变法，实施按军功赏赐的二十等爵制度。《汉书》卷一九上《百官公卿表上》载："爵：一级曰公士，二上造，三簪袅，四不更，五大夫，六官大夫，七公大夫，八公乘，九五大夫，十左庶长，十一右庶长，十二左更，十三中更，十四右更，十五少上造，十六大上造，十七驷车庶长，十八大庶长，十九关内侯，二十彻侯，皆秦制，以赏功劳。"这也是商鞅变法（《商君书·境内篇》）军功爵制改革的主要内容，但也有学者认为，二十级军功爵很可能是在秦统一六国后才固定下来的制度。[①]

二十级军功爵制度中，不同级别的"待遇"是不同的。

斩获"甲士"（即披甲勇士，军中精锐前锋）一个首级，可获得一级爵位（公士）、田一顷、宅一处和仆一人。第三级为簪袅，可享有精米一斗、酱半升、菜羹一盘、干草半石。第四级为不更，可免充更卒（轮流服役的兵卒），但其他之役仍须照服。第九级为五大夫，可享衣食三百户的租税；若军功杰出，衣食六百户的，可以养士（自己的家臣与武士）。大庶长、右庶长、左庶长、驷车庶长职爵一体，既是爵位又是官职。大庶长赞襄国君，相当于早期丞相。其中，右庶长为王族大臣

---

① 朱绍侯：《军功爵制在秦人政治生活中的地位》，《河南师大学报》（社会科学版）1980年第6期。

领政，左庶长为非王族大臣领政，驷车庶长则专门执掌王族事务。四种庶长之中，除了左庶长可由非王族大臣担任，其余全部是王族专职。商鞅变法之后秦国官制仿效中原变革，行开府丞相总摄政务，各庶长便虚化为军功爵位，不再有实职权力。第十九级为关内侯，位于彻（列）侯之次，有其号，无国邑，对立有军功之将的奖励，封有食邑，有按规定户数征收租税之权，可世袭。第二十级为彻侯，金印紫绶，有封邑，得食租税。

秦制与激励相对的方式是惩处，主要形式有：鞭打，最轻的处罚，数量不一；肉刑，伤害人的肢体，使人残废；刖刑，把罪犯的脚砍下来；黥刑，在罪犯脸上刻字；劓刑，把罪犯的鼻子割下来；宫刑，把罪犯去势；赐死，是惩处高级军官时常使用；生埋，也叫坑之，即把人活埋；车裂，把人四肢分别绑在几辆车上，撕裂；弃市，在闹市斩首，还要陈尸数日，不准罪犯家属收尸；腰斩，把罪犯拦腰砍成两半；株连，士兵几人一组。一人犯法，一起惩处。军人犯罪，家属连同处罚。

秦孝公之时，以军功赏赐二十等爵制度为重要内容的变法（商鞅变法还包括，废井田、重农桑、奖军功、实行统一度量、建立县制），已有巨大成效。"秦孝公据崤函之固，拥雍州之地，君臣固守而窥周室，有席卷天下，包举宇内，囊括四海之意，并吞八荒之心。当是时，商君佐之，内立法度，务耕织，修守战之备，外连衡而斗诸侯。于是秦人拱手而取西河之外。"（《史记·秦始皇本纪》）给予与惩处是构成激励的两个方面。这些成为国家制度，构成了社会激励机制，对于国家的发展、壮大有动力作用。

（二）科举激励机制

国家治理需要优秀人才来执行与推动。如何选拔优秀的国家治理人才，不仅是国家治理的重要方面，客观上也是社会激励机制，构成社会的成长动力机制。科举制度就是具有双重功能的激励制度。

中国有悠久的"选贤任能"传统。夏商周的世卿世禄制度，属于世袭制。春秋战国以改革官吏任用制度为核心的变法运动，使世袭制有所削弱。秦王朝建立了严密的行政制度，以军功、入粟拜官、世袭制等方式选拔官吏。汉初出现了短暂的"布衣将相"之局，实行二千石以上高官任职满三年以上可以保举子、侄一人为郎官的"任子制"，几乎又回到了世袭制的旧轨。"夫长吏多出于郎中、中郎，吏二千石子弟选郎吏，又以富赀，未必贤也。"汉武帝实行以通晓儒学经典为标准的察举制度，以限制世袭任官特权，同时也部分地保存了任子制度。察举制度缺乏操作性客观标准，举荐权又掌握在各级官僚权贵手中，遂逐渐形成世家大族把持乡举里选、垄断仕途的局面，败坏了政治风气。魏晋南北朝时期，门阀贵族凭借政治经济上的特权，操控国家政治，并利用九品中正制垄断了对官吏的选举。

针对这些弊端，隋朝开始确立科举制，但科举选士规模甚小。唐朝是科举制的发展期，实行一级科名制（分为明经、进士诸科），及第者即获得授官资格，但要经过吏部的选试才能做官，初授官的品秩很低，大都是从九品的县尉之类。宋代科举制逐步成形，科举的官员制度化最有代表性的是明代。

明代洪武十五年以前，荐举是主要的人才选拔途径。洪武十七年（1384）明太祖正式颁布《科举程式》，标志着明代科举制度化的确立，人才选拔途径进入科举、荐举二途并用时期。永乐以后"科举日重，荐举日益轻，能文之士率由场屋进以为荣"，而荐举一途"久且废不用矣"。永乐以后直到明朝灭亡，取士遂专用科举一途。与科举考试的内容相统一，朝廷形成了"非进士不入翰林，非翰林不入内阁，南、北礼部尚书、侍郎及吏部右侍郎，非翰林不任"。[1]

明代的科举考试分为三级。县、府两试属于初选，录取者不授予功名，只是取得继续考试的资格。院试由省学政分片到指定的府主持的考试录取者称为生员，俗称秀才；省级举行的考试称为乡试，录取者为举人，第一名称为解元；在中央级举行的考试有两次，先由礼部举行会

---

[1] 《明史》卷70《选举志二》，中华书局1974年标点本，第1702页。

试，录取者为贡士，第一名称为会元，然后在宫廷内举行殿试。凡参加殿试者，均为进士，又按成绩分为三甲。一甲取三名，头名为状元，第二名为榜眼，第三名为探花，均"赐进士及第"。二甲若干名，"赐进士出身"；三甲若干名，"赐同进士出身"。除一甲直接任职外，选择少量优者入翰林院庶吉士，继续深造，以培养高级官员。其他进士再经一次朝考后，由吏部安排官职。

明代的科举功名除保留了前代的进士功名外，还增加了举人和庶吉士的功名，确立了学校功名"生员"和"监生"。作为科举功名的重要补充，士子只要获得"生员"和"监生"的身份，就成为终身固定的资格，并享有以下待遇：生员不仅在衣冠上与庶民有了明显区别，可享有"免其家二丁差徭"的优待，而且可充贡升入国子监成为监生，而监生不同于前代，获得了当然的选官资格。洪武时期，监生就已成为朝廷选官的重要来源之一，有些还超擢为高级官员。如洪武二十六年十月，一次就超擢监生刘政等 65 人分别为各省方面官。永乐以后，岁贡和举人监生更成为朝廷选官的最主要来源。中叶后，明代官学教育更是取得了远迈前代的成就。国子监监生坐监制度、历事制度以及地方和军队儒学的岁贡制度、提学制度等就先后经过多次修订，保证了学校教育能够大致在朝廷划定的轨道上有序运行。洪武十五年定天下府、州、县学粮为三等："府学一千石，州学八百石，县学六百石，应天府学一千六百石。各设吏一人，以司出纳。师生月给廪膳米一石，教官俸如旧。"把地方儒学的办学经费纳入国家财政的正常开支范围之内。明中叶后，各学又普遍增置学田，进一步增强了办学的经济实力。①

明代科举考试内容专取《四子书》及《易》《书》《诗》《春秋》《礼记》五经命题试士。洪武十七年（1384）颁布的《科举程式》明确规定了考试的标准答案：《四书》用朱子集注，《易经》用程朱和朱子

---

① 郭培贵：《明代科举的坚实基础——官学教育的发展特点及其经验教训》，《中国文化研究》2009 年第 2 期。

本义,《尚书》用蔡氏传及古注疏,《诗经》用朱子集传,《春秋》用左氏、公羊、谷梁三传及胡安国、张洽传,《礼记》用古注疏。永乐时又颁布《四书五经大全》,成为国子监和府州县学的统编教材以及科举头场的标准答案。

由于明代科举取士和学校教育的紧密结合,为求仕进,入学读书便成为明代士子的必然选择。大批读书人涌往学校,又促进了明代学校教育的兴盛。"明代科举视前朝为盛"而"学校之盛,唐、宋以来所不及也"①。弘治时,全国府、州、县学各自拥有生员的数量大致平均在二百人上下,依此计,则全国生员当在三十万人左右。永乐元年,又增设北京国子监,由此形成南、北两京国子监并立的体制,且至明末再未发生变化。永乐二十年,两监在监监生高达一万五千余人,成化元年,更高达一万九千余人;规模之大在中国古代仅次于东汉太学,而其规范程度却远远超过了东汉太学。

尽管明代的科举制度在参试范围、考试内容和录取除官等方面有诸多弊端,但鼓励公开、平等竞争,择优选取人才的方式,和当时其他选官制度相比,有不可取代的优越性,为明朝输送了大批优秀人才充实到各级政权中。明朝共取进士24503人,约占人口比例为万分之4.2。明朝河南共举行91科乡试,取中举人约6946人。这些人来自社会各阶层,不乏贫寒子弟。许多贫穷家户也节衣缩食送子弟就学,于是导致各类学校的大量兴办。就河南而言,省有官办的贡院设于开封,下属各府、州、县的官办儒学计有113所,其中59%是明朝时新创建的。这种"学校—科举"培养选拔人才的模式,标志着我国古代在选官制度上所达到的最高水平。② 科举制度是功能巨大的社会激励机制。明代国祚276年,科举制度居功至大。

---

① 《明史》卷69《选举志一》,中华书局1974年标点本,第1686页。
② 赵广华:《明代河南科举与人才的消长》,《河南大学学报》(社会科学版)1992年第1期。

五　现代社会激励体系

现代国家是竞争性国家，国家综合能力建设成为国家生存的必然条件，国家对人才的需求不再是传统国家那样偏向政治—行政的，而是政治、经济、文化、教育、科技等全方位的人才需求。在这样的情形下，现代社会形成了多重激励体系。

（一）教育—社会地位激励

高等教育比例是现代化的重要标志。1978 年中国高等教育毛入学率仅为 0.7%；1988 年高等教育毛入学率上升为 3.1%；2003 年高等教育毛入学率首次超过 15%，标志着高等教育进入了大众化的发展阶段，2008 年，高等教育毛入学率上升为 20.9%，2014 年中国高等教育毛入学率超过了世界平均水平，达到 41.3%，高出世界平均水平 6.0 个百分点。2016 年，高等教育毛入学率进一步上升至 48.4%，高出世界平均水平 11.7 个百分点，高等教育发展进入了大众化的后半段。[①]

现代社会以教育为主导的社会激励体系仍在起作用。现代教育已经转型，从传统的人文为主导的道路转向各行各业的人才培养，其内容与方式已与传统不同。尽管如此，如传统的科举等级一样，现代教育也形成了不同等级的教育层次——本科生、硕士生、博士生。不同层次的教育水平，是筛选性能的，淘汰性的，是从低级层次向高级层次的递升。每个阶段固然是知识的掌握，但也是意志力和能力的筛选。这实际上是受教育者进入社会的入场券，带来不同的职业地位、收入、社会地位。正是如此，现代教育同样是社会激励机制的重要方面。

---

① 岳昌君：《改革开放 40 年高等教育与经济发展的国际比较》，《教育与经济》2018 年第 6 期。

（二）职位—技术层级晋升激励

组织化生存是现代社会的基本特质，每个人都处于一定的组织中。现代组织化促成了新的激励机制，即职务—技术晋升激励。

组织是制度化的人的集合，客观上需要两个制度轨道。一是职位轨道。要实现组织任务，必须有领导者与被领导者。一般来说，领导者无论是学识还是能力，都是超出其他人的。领导者的生成是竞争式的，那些各方面能力超群的人，才能被提拔或选拔为领导职务。职位轨道就构成了组织中人的发展的激励机制。如行政机构的科员、科长、处长、局长、厅长等职位等级构成了极大的激励。二是技术层级轨道。现代组织又是技术化性存在，通过技术创新与社会化，获得回报，获得生存资源。如教育、医疗、科技等组织都是生存与发展的。技术化与人的发展结合，就构成了新的现代激励机制。如现代大学衍生出了讲师、副教授、教授。每个级别在科研成果、项目层级、学术影响力等方面都有有形或无形的规定，达到这个标准，才能晋升为上一级技术职称，技术职称层级又是与收入、社会地位等对应的。如此，在庞大的社会组织中，技术—职称就构成了激励机制，使那些已经接受高等教育进入职场的人不断被激励，创造出新的成就，推动着各类组织成长与发展。2017 年，中国人才资源总量达 1.75 亿人。截至 2018 年底，我国科技人才资源总量达 10154.5 万人，规模继续保持世界第一。2018 年全国专任教师1672.85 万人。2019 年年底，中国医师总数达到 386.7 万人。

可以说，职位—级别是组织最大的激励。通过这样的激励系统，现代人被完全组织化，成为国家发展的巨大推动力。①

（三）荣誉激励

如果说教育—社会地位激励和职位—技术激励是常规性的，还有一类非常规化的激励机制，即荣誉激励。"荣誉，在它最受人们重视的时

---

① 刘霞：《党的百年人才事业成就与经验》，《中国人事科学》2021 年第 8 期。

候，比信仰还能支配人们的意志。"① 古代社会的尊崇，现代的国家勋
章等都是荣誉激励机制的体现。

荣誉制度有组织的和国家层面的。在中国，组织的层面有年度优
秀，有合格与不合格等考核，而在政府层面，则有不同的荣誉称号，如
青年的五四奖章，工人的劳动模范，军人的立功授勋。最高的是国家荣
誉。国家层面的荣誉制度也是古老的传统，秦汉时期首次推行"散阶"
"加官""诰命夫人"，南北朝时期出现"勋官"，到了清末，逐步借鉴
西方的"勋章"等。国家荣誉制度具有政治性、社会性、激励性，是
国家意志与公民意志的统一，个人价值与社会价值的统一，品行肯定与
贡献肯定的统一。

当今中国的国家荣誉制度为"1+1+3"的党和国家功勋荣誉表彰制
度体系，即党中央制定一个指导性文件，全国人大常委会制定一部法
律，有关方面分别制定党内、国家、军队3个功勋荣誉表彰条例。在新
确立的党和国家功勋荣誉表彰制度体系中，"共和国勋章"授予为党、
国家和人民的事业作出巨大贡献、功勋卓著的杰出人士，这是根据宪法
法律规定，由全国人大常委会决定、国家主席签发证书并颁授的国家勋
章，是国家最高荣誉；"七一勋章"授予在中国特色社会主义伟大事业
和党的建设新的伟大工程中作出杰出贡献的党员，这是由中共中央决
定、中共中央总书记签发证书并颁授的党内最高荣誉；"八一勋章"授
予在维护国家主权、安全、发展利益，推进国防和军队现代化建设中建
立卓越功勋的军队人员，这是由中央军委决定、中央军委主席签发证书
并颁授的军队最高荣誉；"友谊勋章"授予在我国社会主义现代化建设
和促进中外交流合作、维护世界和平中作出杰出贡献的外国人，这也是
根据宪法法律规定，由全国人大常委会决定、国家主席签发证书并颁授
的国家勋章；国家荣誉称号授予在经济、社会、国防、外交、教育、科
技、文化、卫生、体育等各领域各行业作出重大贡献、享有崇高声誉的

① ［法］托克维尔：《论美国的民主》（下卷），董果良译，商务印书馆1988年版，第775页。

杰出人士。为记载上述功勋荣誉获得者及其功绩，还专门设立了党、国家、军队功勋簿。①

六　完善社会激励机制

现代国家激励机制越来越复杂与完善。从过去的社会地位性、泛政治性向成就性、利益性转向，激励手段从符号型向功利—符号型演变。为使其更加完善，需要注意以下几方面。

（一）激励制度本身即为公共政策

激励机制其实是一种公共政策。它客观上需要符合国家利益，也要与所在文化契合，要有一套政策制度（机构、科层、规则），以满足人的需要的方式，带动阶层演变。同时，也要动态管理，要素监控，及时兑现，榜样可达。

（二）激励重在公平

公平是人之作为人的基本要求。激励之所以能够激励人，就在于其公平。

当然，公平有文化性。中国传统的公平感具有均等含义，属于结果公平；就现代政治哲学看，公平被充分讨论，如罗尔斯的正义论以"无知之幕"为起点，从而对什么是公平进行底层讨论。公平还是过程性，承认人的起点不同，结果不同，而以过程公平支撑社会发展。

对于社会激励机制而言，保障过程公平是必要的，如此才能使每个社会人都有追求成就的社会保障。但对于国家治理而言，也要兼顾基础

---

① 《中共中央批准实施党内、国家、军队功勋荣誉表彰条例》，共产党员网，https：//news. 12371. cn/2017/07/27/ARTI1501158044376651. shtml? from = singlemessage，2017 年 7 月 27 日。

公平，对于竞争不利的人进行必要的福利保护，同时，对于结果公平也要以税收方式进行二次分配，避免社会贫富分化。

公平实际上是一种自我计算的过程。当个人的投入如果没遵照约定俗成而进行就会造成不公平感。公平感本身却是一个相当复杂的问题，与诸多因素有关，如个人的主观判断、个人所持的公平标准以及绩效的评定等。

不公平的激励是负面结果，导致"去激励"后果，即激励政策不仅没有起到激励作用，反而起到消除人的成长动力作用。由此可以理解公平在激励机制中的作用。

第十二章　话语治理

在民主舆论的运作中，自豪感既受到了褒扬，也遭到了贬抑。当一个人与他人进行比较时，他会因为自己与他人平等而感到自豪，但随后当他将自己与"相似者的全体"这样一大群人进行比较时，就会感到自己无足轻重而颇受打击。因此，群情"就会对每个人的精神施加巨大的压力"，包围、指挥、压抑着他。人们彼此之间越相似，个体在大家面前的自我感觉就越弱小。当他和多数人意见不同时，他首先信不过自己，以至于多数人"根本无须强迫，说服他即可"。托克维尔说，这就是民主制度中鲜见大规模革命的原因。生活在民主中的各族人民既没有时间也没有兴趣去征询新的见解；他们只愿意接受自己熟悉的事物，无论对错，也不管屈从于多数会令尊严蒙羞。①

舆论是通过由文字、声像等方式表达的话语而作用的。对于政治来说，舆论反映了民意，对于治理来说，舆论背后的话语构成了治理的方式，即话语治理问题，其中的学理需要深入总结。

---

① ［美］哈维·C. 曼斯菲尔德：《托克维尔》，马睿译，译林出版社 2016 年版，第 44—45 页。

一　话语与意义化生存

话语是人类借以生存的信息方式。话语，即有规则，有意义的说话行为，可以是拉拉杂杂的生活叙事，也可以是字词严谨的主张宣讲，是人类生存的基本中介。马克思说，"语言是一种实践的、既为别人存在因而也为我自身而存在的、现实的意识"①。话语的力量，古人那里已有充分论述。《淮南子·本经》载，"昔者仓颉作书而天雨粟，鬼夜哭"。古人已经意识到，文字的功能如此巨大，以至于天降黍米，鬼哭神号。"一字入公文，九牛拔不转"则从百姓之口，说明了文字的权力之效。口碑载道、众口铄金、如雷灌耳、余音绕梁等，皆是说明文字的社会能量。西方人言，"语言如同货币一样，是价值的象征物。它们代表着意义，因此也像货币一样，其代表能力会有升有降"②。这些都说明了语言巨大的社会功能。

话语之所以有如此功能，乃是由人的生理—心理特征或生存特性决定的。人类大脑的神经系统使人能够使用抽象语言符号，具有一般动物所没有的"概念化自我"，由此产生了高级自我意识——能够抽象化体验、反思自己的存在方式和心理状态。这使人对自己的存在发出终极追问：存在的价值到底是什么？什么是生命的永恒？等等。这样，人生理的有限性与精神的无限性成为人存在性焦虑的总根源。人类对这一内在根本冲突的解决，不是通过物质方式而实现的，而是通过文化或文明认定的终极信仰（spirituality）系统完成的，而终极信仰总是意义性的。如此，意义探寻就成为人存在困境的化解方式，人的活动始终关涉意义的构建。③ 世界—自我—语言构成了人的意义存在。

---

① 马克思、恩格斯：《德意志意识形态》（节选本），人民出版社 2018 年版，第 26 页。

② ［美］沃尔特·李普曼：《舆论》，常江、肖寒译，北京大学出版社 2018 年版，第 54 页。

③ Jerome Bruner, *Acts of Meaning*, Cambridge：Harvard University Press, 1990.

"认识产生于自我和世界之间，意义产生于自我和语言之间，真理产生于语言和世界之间。"① 对西方而言，自我对世界的理解是与上帝信仰联系在一起的。16世纪到19世纪之间，西方认识论的主要观点一直是自我与世界的关系。而在19世纪和（尤其是）20世纪，第三个因素——语言的重要性日益凸显。② 可见语言、话语对于人的意义构建的作用。

人类社会文明的意义构建，是以文本方式实现的。文本一般被理解为传递特定内容的书写材料，也可以理解为表达作者意图、思想主张，体现作者思维特征与精神气质的文字组合。经过历史积累、具有跨越时空影响力的文本，可称为"超级文本"：第一类是提供文化核心信仰与思想的文本。如西方的《圣经》、中国的《论语》等都提供了关于世界本质、人的地位、社会理想等信仰体系与意义框架，成为中西方文明的思想基础。第二类指政治奠基性文本，是借助国家机器形成的强制性、普遍渗透性的文本，如《中华人民共和国宪法》《美国宪法》。第三类是思想经典，即人类对基本生存问题的深度思考而形成体系性知识著作，如《史记》、康德的三大批判书等。超级文本在人类文明的发展中有巨大作用。一方面，超级文本对民众有直接的"教化"作用。无论中西方，正是接受了如《圣经》《论语》的价值观、思维方式及其情感，才构成代代相传、贯穿古今的意义一致性，才使文明延续。另一方面，人类精神的创新和改变，往往也是以超级文本为蓝本的。西方的基督教正是以《旧约》为基础发展起来的，新教也是通过对中世纪基督教教义的反叛而形成的。儒家也是基于对《论语》《大学》《中庸》等的诠释而不断发展的。在一定意义上，人类是通过对超级文本的不断诠释，使文明历久弥新地发展着的。

个人是通过所经验的话语框架而实现意义化生存的。人们对信息的存在和解释受人的心理内容制约，心理内容指个体的信仰、价值

---

① ［英］戴维·福特：《基督教神学》，吴周放译，译林出版社2013年版，第142页。

② ［英］戴维·福特：《基督教神学》，吴周放译，译林出版社2013年版，第142—143页。

观、需要等内容性因素，同时也受人的心理特征和认知方式影响，它们共同决定了对信息的解释，产生意义感，而意义会带来具有社会性质的行为。① 有很多理论来解释人的认知过程。如认知过程理论、思维理论、态度理论、认知图式理论。其中，基于传播学的框架理论最有影响力。框架（frame）与换框（reframing）理论认为，人的认知是由认识的框架决定的。框架体现在人的价值观、认知图式等方面，受人的认知方式、性格等影响。换框理论则认为，改变人的态度与行为，要通过改变人的认知框架而实现。② 框架与换框理论的基本含义为：人的行为是意义性的，意义由价值观念决定；真实由事实组成，但对各种真实的描绘因人不同。心理框架决定人对事件的解释。心理框架由价值观、认知方式和性格构成；心理框架选择性地决定了解释对象。选择指的是从芸芸众生中撷取少数特殊项目转换为有意义的结构；框架社会事件涉及主观认知，因而必然造成偏见。不同框架之间，具有竞争性，不同框架之间也有可协商性；个人框架的形成与同一组织、社区或其他社会集体间有互动关系。框架建立在具有权力关系的意识形态上。当某种框架被选取时，就表示其为社会中的主流意识，亦成为社会中的主要意义解释方式；要改变人的认识，即改变人的解释框架方式。

二　话语治理的含义

面对话语作为人类意义化构建的根本方式，理解话语、运用话语成为重要的生活与研究议题。话语治理是话语在治理领域的推进。

话语的正式或书面表达形成了文本，对文本的话语分析就构成了文

---

① 景怀斌：《心理意义实在论》，暨南大学出版社 2005 年版，第 71—89 页。

② Dennis Chong and James N. Druckman, "Framing Theory", *Annual Review of Political Science*, Vol. 10, No. 1, 2007, pp. 103–126.

本分析。文本分析方法是研究者在一定学术意图指引下，通过对文本语言构造、论证方式、视野及其思想观念、思维方式和情感特征等方面的解析、归类、诠释、理论化等过程，回答特定研究问题的现代社会科学研究方法。文本分析的学科视野主要包括：

语言学的话语分析。其基础是结构主义语言学、符号学，言语行为理论及系统功能语言学，研究重点是语言和语言的使用，包括话语结构的使用、信息结构、语篇及话语类型、篇章语法、图式理论，以及不同语境中的话语意义等。

按照奥斯汀的分类，言语行为包括：以言指事（Locutionary Act），说出词、短语和分句的行为，它是通过句法、词汇和音位来表达字面意义的行为；以言施事（Illocutionary Act），表达说话者意图的行为，它是在说某些话时所实施的行为；以言取效（Perlocutionary Act），讲某些话所导致的行为，它是话语所产生的后果或所引起的变化，是通过讲某些话所完成的行为。言说行为有很多分类，通过如断言（assertives）、指令（directives）、承诺（commissives）、表态（expressives）和宣告（declarations）等发挥作用。言语交际行为也可分为：求取式言语行为、主动给予式言语行为和回应性给予式言语行为等。①

诠释学话语分析。它是关于诠释的理论，目的是将文本的两个方面——文本的世界与读者的世界相联系。诠释学是神学、哲学、史学、文学等人文科学的重要领域。诠释学与西方的宗教信仰有密切关系。基督教的诞生与罗马帝国的希腊文化密切相关。希腊文化对语言、意义、真理、交流以及犹太教经卷的解释有极大影响。《圣经》的每次翻译、教会的每一次文化变换都以诠释的方式解释基督教。在这个过程中，如何诠释，如何更好地诠释就成为诠释学要讨论的问题。对于神学来说，诠释学的基本原则是，弄清文本意义单位如词句之间的相互关系，弄清文本的体裁如祈祷书、赞美诗、寓言故事，弄清文本的作者，弄清文本的历史背景及其历史发展过程，弄清解释者的立场与预想，弄清文本的

---

① 向明友：《言语行为理论评注》，《现代外语》2018 年第 4 期。

真实程度，弄清文本的想象影响与实际影响，认清自己对诠释者群体的需求等。①

诠释学虽然关注意义诠释机制，但无论是以施莱尔马赫和狄尔泰为代表的"作者中心论"，还是以海德格尔，特别是伽达默尔为代表的"读者中心论"，以利科尔为代表的"文本中心论"，② 更多是哲学的、思想的，而不是方法论的。伽达默尔就坚决指出，哲学诠释学无论如何都不是方法论，而是对所有理解方式所共有的东西的哲学性探寻。③

文本的阐释方式自然不等同于诠释学。文本作者不一定懂诠释学，但一定有自己的理解和解释世界方式，是以自己的知识、见识、素养对其关注的现象及其机理的理解，形成某种主张、思想或理论体系。故而，理解文本的阐释方式是文本分析的重要方面。

批判性话语分析。Fowler 等人发展出"批判性语言学"（Critical Linguistics），探索语言使用者如何运用语言来制造、维持合法化政治和社会行为，形成了批判性话语分析。福柯式话语分析则以他独特的知识考古学、谱系学、话语权力理论为哲学基础，关注话语使用行为对现实世界及社会秩序的权力构建与维护。批判话语分析借鉴系统功能语言学和新马克思主义的实践观，挖掘话语使用中蕴藏的权势关系和意识形态，揭露社会各个领域中存在的不公平现象。④ 哈贝马斯承认话语是商讨、调控平台。话语一般发生于四种框架内：其一，知识结构框架，用以决定事物重要与否、正确与否；其二，价值观体系框架，可以形成共同或不同的目标与利益；其三，论证方式框架，对目标或者路径加以论证，让所有人都能明了、信服；其四，在权限的框架内，决定谁以及如

---

① ［英］戴维·福特：《基督教神学》，吴周放译，译林出版社 2013 年版，第 131—137 页。

② 潘德荣：《诠释学：理解与误解》，《天津社会科学》2008 年第 1 期。

③ 章启群：《意义的本体论：哲学解释学的缘起与要义》，商务印书馆 2018 年版，第 170—171 页。

④ 杨絮：《话语分析方法综述：开辟 LIS 研究新视野》，《数字图书馆论坛》2018 年第 3 期。

何参与话语。话语分析的目的是，将摆论据、商讨价值观这一复杂的过程拆分为各个层次与要素、细分为各种策略与主旨。①

其他社会科学的话语分析。社会科学对话语和文本进行研究，形成了多种多样的文本分析方法。据不完全整理，广义的文本分析方法已有 12 种之多。如内容分析、扎根理论、人种的文本分析和言语人种学、民俗方法论的社会类属分析、民俗方法论交谈分析、叙事符号学等。②

"文史哲"的文本分析方法是汲取中国文化资源而形成的。"文史哲"方法论是以文本的意义实质或本质认定为哲学基础的。它通过对文本"文史哲"三层面的"社会科学"分析，明晰文本的概念关系、思想主张、说服方式、历史来源、文本视野、阐释方式，从而能够对文本所负载的意义性质的思想观念与作用机理进行综合揭示。其中，"文"指文本文字层面的语意及其表达方式，包括文本语境、词意与语意、话语方式；"史"指文本历史维度的观念与思想资源，包括历史意识、"时地人"历史情境和历史素材；"哲"为文本的认知特征，包括分析视野与认知方式。"文史哲"三维度、多层面间要素的组合构成"文史哲"文本分析框架，带来文本意义机制的理论构建。"文史哲"文本分析方法论，以揭示文本尤其是经典文本的理念及其思想结构、思维方式与情感气质等意义机理为重心。

总之，文本分析各种方法的功能因为学科性质、任务不同而有所不同：解释现象学文本分析方法适合个人性的意义构建机制分析；社会语言分析、民族志分析适合日常生活意义框架构建；叙事性会话分析则适合真实生活的互动式理解；日常言语分析适合心理状态与利益揭示；批判性话语分析适合政治意图和意识形态意向的权力机制分析。③

---

① 沃尔夫冈·卡舒巴著，包汉毅译：《话语分析：知识结构与论证方式》，《文化遗产》2018 年第 3 期。

② 涂端午：《教育政策文本分析及其应用》，《复旦教育论坛》2009 年第 5 期。

③ Alasuutari Pertti, Bickman Leonard & Brannen Julia, *The Sage Handbook of Social Research Methods*, London: SAGE, 2008, p. 432.

　　话语不仅是人们用来描绘世界的工具，更是用来构建现实意义的手段。从意义构建角度看，话语的三个基本功能是："以言述事"，用自己的语言表达所观察、所认知的世界；"以言释事"，对感知、观察到的世界的运行过程与可能的原因进行分析，寻找规律；"以言施事"，通过言语支配、要求他人，作用于现实，改变现实。

　　话语贯穿于整个国家治理过程，构成了国家治理的方式。国家治理是以国家为主体的，以合法性与有效性为轴心的治理过程，是人财物资源合理配置过程，无论是国家意志的表达还是对象的诉求，都是通过语言和文字进行的，都是意义沟通与互动过程。话语构成了国家治理的要素与方式，是国家治理的必要领域。治理以规制为基础，也要兼顾民众的需求，是个体—群体的平衡，而不是单一利益集团的效益最大化。话语治理即通过话语方式，通过民众表达利益，利益共享，情感尊重，达成利益—情感满意状态的话语过程。

　　话语治理要用到话语分析但不等同于话语分析。话语分析是在符号学、言语行为理论和系统功能语言学等理论基础上，通过理解、发掘话语结构、话语内容与语境因素的关系，说明社会环境或语境对话语结构、话语表达和话语交际功能影响的知识领域。① 话语治理过程中自然要使用话语分析，但不是以话语分析为目标的。

　　话语治理过程离不开政治传播，但又不仅仅是政治传播。政治传播是国家或政党在政治意志支配下，以媒体为方式，传播其政治理念、价值主张和政策诉求，推行其政治合法性，获取国家治理有效性的信息过程。话语治理作为国家治理的方式，虽然也通过国家主流话语框架提供全社会（国家）共享的意义系统，整合人民行动方向、方式，具有政治性、文化价值性、社会规范性，但不同于政治传播的是，它不是单一的"自上而下"的政治意志传达，而是社会多种利益集团的情感、利益诉求在个体—群体—组织—国家—社会层面以制度规则—认知的互动行动，是以参与协商的方式达成治理目标的过程。话语治理是以心理

---

　　① 吕源、彭长桂：《话语分析：开拓管理研究新视野》，《管理世界》2012 年第 10 期。

的、文化的、治理的多重交互，达成社会共识，推进国家治理的合法性与有效性提升的过程。

话语治理也不完全等同于新闻传播。传播的最高追求是，通过传播真相，传播不同声音，获得社会共识。传播以信息真实性，诠释准确性，有效达成性为原理，实现传播目标。但在真实生活中，传播并不能完全达成这样的目标。"新闻和真相根本就是两回事，且我们必须对两者做出明确的区分。新闻的作用是就某一事件向公众付出信号，而真相的作用是将隐藏的事实置于聚光灯下，在不同的事实之间建立联系，并绘制一幅可令人对其做出反应的现实图景。只有在各种社会条件呈现为可感可触形态的情况下，真相和新闻才会协调一致，共同服膺于那些范围极其狭隘的人类共同兴趣（利益）。"① 所谓的言论自由背后都有"立场"——或是资本的立场，或是精英的立场等。一个社会的精英集团对国家公共注意力的形成，起到巨大作用。当个人观点单独存在时，不构成权力分配，但是当个人的观点被传播，比如说自由、平等、人权因为传播而构成主流价值观，就会实质性影响到权利以及利益的分配。在这个意义上，可以说，政治起源于传播。话语治理是从共同体角度，以"治理"的方式，对语言信息进行互动，实现信息共识的目的达成。

话语治理当然也不是信息规制、舆论控制。信息是一种资源，标识现状、社会运行机制与行动方向。规制信息利于特定时期共同体的存在，但对于国家治理而言，靠管制并不能持久。人民的价值观与利益表达，互动共识才是长治久安的前提。因此，"防民于口"是自我欺骗，只有各利益集团价值观、利益诉求的表达与沟通、共情与共赢，才能达成和谐共存状态。话语治理建立在共识的规则之上，治理不是含情脉脉，不是无原则退让。因此，话语治理不是单向的信息传送过程，而是社会多元参与互动的意义影响过程。

---

① ［美］沃尔特·李普曼：《舆论》，常江、肖寒译，北京大学出版社 2018 年版，第279 页。

三 话语治理过程

话语治理过程大致由五个环节构成。

第一，话语表达。说话不是无意义行为，而是立场和诉求的表达。人通过说出他所认识的世界，表达自己的立场与利益，构建其社会意义行动。人所认识的世界、人的价值立场与利益是受其心理世界"大小"决定的。人们虽然生活在相同的现实世界里，但人的"认知图式"是不同的。有的人心理图式是所在家庭、社区或单位性质的"物理世界"；有人则是所在城市的"亚文化"图式；有人是"国家"图式，有人是"世界"图式。不同的"认知图式"所蕴含的价值观、认知方式、人的性格特征决定着一个人对国家治理的合法性与有效性评价。

当今数字信息技术消解了信息把关人，人们每天遇到大量的信息，面对同样的信息，不同心理图式的人有不同反应。这就是为什么远在大洋彼岸的新闻事件会影响某人对国家治理评价的原因。话语治理要理解人的立场与利益，就要理解人的心理图式及其效应。

第二，价值立场与利益正当性识别。人的意义化行为受其价值立场与利益决定。显然，自由主义价值观与集体主义价值观是不同的，它们对同样的事件，描述和解释往往是不同的。利益则是物质上的增益状况。价值观与利益是互动的，甚至在一定程度上，价值观更具有决定性。人们会为自己的"信仰"而放弃自己的利益就是典型例证。话语治理就是要通过对说话者的话语分析，识别其价值立场与利益诉求。

第三，话语沟通。沟通是立场与利益的传达。话语过程由信息发出者、信息接收者和信息本身三者构成。信息发送者的可信性、魅力、权威等个人品质影响到信息传递。信息的内容以及信息的表达方式也影响着信息理解，信息接收者的同理心、人格、智力、性别等个人品质对信息理解产生影响。由于人们在这三个因素上的差异性，绝对的沟通是困难的。

第四，价值立场与利益的协商让渡。决定话语者之间冲突的共同要素为：情境的互相依赖、价值观、利益。价值观与利益的共赢是困难的。话语治理要实现共赢，适度的让渡是必要的。这要在共情的基础上，通过话语过程而实现。

第五，话语整合与共同行动。话语治理的最后目标是达成共识与共同行动。在立场与利益的表达、理解与让渡后，需要在意义共识方面达成整合，消除疏离感，实现心理融合，进而共同行动，实现人财物的整合与满意化结果。

话语整合有多种方式，一种是自主的整合，即话语者通过相互交流、沟通而达成一定程度的共识；一种是政府主导下的整合。治理从来都是与组织制度规约联系在一起的，离开规约者的治理不成为治理。毋庸讳言，作为以暴力为依托的国家治理，制度或规则规约是其国家属性的体现。国家治理意义上的话语治理自然离不开政府的引导与规约。在这个意义上，舆论引导与传播是话语治理的必要方面。

四　话语治理原则

话语治理是以公共性、参与性为特征，共建良好社会生态的过程。话语治理具有个体—群体—社会层次性，在不同层面有不同的原则。

（一）话语个体的"可理解性"

人们能够以语言进行沟通，但人与人之间真正理解并不容易。人们都是有意无意的自我中心主义的，以自己的价值观、思维方式和利益来理解世界，有意无意期望世界围绕"他"来运行。如果说古代社会无法提供充足的社会资源而使人可以"离开"他人，那么现代社会的物质和人文环境则可以使人离开"他人"而"自我生存"。虽然现代社会信息沟通方式更为便捷，但现代社会人与人之间的真正理解更为不易。因此，在个体层面，话语治理要提倡"可理解性与可沟通性"。

"可理解性"指话语者要有理解他人，愿意被他人理解的态度与品质。在话语过程中，有的人表现出平等对话的态度，但也有人居高临下，以权威或正确自居，这就属于不可理解性。话语者是平等的，每个人都有权力表达自己的立场与利益，每个人也应当尊重他人的话语权，他人的立场与利益的正当性。

"可沟通性"指对于话语者，无论是主动的还是被动的沟通，都要表现愿意沟通且有行动意愿，而不是拒人千里。

(二) 话语群体的"可聚合性"

荀子讲，人以群分。他所谓的群分就是基于利益、价值观或组织化而形成人的群体分类。群体指由两个或两个以上通过一定的社会关系而结合起来的共同活动、相互作用的人群。所谓"一定的社会关系"指群体联结起来的制度、文化、价值观和心理特征等，它在不同的组织和社会环境下是不同的。构成群体的要素是：有共同的活动，群体成员能够相互作用，作用过程中产生情感。情感包括正面和负面情感。群体是个不确定的概念，小到几人，大到一个阶层或无形的利益集团都可以说是群体。

无论是有明文制度的群体，还是松散的群体，乃至虚拟性质的数字群体，都是有结构的：一是地位等级。有些群体表面似乎地位等级不明显，但实际上成员之间存在心理等级，有些人是支配性的，有些人是依从性的。依从现象可能是心理的，也可能是经济的。二是群体由不同角色构成。群体中角色会发生分化，角色之间也存在压力。三是群体常模（norms）或规范。群体常模包括：描述性的，规范群体大部分成员行动、感受与想法的"标准"；共享性的信念，群体成员层次而非个体层次的信念；不合适行为的否定，能够给出哪些行为在群体看来是坏的或错误的"标准"；期待性的，确定非正式的群体期望标准。

"群体"对个体的影响是明显的。一是群体具有助长或致弱效应。群体能够激发个人的热情，助长个人绩效的提高，这是群体的目标和效率的正面影响。社会助长驱动理论认为，对我们的活动感兴趣的他人会对我们起激励唤醒作用，特定情境下最容易做出的那个反应倾向也随之增加。二是群体是个体生存的参照。在进化论心理学看来，个体对群体的需求可以是本能性的。个人刚降临到世上是孤单的个体，作为有自我意识和社会化生存的人，需要有从属感、归属感，这是人的本能。当人和群体联系在一起时，这类社会性需要就能够得到满足。个体在很多情况下对问题的判断是不确定的或没有自我见解的，往往以群体为标准而行动，即使群体的认识是错误的，个体也觉得安全。当进入到群体中，行为的维系便不是自主的，群体为个体的行为提供了标准化作用。也因此，个体面对群体会产生心理压力。当一个人在群体中与多数人的意见有分歧时，会感到群体的压力。有时这种压力非常大，会迫使群体的成员违背自己的意愿产生完全相反的行为。社会心理学中把这种行为叫作"顺从"或"从众"（conformity）。压力来源主要是被群体抛弃时产生孤独感和被抛弃感，导致心理上的焦虑和不安全感。群体会产生去个体化（deindividuation）心理作用，即去做在单独行动时不会做的事情，这与群体的大小、匿名性、自我意识的最小化有关。①

因话语而联结起来的群体在互联网时代更为常见。互联网信息时代话语群体具有虚拟性和跨时空性。人们可以因为某个话题而构成临时性的话语群体，话语群体是开放的，可以随时上线参与，也可以随时下线离开，但群体属性同样存在，群体效应更为巨大。

群体层面的话语治理要特别关注群体的"可聚合性与引导性"。所谓"可聚合性与引导性"指话语治理要能够聚合群体而不是使群体差

---

① David G. Myers, *Social Psychology*, Beijing: Post and Telecom Press, 2005, pp. 297 - 303.

异扩大或极化，使群体能够引导到一致立场而不是让群体更为分裂。在互联网时代，人们更多基于网络的话语而联结，而分享共同价值观与利益，"人以类聚"的力量更为强大，更需要话语治理，更应通过话语表达方式，共同利益的表述，引导群体心理倾向，对群体进行整合与引导。

（三）舆论场的"可构建性"

舆论是由信息构成的特殊社会形态，它不是现实，但又是现实的反映。"对舆论的分析就必须从厘清三者之间的关系开始：行为的环境、人们头脑中关于那个环境的图景，以及人对于从环境中滋生出来的那幅图景做出的反应。这一切就像一出要求演员本色出演的戏剧，剧中情节并不仅仅是虚构的表演，而且深深嵌入了表演者的真实生活。"① 对于舆论场景，有人提出"拟态环境"来描述——"'拟态环境'概念的提出，正是对人的天性与环境条件两者加以综合的结果。仅凭对人的行为的观察，便斩钉截铁地描述人的本质、预测人的未来，甚或试图直接归纳生活的基本环境条件，都不过是夸夸其谈。'拟态环境'的概念可以表明这种夸夸其谈的无效性"②。

由互联网所构成的舆论场成为人类新的"在有"状态。互联网以数字信息技术为基础，以互动传播为特点，形成所有人对所有人的传播新形态，带来了信息的全时全域性、休闲性、碎片化、互动性、个性化、虚拟性。互联网新技术尤其是自媒体使过去"自上而下"的信息垂直传播转变为平行的中心扩散性传播，极大地扩展了平民的话语作用能力，致使背后体制的、制度的、政策的、技术的、媒体的、民众的等众多方面的要素及其关系、结构、作用机制均发生了变化。跨越时空的、数字化的话语，不是简单的信息呈现，构成了人类生存的"第二

---

① ［美］沃尔特·李普曼：《舆论》，常江、肖寒译，北京大学出版社 2018 年版，第 15 页。

② ［美］沃尔特·李普曼：《舆论》，常江、肖寒译，北京大学出版社 2018 年版，第 21 页。

个"环境，信息中的生活世界，人们因为这样的世界而有不同于现实的虚拟生活世界。

在舆论场中，人作为信息主体表现出新的特征——人的真实存在为其代表符号所表征；生活的他者参照化，人们以网络世界的他者——通过网络所知的人为生活参照，似乎所有的人都如"网红"一样；互动的虚拟化，人们与遥远的虚拟的人"天涯若比邻"，而与真实的环境中的人"对面不相识"。借用李普曼的概念，可以称之为"信息拟态社会"。

互联网舆论场的话语治理，有三个规律需要研究。第一，互联网话语生态学机制。心理生态学强调应把心理和行为置于真实生态情境中，在人与社会、人与自然整体联系中来探索行为规律。生态理论关注生物体所处的环境与其行为可利用性（affordances）间的规律性关系。可利用性指有机体知觉到的能够提供生存资源的东西，有机体以此而感知环境有"价值"和有"意义"。它既不是主观的，也不是客观的，而是主观和客观的结合。心理生态理论在这样的基础上，关注个体如何与环境的诸因素关联，关注行为动力（behavioral dynamics）过程、因素、机制的互动性；强调人内部、人际、组织、制度、物理环境、技术的关系网，以及其他政治和社会背景性环境的共同作用、动态适应。

从心理生态学视野考察话语治理，需要研究话语时间轴和因果链条机制——话语的形成、作用、变化和行为后果，话语如何被传播，如何被突然放大，如何影响周围的人。其中，技术的、知识的、政策的、民众的、政府话语的、民间话语的等互动机制及其积极的、消极的、启发的后果等都需要深入分析。

第二，话语冲突机制。新媒体上的话语冲突无处不在，天天展现在人们的面前。导致冲突的因素不外乎心理我向（自我）性、心理内容（信仰价值观）、习惯、资源争夺、角色差异、沟通曲解、人格差异等。新媒体话语冲突为数字技术所撬动（nudge），使话语信息聚焦、扩大、奇妙联合，观点极化，使理性沟通更为困难。

第三，话语治理自组织机制。自组织是系统论的一个理论，强调在没有外部指令条件下，系统内部各子系统之间能自行按照某种规则形成一定的结构或功能。系统要实现自组织须具备几个条件：开放，通过与外界进行物质、能量和信息的交换，才有产生和维持稳定有序结构的可能；远离热平衡的状态，非平衡是有序之源；各子系统间存在着非线性的相互作用，使得各子系统之间能够产生协同动作。系统论的自组织理论对话语治理是有启发的。互联网场域是开放的，人们基于理性利益和价值观而行动，并由此结合形成虚拟群体认同；价值观存在非线性作用，通过自组织过程而形成有序的社会形态。其中民众是如何判断信息的，人们又是如何选择信息而不是被信息选择（如平台的自动推送），诸如此类的因素及其结构、作用机制的探析，成为新媒体话语治理自组织的核心。

舆论场的话语治理应体现主流话语的构建性。互联网是"自我的张扬者"与"沉默的大多数"构成的信息空间，前者对后者有极大影响。互联网的话语不应是群体、社会、国家组织性的消解，而应以主流意义系统整合社会思想。主流话语构建有几个原则：其一，话语立场的多元性。话语不应以经济为单一解释，而可以是政治的、社会的、文化的、长远利益的意义构建，如此可以支撑主流话语框架的接受性。其二，强化共同体观念。主流话语框架通过提供全社会（国家）共享的意义系统，整合人民行动方向、方式。其三，避免过度意识形态化用语。意识形态具有高度情感性，一旦激活，理性讨论即被消解，沟通、说服便成为不可能。

五　话语治理与政治协商

话语治理有突出的协商特征，这与两种著名的协商——哈贝马斯的理性协商理论与中国人民政治协商会议，构成比较关系，辨析其机制，构成了深度理解话语治理的必要方面。

(一) 交往理性与协商

哈贝马斯的社会理论围绕着三个问题展开：社会科学中意义理解问题、非理性与意识形态问题和社会秩序问题。他认为，"社会"由"生活世界"和"系统"两部分构成。"生活世界"指我们与他人共同生活于其中的平凡世界，非正式的、未市场化的社会生活领域，如家庭、文化、非政党政治生活、大众传媒等，是积淀在语言中的各种"背景知识"和行为规范的综合体现，代表了一个社会共同体的集体行为期待、文化传统，是社会共享的语境，是"共识"的社会背景基础。"系统"则是从生活世界积淀下来的结构和已确立的工具行为类型，有两个子系统：金钱与权力。前者如资本主义经济制度，后者如国际行政管理机制，如政治体制、行政和经济管理体制、法律体制等。系统的主要功能是进行社会的物质再生产。哈贝马斯指出了系统整合所特有的危险。系统使行为人的目标与理解和共识相脱节，而忽视一些经济或行政行为的重要性，对其结果也并不加以反思。系统具有内在的不透明性，同生活世界形成了对比。系统内行为人的最终目标并不能真正由他们自行决定。两个子系统也会对行为进行协调和整合。对应于生活世界的"社会整合"，哈贝马斯称之为"系统整合"。当现代化发展使得社会整合的目标难以实现时，系统整合能减轻社会整合的负担，对社会进行整合。

哈贝马斯认为，在语言中敞开的社会交往行为为揭示生活世界的规范性基础提供了现实途径。哈贝马斯认为，言语具有两种意义功能，一是命题意义，二是语用意义。话语的语用功能是为了引出理性共识。话语通过三种有效性，即真实、正当、真诚，达成理性共识。真实性是指语言的内容和语言本身都是真实的。正当性表示在道德规范上是合适的、合理的。如果听话人不认为我们所说的话是真诚的、真实的和正当的，共识就很难达成。而要达成理解，在哈贝马斯看来，参与沟通者首先要理解大家所说的话，要知悉说话人言语的字面意义，然后能揣测到说话人的意图，了解说话人所说的内容的正当性理由，并接受这些理由及其所用的语言。

哈贝马斯区分了两种行为：交往行为和工具、策略行为。哈贝马斯认为，后者寄生于前者之上。工具行为指行为人将行事当作达到某个目的的手段，策略行为也是一种工具行为。工具行为是工具理性的实践结果。而交往行为的基础是交往理性。交往行为是一种"主体—主体"间遵循有效性要求，以语言符号为媒介而发生的交互性行为，其目的是达到主体间的理解和一致，并由此保持的社会一体化、有序化和合作化。

为了弥补工具理性认知的不足，哈贝马斯认为需要交往理性。交往理性指隐含在人类言语结构中，并由所有言谈者共享的理性。交往理性不是以单个主体为中心的，以知识对象化来认知的。交往理性是涉及对话关系的，在主体间相互理解的范式中说话和行动的。哈贝马斯称交往行为代替策略行为的过程为"交往理性化"。言语的语用功能表现在让对话者建立主体间的共识，而这又形成了他们接下来行为的基础。语言的基本功能就是协调众多独立主体的行为，这使得大家的交往互动有序，不起冲突。

哈贝马斯希望通过共识的形成来实现社会的整合。要达成共识，哈贝马斯认为有两个前提，一个是理想沟通情境，另一个是有效性要求。理想沟通情境要求参与讨论的机会是平等开放的，沟通的内容是自由的，参与者均可以提出任何意见或质疑。沟通不会受到外界权力的干扰，是非强迫性的，大家有发言和不发言的自由。此外，参与沟通必须要有一种理性、真诚和开放的态度，必须尊重和承认其他参与者。

如果沟通失败，就进入了商谈。商谈是未达成共识的一种反思性交流，它以达成共识为目标。商谈是调节现代社会日常冲突的机制，用于修复和更新共识，重建社会秩序的理性基础。因为听话人挑战说话人的有效性要求背后的理由，所以商谈与有效性要求密切相关。三种有效性要求（真实性、正当性和真诚性）分别对应三种商谈：理论的商谈、道德的商谈以及审美的商谈。商谈是非常复杂的，它不仅应具有理想沟通情境，也要符合有效性要求，而且，它得符合某种"商谈原则"。简单来说，商谈的语言是符合基本的逻辑和语义规则的。在避免不公正的阻挠和胁迫的情况下，凡具有语言和行动能力的人都能参与商谈，每个人都有质疑和提出任何断言的权利，每个人也有权表达自己的态度、愿望、要求。虽然商谈的规则非常理想化，但是这能让参与者拥有不管身份差异而平等地、理性地表达自己的意见的机会，能确保商谈的包容性和广泛性，并防止欺骗和胁迫行为。

哈贝马斯区分了非正式的和正式的基本的政治领域。非正式的政治领域由一套自发的、"混乱的"、"无政府的"交往和商谈组成，我们可以称之为"公民社会"，它能形成个人观点和意志。正式的政治领域是一个交往与商谈的制度性舞台，以决策为目的，它能形成民主的制度化的意志。这也是政治的"双轨"。哈贝马斯认为，合理的协商政治必须是双轨的，这种协商政治依赖"双轨"之间的有效互动。当正式的政治领域能够吸收公民社会的舆论时，政治体系的功能是健全的。哈贝马斯特别强调从公民社会自下而上的输入，非正式的政治领域里的意愿就能通过合适的渠道影响正式的政治领域。在健康的民主体制中，正式的政治领域出台的政策和法律往往能够与公民社会的舆论合拍。

哈贝马斯认为，话语政治主张一种程序主义政治，要把交往理性的商谈原则贯彻起来，以达到超越自由主义和共和主义的目的。他统一了自由主义的人权观点和共和主义的人民主权的观点，个人权利和人民主权是互为前提的。当正式的政治机构能接受自下而上的适度输入时，这些政治机构的政策和法律就是理性的。由于民主国家必须适当地嵌入公民社会，公民社会就必须得到保护。①

其实，任何协商均是以语言方式进行的情况交流和利益博弈。一般来说，协商要在共同的边界下进行，即政治理念相同，利益有差异的情

---

① ［英］詹姆斯·戈登·芬利森：《哈贝马斯》，邵志军译，译林出版社2010年版，第133—136页。

况下，协商可能达成满意的结果。其中，政治理念具有独特的锚定作用，政治理念是情感价值的，甚至是意识形态性的，当情感价值没有共同点时，协商便无从谈起。

(二) 政治协商

中国人民政治协商会议是政治协商的典型体现，但它不是语言意义上的交流过程，而是一种制度安排。它是中国人民爱国统一战线的组织，是中国共产党领导的多党合作和政治协商的专门协商机构，是国家治理体系的重要组成部分，是具有中国特色的制度安排。中国人民政治协商会议全国委员会和地方委员会的主要职能是政治协商、民主监督、参政议政。

政治协商是对国家大政方针和地方的重要举措以及经济建设、政治建设、文化建设、社会建设、生态文明建设中的重要问题，在决策之前和决策实施之中进行协商。

民主监督是对国家宪法、法律和法规的实施，重大方针政策、重大改革举措、重要决策部署的贯彻执行情况，涉及人民群众切身利益的实际问题解决落实情况，国家机关及其工作人员的工作等，通过提出意见、批评、建议的方式进行的协商式监督。

参政议政是对政治、经济、文化、社会生活和生态环境等方面的重要问题以及人民群众普遍关心的问题，开展调查研究，反映社情民意，进行协商讨论。通过调研报告、提案、建议案或其他形式，向中国共产党和国家机关提出意见和建议。

显然，中国的政治协商制度不是话语的，而是参政议政的制度安排，但其中的话语层面运行机制是需要关注并研究的。

第十三章　社会冲突治理

皇帝清问下民，鳏寡有辞于苗。德威惟畏，德明惟明。乃命三后，恤功于民。伯夷降典，折民惟刑；禹平水土，主名山川；稷降播种，农殖嘉谷。三后成功，惟殷于民。士制百姓于刑之中，以教祗德。①

《尚书》是中国最早的史书，记载了早期"国家"治理的经验与体会。其中的《吕刑》是穆王对四方司政典狱及诸侯大臣的诰辞，是周百年享国的刑法经验总结。这里所引的大意是，以敦厚之德去行威罚，则民知畏服；以美德去行明察，则使是非更彰明。伯夷为尧制定法典，禹治理大江大河，为名山大川命名，稷教民种植五谷，周人尊为始祖。如此，百姓因此富足，士师典狱之官以刑法控制百姓，而又重以教化重德，这样才实现大治。

三千多年前周人的故事与今人的生活形态已是两重天地，书中的叙事也有美化的成分，但作为"社会"，作为"国家"，矛盾与冲突是必然的现象。国家治理的基本任务之一是化解随时随处的矛盾，维持社会和国家的良好秩序。这考验着国家的治理能力。

---

① 黄怀信注训：《尚书注训·周书·吕刑》，齐鲁书社 2002 年版，第 393 页。

一　社会冲突

"冲突"，不同学科有不同理解。社会学认为，冲突指因稀有地位、权力和资源而在人与人、群体与群体之间激烈对立的社会互动方式和过程；政治学认为，冲突是人类为了达到不同的目标和满足各自相对利益而发生的某种形式的斗争；管理学指两个或两个以上的行为主体，由于在管理问题上的目标、看法、处理办法或意见的不一致，存在的分歧，所产生的相互矛盾、排斥、对抗的一种态势。这些定义说明，对于同一社会现象，关注的视野不同，带来的解释和结论不同。简言之，冲突是由于实际的利益或非利益因素的互不兼容性而产生的两个或多个社会成员之间的紧张状态。[1]

社会生活中，冲突随处可见。就冲突主体看，个人冲突、组织内冲突、组织间冲突、社会冲突等都是冲突的表现。个人冲突既可能发生在组织成员的价值观和工作方式上，也可能发生在职位角色间。组织内冲突既可能是组织内成员意见不同和行为不一致的结果，也可能是组织内各分支结构的利益和意见相互冲突的结果。组织间冲突则是两个或多个组织利益或价值观带来的组织之间的紧张。社会冲突则指社会不同阶层之间的潜在和外在的利益冲突或价值观冲突。

国家治理视野下的冲突应对，更多是社会性的。卡尔·马克思认为财产与生产资料的不平等带来冲突。马克斯·韦伯认为冲突与权力、财富、声望高度相关，是报酬的分配不均与低水平的流动率所致。法国社会学家伦道夫认为冲突是权力与权威的分离。作为权威者丧失了自己的权力，而有权力的例如军阀、起义军、地方政府，都渴望大义的名

---

① Dean Tjosvold, Alfred S. H. Wong and Nancy Yi Feng Chen, "Constructively Managing Conflicts in Organizations", *Annual Review of Organizational Psychology and Organizational Behavior*, Vol. 1, 2014, pp. 545–568.

分——也就是权威，所以产生了冲突。无论何种理论，都说明社会冲突是基本的人类社会现象，是国家治理必须面对的问题。

二　两类性质矛盾

国家层面的冲突应对，体现在执政者对冲突或矛盾的基本判断上。矛盾分析法是中国共产党成功应对各种挑战的认识方式。在辩证唯物主义看来，国家治理任务就是要抓住主要矛盾。主要矛盾反映的是生产力与生产关系、经济基础与上层建筑之间的矛盾。主要矛盾也是变化的：新民主主义革命时期的主要矛盾是帝国主义与中华民族之间、封建主义与人民大众之间的矛盾。1956 年党的八大提出我国社会的主要矛盾是：落后的农业国与先进的工业国之间、人民日益增长的物质文化需要同落后的社会生产之间的矛盾。1981 年党的十一届六中全会提出的我国社会主要矛盾是：人民日益增长的物质文化需要同落后的社会生产之间的矛盾。党的十九大报告明确了当前国家发展的主要矛盾——"我国社会主要矛盾已经转化为人民日益增长的美好生活需要和不平衡不充分的发展之间的矛盾"。这属于以言释事——解释国家治理的基本任务，这是中国政府处理社会冲突的基本判断。

对于国家来说，有些冲突是对抗的，有些冲突是非对抗的。如何把握冲突，就有一个总体的方针或原则问题。基于矛盾分析，中国共产党形成了两类性质矛盾的冲突应对的国家治理模式。

以毛泽东为代表的中国共产党人，从延安整风开始，就已经注意到社会矛盾的不同性质并加以分析。新中国成立之初，刘少奇、李立三从分析国营工厂的内部矛盾入手，对社会存在的敌对矛盾和非敌对矛盾的问题进行了论述。1955 年，毛泽东提出要分清楚"人民的内部和外部两个不同的范畴"。这些论述成为社会主义两类矛盾学说的思想来源。1956 年 4 月，毛泽东发表《论十大关系》的讲话，提出十大关系即十大矛盾，其中包含了后来提出正确处理人民内部矛盾的许多重要思想。初步论述了社会主义社会的矛盾问题，指出社会主义社会的发展也是在生产力和生产关系的矛盾中进行的；提出了国际范围内的敌我矛盾和人民内部矛盾的概念。此后，毛泽东多次谈到人民内部矛盾问题，指出：国内阶级斗争已经基本解决，对层出不穷的人民内部矛盾，解决的方法，就是从团结出发，经过批评与自我批评，达到团结的目的；如何处理人民内部矛盾是个新问题，研究它是一种科学等。

1957 年 2 月 27 日，毛泽东在最高国务会议上发表了正确处理人民内部矛盾问题的讲话。主要内容有：

第一，矛盾现象的思想根源。"社会主义社会经济发展的客观规律和我们主观认识之间的矛盾，这需要在实践中去解决。这个矛盾，也将表现为人同人之间的矛盾，即比较正确地反映客观规律的一些人同比较不正确地反映客观规律的一些人之间的矛盾，因此也是人民内部的矛盾。一切矛盾都是客观存在的，我们的任务在于尽可能正确地反映它和解决它。"[①]

第二，明确系统地论述社会主义社会的基本矛盾及其特点。毛泽东指出，矛盾是普遍存在的，社会主义社会也充满着矛盾。"国家的统一，人民的团结，国内各民族的团结，这是我们的事业必定要胜利的基本保证。但是，这并不是说在我们的社会里已经没有任何的矛盾了。没有矛盾的想法是不符合客观实际的天真的想法。在我们的面前有两类社会矛盾，这就是敌我之间的矛盾和人民内部的矛盾。这是性质完全不同的两类矛盾。"[②]

"敌我之间的矛盾是对抗性的矛盾。人民内部的矛盾，在劳动人民之间说来，是非对抗性的；在被剥削阶级和剥削阶级之间说来，除了对抗性的一面以外，还有非对抗性的一面。人民内部的矛盾不是现在才有的，但是在各个革命时期和社会主义建设时期有着不同的内容。在我国

① 《毛泽东文集》第 7 卷，人民出版社 1999 年版，第 242 页。
② 《毛泽东文集》第 7 卷，人民出版社 1999 年版，第 204—205 页。

现在的条件下，所谓人民内部的矛盾，包括工人阶级内部的矛盾，农民阶级内部的矛盾，知识分子内部的矛盾，工农两个阶级之间的矛盾，工人、农民同知识分子之间的矛盾，工人阶级和其他劳动人民同民族资产阶级之间的矛盾，民族资产阶级内部的矛盾，等等。我们的人民政府是真正代表人民利益的政府，是为人民服务的政府，但是它同人民群众之间也有一定的矛盾。这种矛盾包括国家利益、集体利益同个人利益之间的矛盾，民主同集中的矛盾，领导同被领导之间的矛盾，国家机关某些工作人员的官僚主义作风同群众之间的矛盾。这种矛盾也是人民内部的一个矛盾。一般说来，人民内部的矛盾，是在人民利益根本一致的基础上的矛盾。"①

社会主义社会的矛盾反映在政治上可以划分为敌我矛盾和人民内部矛盾两类。在建设社会主义时期，一切赞成、拥护和参加社会主义建设事业的阶级、阶层和社会集团，都属于人民范畴；一切反抗社会主义革命和敌视、破坏社会主义建设的社会势力和社会集团，都是人民的敌人。这是划分两类矛盾的标准。敌我矛盾是对抗性矛盾。人民内部矛盾，一般说来是在人民利益根本一致的基础上的矛盾。矛盾的性质不同，解决的方法也不同。两类矛盾在一定条件下会互相转化，所以应该创造主、客观条件，促使矛盾向好的方面转化，而不是相反。

第三，把正确处理人民内部矛盾明确规定为国家政治生活的主题，并制定出解决人民内部矛盾的一系列方针。毛泽东指出：革命时期大规模的急风暴雨式的群众阶级斗争基本结束，我们的根本任务已经由解放生产力变为在新的生产关系下面保护和发展生产力。这就是说，党和国家的工作重心要转移到经济建设上来。因此，正确处理人民内部矛盾就成为国家政治生活的主题。毛泽东阐述了解决人民内部矛盾的一系列方针。如：要提倡和善于运用民主的方法即"团结——批评——团结"的方针；"就是从团结的愿望出发，经过批评或者斗争使矛盾得到解决，从而在新的基础上达到新的团结。按照我们的经验，这是解决人民内部

---

① 《毛泽东文集》第 7 卷，人民出版社 1999 年版，第 205—206 页。

矛盾的一个正确的方法。"①

在社会经济方面实行统筹安排和兼顾国家、集体、个人三者的利益，并找出一条中国工业化的道路；在科学文化工作中贯彻"百花齐放、百家争鸣"的方针；在与民主党派关系上实行"长期共存、互相监督"；以及信任、团结、教育知识分子，搞好民族关系等。解决敌我矛盾，用专政的方法；解决人民内部矛盾，用民主的方法，即用"团结——批评——团结"的方法。解决两类不同性质的社会矛盾，都要围绕着把国内外一切积极因素调动起来，为社会主义事业服务这一基本方针。

两类不同性质的矛盾思想与实践，本质上是矛盾普遍观与阶级分析方法的综合应用。普遍的矛盾观使国家治理正视社会冲突的普遍性，着力于解决矛盾，使社会和谐发展；阶级分析又使国家治理看到其潜在的威胁性，利于国家的稳定。任何国家都是以暴力方式维系自己的生存的。这是国家的暴力特征决定的。

两类性质的矛盾模式，是历史与现实政治的思想总结，构成了应对社会冲突的中国模式。国家运行过程中，总是充满矛盾，压制矛盾和扩大矛盾，把矛盾敌对化，都会对国家治理的合法性与有效性造成伤害；回避矛盾，也只能使问题更加严重。两类性质的矛盾的模式做到了二者兼顾。

三　冲突的心理机制

社会冲突是可见的社会现象，凡人皆有心理，冲突的背后是人的心理过程在作用。应对冲突，需要把握冲突的心理机制。

构成冲突的心理要素为：（1）情境的互相依赖。冲突产生于特定的情境中，没有共同的情境，冲突无法产生。比如，两个人相遇，但没

---

① 《毛泽东文集》第 7 卷，人民出版社 1999 年版，第 210 页。

有互动，则无法产生冲突；而当两个人相遇，开始互动，有了互动情境，就有可能产生一定程度的冲突。（2）缺乏资源。无论是有形的资源或是无形的资源，当双方皆有所需求时，在资源有限的情况下，即有可能产生冲突。当这种稀缺性消失后，冲突也就随之消失。（3）目标不一致。不管是明确表示出来的目标，或是隐匿而未显明的目标，当组织成员皆有所求，但又无法整合时，冲突将产生。

对于冲突生成的心理机制，代表性的理论是合作—竞争理论。Deutsch（1949）、Tjosvold（1990）以合作与竞争两个向度或取向来解释冲突的决策过程。合作（cooperation），即冲突双方在利益、态度、思路上相契合的状态，能够使双方面对差异，分享对方的观念与知识。人们对冲突的本能反应是回避的，认为冲突是不好的，只要有合作的意图，冲突往往能够以双赢的方式解决。合作体现在：有意解决问题的态度、面对差异分享的意念与知识、寻求完整的解决、寻找双方共赢的局面、视冲突为一种挑战而不是决裂。竞争（competition）产生争赢输的情境，表现为敌对竞争，利用权威以达成目的等方面。

心理二维论可以对冲突提供更全面的解释。人是有符号化自我意识的，人们以意义化生存构建自己的存在意义。决定这个过程的是人的心理的情感价值系统与理性工具系统。前者是以信仰为核心的价值观念系统，决定着人的意义感。理性工具心理系统则是基于个体生存有效达成的心理系统，是利益最大化的。[1] 社会冲突往往围绕这两个维度形成，具体过程表现为：价值观差异。人是在心理的意义支配下产生社会行为的，它由个体持有的心理内容系统决定，尤其是终极观支配下的价值观念系统、意识形态等，这也构成了冲突的心理内容原因。如宗教战争往往是因宗教信仰差异而引起的；利益诉求。人的存在是以资源获得为基础的，这表现为利益诉求。无论是社会的，还是组织中的人均有自己的利益诉求。利益诉求是带来冲突的基本因素。

---

① 景怀斌：《公务员职业压力：组织生态与诊断》，中央编译出版社 2011 年版，第 32—35 页。

其基本模型如图 13-1 所示。

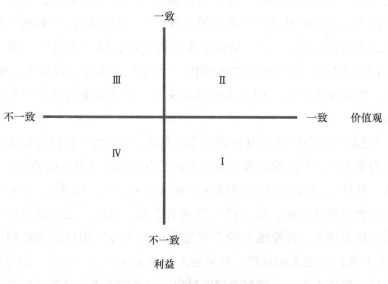

图 13-1　冲突的二维结构模型

基于利益—价值观维度，冲突可以分为四种类型：第一，利益不一致，价值观一致。在这类冲突中，价值观是一致的，更可能以协调和退让的方式解决冲突。第二，利益一致，价值观一致。这一维度下，冲突可能性最小，是合作的、长期结盟的合作关系。第三，利益一致，价值观不一致。这有可能带来暂时性的结盟，但最后会产生根本冲突。第四，利益不一致，价值观不一致，产生对撞性的剧烈冲突。

四　冲突理解的"立场"

冲突应对，首先要对冲突主体、原因、特征、后果等进行识别。如何更好地识别？从心理层面看，有两个路径可以借鉴——忠恕的方式与通情的方式。

"忠恕"是儒家的主张，有不同解释。朱熹说："尽己之谓忠，推己之谓恕。"冯友兰认为，"忠恕皆是推己及人。忠是就推己及人的积极方面说，恕是就推己及人的消极方面说"。他还认为，"忠恕"是孔子思想的重要方面，"仁"是孔子哲学的中心，而"忠恕"又是"为仁"的下手处。① 引入到冲突理解中，"忠恕"即从自己的角度、立场，理解、解释冲突者的心理诉求和利益主张，对其可能的后果进行分析判断。

"忠恕"的心理过程具体表现为：首先，"忠恕"是以自己的心理状态为依据的。自己的心理状态既包括了心理过程（如自己感知世界的方式、特征），也包括了心理特征（如自己的性格、气质），还包括了自己的价值观念体系，是"己"的所有方面。其次，是以自己的心理体验去比拟他人、判断他人的心理过程，是"己"用自己的心理状态（标准）来匹配他人的过程。如果他人的表现与"己"吻合，则有肯定的反应，如果不吻合，则有否定的反应。这是由心理意义生成的基本过程决定的。最后，用"自己"的感受要求或评判别人。"忠恕"或推己及人的过程，实际上是基于"己"的价值性意义认知过程。"忠恕"或"推己及人"不是换位思考，后者是从他人的"位"来思考，而"忠恕"，无论是"己所不欲，勿施于人"还是"己欲立而立人，己欲达而达人"均是以"己"为比较、分析的起点。

与"忠恕"对应的西方概念是"通情"（empathy）。"通情"（empathy）原本词义有两种：一是将周围环境引发的感受或情绪投射到某一自然物或艺术品，即所谓艺术家的移情作用；二是用于社会心理学、心理咨询等学科中的"同理心"，指能够理解他人在某一情况下的体验和感受，即知觉别人观点，体验和共鸣别人情感和行为的能力。其核心成分是像他人那样产生同样的情感体验，知道他人内在经验（know another person's inner experience）的品质和能力，或者接受他人情感（feel /perceive the feelings/ emotions of other people）的过程。"通情"有

---

① 黄克剑、吴小龙编：《冯友兰集》，群言出版社 1993 年版，第 351 页。

三个基本成分：知觉和区分别人的情绪，即认识、确定和标明别人的情绪；以别人的角度（perspective and role taking）思考，即假设和体验别人经验的能力；情绪反应的能力，即类似别人情绪反应的能力。①

"通情"的心理过程是，有理解对方心理状态的意愿，在内心扮演对方角色，体验对方的感受，判断对方的心理状态，包括认知、情感和预期三个方面的替代体验：认知的替代体验，指个人理智上对他人内部经验的洞察、理解；情感的替代体验，指在情感上体验他人的内部情绪状态；预期的替代体验，指个人能预期他人在具体情境中的情感反应。"通情"有四个阶段：情绪认知（emotion recognition），认知他人的情绪情况；他人思考（perspective-taking），把自己放到别人的位置，体验他人的处境；情绪体验（emotion replication），体会他人同样的情绪；反应决定（response decision），对他人的情况做出反应。可见，"通情"不是以"己"为基础的人际认知，而是以"人"（他人）——自己体验到的"他人"的心理状况为依据。在这个过程中，先在的不是"自己"，而是"他人"。

"忠恕"与"通情"有很大不同：第一，出发点不同。"忠恕"以自己的心理状态及感受为人际认知的参照点，是从"己"而论的；而"通情"则把别人的心理状态和体验作为认知的重心。在体验他人的心理基础上，认知者给出自己的反应。第二，背后的人性理解不同。"忠恕"认定，人与人有相同属性，如此则可以从自己推到别人。人与人既为"同属"，便有相同情感，也就可以随时以自己为依据衡量、判断他人；"通情"背后的认定人与人不同，你的体验不一定是我的体验，我如果要理解你，就要进入你的心理状态中，而不是用我的价值判断来判断你。第三，过程不同。"忠恕"以"己"所发现、体悟的他人的问题为开始，以自己的判断依据要求他人；而"通情"则以"他人"遇到的问题或表现的行为为开始，体验他人，认知他人。两个过程虽然都涉

---

① Changming Duan and Clara E. Hill, "The Current State of Empathy Research", *Journal of Counseling Psychology*, Vol. 43, No. 3, 1996, pp. 261–274.

及自己与他人，但前者是"己"，后者是"人"（他人）。第四，结果不同。"忠恕"用自己愿意或不愿意的感受来要求他人，人际认知结果具有强加性；而"通情"则主张站在他人的角度来理解他人，人际认知结果不具有强制性。第五，关系不同。"忠恕"体现出的是"我—他"的关系，即从"己"的角度理解他人，是从自己推及他人；而"通情"体现出的则是"他—他"的关系，即从他人的角度理解、认知他人。第六，实质有差别。"忠恕"由自己的状态推断别人，当然这里面的"己"涉及诸多心理因素，如价值观、认知特征、个性等，但其中主要是个人的价值观念；"通情"则是"由人推人"，从他人体验把握他人，具有情感体验性。

"忠恕""通情"作为人际认知的方式，都存在着问题：就"忠恕"看，人与人虽然"同属"，却不一定"同情"。在诸多情况下，人与人的心理是有差异的——我喜欢的，别人不一定喜欢；我厌恶的，别人不一定厌恶；我的意愿不一定是别人的意愿。从心理感受看，"忠恕"还有心理的优势感——以"我"推人，无可避免地带来了强制性感觉——强加于人，强制而行。"忠恕"还有道德的优势感——我的道德人品比你"高"，我应当以我的标准来要求你。这当然有哲学或文化原因，哲学上，儒家以"天道"为本体本源。天生人，人符天，人同此理，故可相同。再者，"忠恕"的倡导者往往是"士"，他们具有知识话语权，这就造成了"忠恕"的强制性感觉——强加于人，强制而行。有学者指出："所谓各种文化都认可的、据说可以作为第一普遍原则的金规则'己所不欲勿施于人'，表面上似乎表达了对他人的善意，其实隐藏着非常典型的主体观点，它的思维出发点仍然是'己'，它只考虑到我不想要的东西就不要强加于人，根本没有去想他人想要的是什么，这意味着，我才有权利判断什么东西是（普遍）可行的，我的心灵才算是个有资格的心灵，而他人的心灵和思想根本不需要在场。还有一条从另一个角度表述的金规则'己所欲必施于人'，所暗含的意思甚至更糟。"① 中国社会诸如父以己之意愿苛求于"子"，官员以己之感受强求于百姓等类似现象可能与此有关。

"通情"同样有问题：承认人与人是不同的，你的看法不一定是我的看法。我要理解你，就要进入你的心理状态，不能用我的价值观念来判断你。这固然能够尊重个人差异，保持人与人的心灵自由，但假如人与人是不同的，那么，人与人还可以沟通吗？还可以有共同性和一致性吗？进而，还可以有共同的社会准则和秩序吗？推之于极端，这是同样不能不正视的问题。

如何办呢？应结合起来使用。承认人的共同性使沟通有了心理基础，同时承认人的差异性又理解多样性、差异性。二者可以同用，但不宜极端。二者的结合，可以帮助识别社会冲突的原因与机理。

五　用中策略

鉴于利益是冲突的重要原因，如何以利益方式化解冲突，就是社会冲突处理的重要方面。

首先，不要有"零和"要求。零和游戏（zero-sum game）源于博弈论（game theory），指一方得益必然意味着一方吃亏，胜方所得与负方所失相同，两者相加后正负相抵，和数必为零。零和对策是一种完全对抗、强烈竞争的关系。每次结局时，局中人的支付总和是零，一个局中人的所得恰是另一局中人的所失。在现实世界中，除赌博和军事冲突之外，一般很少出现这种"你死我活"的局面。

"零和游戏"观念正逐渐为"正和"观念所取代。"负和"指一方虽赢但付出了惨重代价，得不偿失，可谓没有赢家。"正和"指赢家所得比输家所失多，或者没有输家，结果为"双赢"或"多赢"。在竞争

① 赵汀阳：《我们和你们》，《哲学研究》2000年第2期。

的社会中，人们逐步认识到"利己"不一定要建立在"损人"的基础上，应有新的冲突或竞争理念，即"双赢"。

共赢策略，成果传统的"用中"策略提供了一个方式。所谓"用中"指兼顾对方利益与诉求，让冲突各方各有所得，认可冲突结果。

"用中"与中国传统的"中庸"思想有关。孔子推崇中庸。他说："中庸之为德也，其至矣乎！民鲜久矣。"（《论语·雍也》）《中庸》还引述孔子的话："仲尼曰：君子中庸，小人反中庸。君子之中庸也，君子而时中；小人之中庸也，小人而无忌惮也。"孔子是把"中庸"作为衡量君子的一个标准，作为"至德"提倡的。孔子的言行也表现出中庸。如孟子说，"仲尼不为已甚者"（《孟子·离娄下》），意思是孔子做事适度。朱熹对中庸的解释为："中庸者，不偏不倚、无过不及，而平常之理，乃天命所当然，精微之极致也。惟君子为能体之，小人反是。"① 把中庸视作世界的本体。王夫之对中庸持另外的看法，他认为"中"是体，"庸"是用。"以实求之：中者体也，庸者用也。"② 王夫子把中庸理解为"用中"。"中庸的基本观念，实际上是在最复杂的时空交汇点上取得最好的解决问题的途径。'中'这个观点，不是指静态的中心，而是对动态过程的把握。"③ 这又把中庸理解为处理复杂问题的策略。中国文化提倡"和为贵"，不愿意以正面冲突的方式处理矛盾。现实中，也常有"小不忍则乱大谋""化干戈为玉帛"等表示妥协的用语。中国文化处理冲突的理论，可以称为"用中"思想。

"用中"观念形成于早期社会。"尧曰：'咨！尔舜！天之历数在尔躬，允执其中。四海困穷，天禄永终。'舜亦以命禹。"（《论语·尧曰》）"中"的理解可以上溯至尧舜时代的社会文化背景。有人认为，这与当时部落联盟制的社会结构有关。部落社会各个部落相对独立，部落首领代表各自部落的利益。当实行一些措施时，常常会因部落之间的不同利益关系

---

① 《四书章句集注》，中华书局 1983 年版，第 18—19 页。
② 《读四书大全说》卷 2，岳麓书社 2011 年版，第 453 页。
③ 杜维明著，岳华编：《儒家传统的现代转化——杜维明新儒学论著辑要》，中国广播电视出版社 1992 年版，第 216—217 页。

而发生意见纠纷。因此，尧舜这些统治者不得不协调各部落的关系，以用中为施政特点，"各设中于乃心"。这就是尧舜时代"允执其中"的社会背景状况。① 这里的"中"，是协调、统合各方利益的行为过程。显然，"中"不是不讲原则，不做事情，而是更有效地调和各方利益，实现既定的政治、社会目的。这样的"中"，不是静止的、妥协的，而是发展的、进取的；不是绝对的、强制的、暴力的、权威服从的，而是相对的、协商的、平和的、民主的；也不应是"过"或"不及"，而是"中"。

到了周公那里，出现了"中德"的思想，"尔克永观省，作稽中德，尔尚克羞馈祀，尔乃自介用逸"（《尚书·酒诰》）。"兹式有慎，以列用中罚。"（《尚书·立政》）开始把"中"作为品德来看待，使"中"具有了抽象性。

随着"中"的发展，出现了"和"的思想。如《左传·昭公二十年》记载晏婴与景公的对话："公曰：'和与同异乎？'对曰：'异！和如羹焉，水、火、醯、醢、盐、梅以烹鱼肉，燀之以薪，宰夫和之，齐之以味，济其不及，以泄其过。君子食之，以平其心。君臣亦然。君所谓可而有否焉，臣献其否以成其可；君所谓否而有可焉，臣献其可以去其否：是以政平而不干，民无争心。'"这里的"和"，强调的是有机的融合。

当然，如何才能达到"中庸"。这不完全是知识性，而是利益的博弈，是"运用之妙，在乎一心"的体悟性智慧。程颐说："'中字最难识，须是默识心通。且试言：一厅则中央为中，一家则厅非中而堂为中，一国则堂非中而国之中为中，推此类可见矣。且如初寒时，则薄裘为中；在盛寒而用初寒之裘，则非中也。更如三过其门不入，在禹、稷之世为中，若居陋巷则不中矣。居陋巷在颜子之时为中，若三过其门不入，则非中也。'或曰：'男女不授受之类皆然？'曰：'是也。男女不授受，中也。在丧祭，则不如此矣。'"②

---

① 罗祖基：《两类中庸说》，《中国哲学史》1999 年第 2 期。
② 《宋元学案》卷 15《伊川学案上》，中华书局 2009 年版，第 626 页。

从利益共享角度看，所谓"用中"即兼顾不同利益诉求方各自的合理性，采取能够为各方接受的利益分配方案，做到共赢。而从"用中"的精神看，可解释为四个不同的步骤：第一，尽精微，仔细地分析事物，理性地把握事物；第二，致广大，以开阔的视野认识世界之整体，并自我反省；第三，极高明，对事物背后的"道"有根本性的把握；第四，中庸，使治理之道能够"中用"。

六　时力度

冲突既然是矛盾的体现，也意味着冲突不是单一的协商，而是需要管控。冲突管控要在一定的时间、地点等时空下展开，形成最佳的解决冲突的时机、方式与技巧。这可以归纳为时力度原则——"时"为时机，"力"为力度强弱，"度"则是合适程度。冲突管控的"时力度"要体现出以下几个方面。

"经权"思想，即强调在遵守原则时，亦要根据具体情况而灵活处理。孔子说，"可与共学，未可与适道；可与适道，未可与立，可与立，未可与权"（《论语·子罕》）。把"权"看作基于学、道之上，而高于学、道，有原则的、随机性的、体悟性的见机行事。孟子也说："嫂溺不援，是豺狼也。男女授受不亲，礼也；嫂溺援之以手者，权也。"（《孟子·离娄上》）同样强调要根据时空情境，不弃原则而有效地处理现实问题。孟子甚至说，"执中无权犹执一"。

儒家持有"时命"观。"时命"观认为，自己的主张能不能实现，有没有"命"，不是由自己的主张是对还是错决定，而主要是由时机性的外在因素随机决定，什么时候有"命"，人不能控制，也不能预知。因此，人要实现自己的主张，就必须平时准备着，以便将来"有命"时能够推行自己的主张。"君子居易以俟命，小人行险以徼幸。"（《中庸》）儒家认识到问题的情境性。"孔子之去齐，接淅而行，去鲁，曰：'迟迟吾行也，去父母国之道也。'可以速而速，可以久而久，可以处而处，可以仕而仕；孔子也。孟子曰：'伯夷，圣之清者也；伊尹，圣之任者也；柳下惠，圣之和者也；孔子，圣之时者也。"（《孟子·万章下》）在孟子这里，"时"有时间、地点、空间的含义，强调其变动、动态和合适性。所谓时圣，是能够按照时间、地点、空间而不失分寸，坚持原则的有效行为。

在最合适的情形下，采取合适的方法，达到最佳的"力度"。所谓"度"，从哲学角度看，是质和量的互相结合和相互规定，是事物保持其质的量的界限、幅度和范围，是一定的质所能容纳的量的活动范围的最高界限和最低界限。在这个范围内，事物的质保持不变；突破关节点，事物的质就要发生变化。在实践过程中，要掌握适度的原则，要学会把握分寸、火候，防止"过犹不及"。

"荀悦论曰：夫立策决胜之术，其要有三：一曰形，二曰势，三曰情。形者，言其大体得失之数也；势者，言其临时之宜、进退之机也；情者，言其心志可否之实也。故策同、事等而功殊者，三术不同也。……伐赵之役，韩信军于泜水之上而赵不能败。彭城之难，汉王战于睢水之上，士卒皆赴入睢水而楚兵大胜。何则？赵兵出国迎战，见可而进，知难而退，怀内顾之心，无出死之计；韩信军孤在水上，士卒必死，无有二心，此信之所以胜也。汉王深入敌国，置酒高会，士卒逸豫，战心不固；楚以强大之威而丧其国都，士卒皆有愤激之气，救败赴亡之急，以决一旦之命，此汉之所以败也。且韩信选精兵以守，而赵以内顾之士攻之；项羽选精兵以攻，而汉以怠惰之卒应之，此同事而异情者也。故曰：权不可豫设，变不可先图；与时迁移，应物变化，设策之机也。"① 在东汉末年史学家荀悦看来，得与失大体上的趋向，对临时情况灵活应付和对进与退随机应变的形势，心意志向上坚定还是懈怠的实际心理，决定着策略相同、事情相等但功效各异，是三个方法运用得不同的缘故，也是不可预先确定，应随机而变的原理。

---

① 《资治通鉴》卷10，中华书局1956年标点本，第333—334页。

社会冲突往往是诸多原因积弊而成，处理的时机与方式要依矛盾的发展状态而定，时力度是社会冲突管控的重要原则。

七　利情理法

冲突治理大略包括冲突预防、冲突管理和冲突解决。冲突预防是在平时采取的应对行动；冲突管理是在冲突显现之后采取的应对策略；冲突解决则是在冲突升级之后采取的解决各方追求目标不相容的一种应对策略。这样的过程也启示人们，以国家为主导，利益相关方参与的冲突治理，需要利情理法齐下。

"利"即利益，利益当然是人的社会行为基本动因。古语说："天下熙熙，皆为利来；天下壤壤，皆为利往。"（《史记·货殖列传》）"利"是动力，也是冲突的诱因。应在公理和政治理念的基础上，设计利益分配机制，并公平实行。

"情"不是指一定情形下人的喜怒哀乐，而是指人之为人的心理体验、感受与情感，尤其是人的价值观及其情感体验。人皆有所欲，有所愿所求，乃是由其情感价值和理性工具心理系统决定的心理世界及其表现。其"情"即人的心理机制、心理规律。社会冲突要依这些规律，进行引导与调适。

"理"乃是指社会之所以为社会的"理"，更接近道德义。"人类永远和普遍需要制定出一套使任何人在任何地方和任何时代都不敢违反，害怕违反时会遭到斥责和耻笑的道德规范。违反道德规范的行为，被称之为作恶；遵守道德规范的行为，被称之为为善。"[①] 成熟的文化无不有系统的"社会应当是什么"的思想观念"标准"，即道德。作为文化性的共享意义系统，道德提供了一个社会行动的常模，它是基于他

---

① ［法］托克维尔：《论美国的民主》（下卷），董果良译，商务印书馆 1988 年版，第775—776 页。

者的文化性要求而对人的约束。如西方基于"上帝"信仰，提供了
人与自我、人与他人、人与社会的"应当"共享性观念，成为西方
社会发展而稳定的社会、经济、政治等制度安排的心理基础。① 作为
中华传统主流文化，儒家以"天道"为依据，给出了中国人的"道
德模式"。儒家的道德基本框架是，"物格而后知至，知至而后意诚，
意诚而后心正，心正而后身修，身修而后家齐，家齐而后国治，国治
而后天下平。""修齐治平"成为中国人关乎自己、他人、社会、国
家理想状态的文化想象，给出了人与自我、人与他人、人与社会
"应当是什么"的系统规定，如"小康""大同"成为中国社会、经
济、政治制度安排的共享性文化心理基础。② 其背后底层是儒家
"天""性""心""知"理念结构，中层是个人—社群伦理结构，外
层是天道、致知、德行、仁政结构，表现出三种作用形态——终极德
性链条中的个人及其自我图式、伦理秩序中的"位"责任角色图式
与德治的事件图式。儒家"社会图式"框定了人与自我、人与人、
人与社会的德性意义系统，迄今在社会治理中发挥着合法性与有效性
的认知原型作用。

　　儒家依据血亲远近和社会地位高低形成个体—家族—国—天下关系
的人际互动原理，凸显人在各自所处的伦理责任关系中承担"应该"
角色，是一种"位"责任的伦理角色图式。儒家的"位"伦理责任角
色图式有三个特征。一是以血亲、尊卑关系承担伦理责任大小。"故为
政在人，取人以身，修身以道，修道以仁。仁者人也，亲亲为大。义者
宜也，尊贤为大。亲亲之杀，尊贤之等，礼所生也。"（《礼记·中
庸》）以血缘、尊卑关系远近而承担不同的社会责任，准确讲是伦理
责任；二是伦理责任是互动的、关联的、传递性的。"父慈、子孝、兄

　　① John T. Jost, Christopher M. Federico and Jaime L. Napier, "Political Ideology: Its Struc-
ture, Functions, and Elective Affinities", *Annual Review of Psychology*, Vol. 60, No. 31, 2009,
pp. 307-337.
　　② 景怀斌:《孔子"仁"的终极观及其功用的心理机制》,《中国社会科学》2012 年
第 4 期。

友、弟恭"，均以德性为纽带，把相关社会人连接起来，构成家族共同体；"君使臣以礼，臣事君以忠"（《论语·八佾》）。又基于儒家精神上的平等给出了贵族之间、贵族与平民之间、君臣之间以尊卑、责任关系，由此德性而构成社会共同体；三是责任的情境性。儒家强调人的德性责任，但这样的承担也有情境性。例如，儒家重视"以德报德"，也不否定"以怨报怨"，《礼记·表记》中就明确指出，"以德报德，则民有所劝；以怨报怨，则民有所惩"。再如，强调伦理的基本原则，但也要依据具体情境而有行为的权变性。如"嫂溺不援，是豺狼也。男女授受不亲，礼也；嫂溺援之以手者，权也"（《孟子·离娄上》）。强调在特定的情况下不丧失伦理原则的变通使用。如此，儒家角色的图式是伦理关系下"位"责任，但非机械的，而有不损伤德性原则下的变通性，表现出生活情境性。

道德一旦形成，便有外在控制的功能，以约定俗成的方式决定着什么可以做，什么不可以做。例如，在中国"德治"强调了无论是个体的行为，还是群体、组织的管理，抑或是社会国家治理，以德为治理正当性标准和必要条件，一个人，一个机构无德则终不能长久。"德"成为中国社会事件认知及治理的要素和评价标准。

道德与法律的作用是不同的。法律针对的是"违规"或"反社会"行为，不违法不意味着就是道德的。法律是法典和律法的统称，分别规定公民在社会生活中可进行的事务和不可进行的事务，是由国家制定或认可并以国家强制力保证实施的，反映由特定物质生活条件所决定的统治阶级意志的规范体系。中国的法律可以划分为：宪法、法律、行政法规、地方性法规、自治条例和单行条例。法律是从属于宪法的强制性规范，是宪法的具体化。宪法是国家法的基础与核心，法律则是国家法的重要组成部分。法律是基于社会秩序的底线要求，以国家暴力为依托的对人强制。各种各样的法律以"不"的方式，规定了社会人不能做的底线。有人认为，只要法律不限制的，就可以做。其实，从道德的角度看，法律允许的不一定是道德所提倡的。法律是最低要求，法律针对的是"违规"或"反社会"行为。社会秩序的维持是道德给定的。道德是社会良治的高线，法律则是底线。

利情理法的综合使用，能够使冲突治理有软有硬，有理有利，内在与外在统合，从而有效化解社会冲突。

第十四章　重大危机治理

　　会议指出，3年多来，我国抗疫防疫历程极不平凡。以习近平同志为核心的党中央始终坚持人民至上、生命至上，团结带领全党全国各族人民同心抗疫，以强烈的历史担当和强大的战略定力，因时因势优化调整防控政策措施，高效统筹疫情防控和经济社会发展，成功避免了致病力较强、致死率较高的病毒株的广泛流行，有效保护了人民群众生命安全和身体健康，为打赢疫情防控阻击战赢得了宝贵时间。2022年11月以来，我们围绕"保健康、防重症"，不断优化调整防控措施，较短时间实现了疫情防控平稳转段，2亿多人得到诊治，近80万重症患者得到有效救治，新冠死亡率保持在全球最低水平，取得疫情防控重大决定性胜利，创造了人类文明史上人口大国成功走出疫情大流行的奇迹。[①]

　　新冠肺炎疫情是历史罕见的全球性重大公共危机。不同的国家所采取的行动，都是国家治理的策略、能力与方式的体现，提供了重大公共危机治理的经验教训。重大危机治理是由危机问题、政府、民众构成的互动三角，其治理可以由此展开讨论。

---

① 《中共中央政治局常务委员会召开会议　听取近期新冠疫情防控工作情况汇报》，《人民日报》2023年2月17日第1版。

一　重大公共危机

重大公共危机通常指小概率大后果的突发事件。这些事件对社区、组织、社会或国家现状具有大规模的、威胁性的、紧急的且充满不确定性的、超越可用资源的影响。如流行病、基础设施瘫痪、恐怖袭击以及大规模暴力事件等。①

人们借用"黑天鹅"事件和"灰犀牛"事件来描述重大公共危机形成的原因。"黑天鹅"一般指难以预测，但突然发生时会引起连锁反应、带来巨大负面影响的小概率事件。例如，自然、经济、政治等领域的一些事件虽然发生概率很小，但有高度不可预测性，一旦发生会带来严重后果等特征。1997 年的亚洲金融危机即为"黑天鹅"事件。泰国政府宣布泰铢与美元脱钩后，当天泰铢贬值近 20%。随后，超出意料的引发马币林吉特、新加坡元、菲律宾比索、印尼盾等下挫。这场金融危机使大部分东亚货币贬值、国际股市暴跌、多国社会秩序陷入混乱甚至政权更迭。"灰犀牛"是指明显的、高概率的却又屡屡被人忽视、最终有可能酿成大危机的事件。此类事件在发酵之前往往不被重视，或者被当作一种正常的现象来认可或接受，错失了最好的处理或控制风险的时机，最后导致极其严重的后果。美国次贷危机就是典型的"灰犀牛"事件。当时大家知道"次债"有风险，却并未足够重视。反而因其投资回报高，"次债"相当一段时期内受到投资者的追捧，表现稳定。2007 年房价开始回落，"次债"市场风险爆发，风险被迅速传导到其他市场，最终酿成了史无前例的国际金融危机。②

危机的形成与一系列不确定性相关。第一，外部环境不确定性。不

---

① Arjen Boin & Paul't Hart：《如何组织有效的应急管理——危机与灾害管理研究中发现的经验与教训》，《中国应急管理》2012 年第 3 期。

② 王志秋：《我国自然灾害应急管理面临的"黑天鹅"和"灰犀牛"风险浅析》，《中国应急管理》2019 年第 4 期。

确定性可以分为技术不确定性、生产不确定性、需求不确定性和市场不确定性等。例如，2007 年 8—9 月，不少与次贷相关的金融机构破产，美联储和欧洲央行联手救市并降息，美国抵押贷款风险浮出水面。2008 年 9 月雷曼兄弟宣布申请破产保护，美林被迫售予美国银行，美国国际集团出现融资危机，引发国际金融危机。第二，社会经济发展因素。如经济社会变迁、政治发展、社会结构的失衡，社会不平等与社会分化加剧，宗教、种族、民族、地区冲突，以及文化、价值观差异等。据分析，当一国人均 GDP 达到 1000 美元至 3000 美元时是矛盾多发期。表面上这是收入问题，背后是经济社会转型引发的利益格局和社会阶层之间利益关系的失衡以及思想观念冲突所致。第三，外部与内部互动。环境突变、市场波动、供需关系变化，或当技术装备落伍、产品结构不合理、经营管理方法不适应时，均可能带来组织或社会危机。更准确地说，是外部原因与内部原因主动带来了重大危机。内部原因突出表现在利益集团的冲突与价值观冲突。①

二 危机治理的国家行动

重大公共危机治理的行动主体是国家，不同国家因为政治理念、体制不同而有不同的策略与行动方式。这里以中国应对新冠肺炎疫情的新闻通报，解析中国危机应对的国家行动机制。

中共中央政治局委员、国务院副总理孙春兰 4 月 17 日至 18 日在上海调研指导疫情防控工作，主持召开疫情防控专题会、出席医疗救治专题会，连续第三天前往浦东新区、黄浦区，对社会面清零攻坚行动开展情况进行督导检查。孙春兰强调，要深入贯彻落实习

---

① 黄书亭：《企业危机成因剖析——兼论美国杰出 CEO 的危机管理策略》，《中国集体经济》2008 年第 3 期。

近平总书记一系列重要指示精神，按照党中央、国务院决策部署，坚持"动态清零"总方针不犹豫不动摇，把疫情防控作为当前最紧迫的事情，对照"四应四尽"目标要求，拿出决战冲锋、攻坚克难的精神状态，下大力气对疫情较重区域"拔根"，拧紧疫情传播的"水龙头"，全力以赴打赢这场疫情防控攻坚战。

市委书记李强，市委副书记、市长龚正参加相关活动。

在17日晚的疫情防控专题会上，孙春兰听取工作组情况汇报，分析突出问题，研究下一步工作。18日上午，孙春兰前往浦东、黄浦疫情防控指挥部，检查指导应转尽转任务完成情况，要求切实管住社区，做好快递人员、志愿者等重点流动人群疫情防控，全力推进应转尽转，确保日清日结，不松劲、防反弹，并及时做好环境消杀。18日下午，孙春兰来到上海市公共卫生临床中心，出席医疗救治专题会，看望慰问奋战在一线的医疗专家和医务人员，并听取对救治工作的意见建议，就进一步加强医疗救治提出要求。与会专家表示，有的国家和地区奥密克戎的病死率为0.7%，远高于流感的病死率。上海老龄化程度高，如果疫情蔓延将对老年人、有基础疾病人群生命健康造成严重威胁，并导致医疗资源挤兑。因此，加快推进"动态清零"、加强疫苗接种至关重要。孙春兰指出，要把医疗救治工作摆在突出位置，按照第九版诊疗方案，实事求是对患者进行分型，坚持分类收治，做好双向转诊，中西医结合，同质化规范化治疗，加强悉心护理，关口前移防止轻症转重症、危重症，全力以赴救治重症患者，千方百计降低病死率。

孙春兰指出，疫情不等人，要以快制快、全力以赴将已部署的目标任务落实到位，压茬推进，直至胜利。要压实领导干部包保责任制，紧盯人员密集、防控难度大的区域，紧盯资源力量的薄弱环节，坚决有力靠前指挥，加快破瓶颈、强弱项、补短板。要强化对防控政策的理解和执行，转运收治不打折扣、没有例外，切实做到应转尽转、日清日结。要认真开展流调排查，实事求是判定密接和次密接人员并排查管控到位。要深入细致做好群众工作，发挥基层治理作用，更好满足居民生活物资和就医用药等基本需求，深入动员、引导、团结广大群众，让群众更好地理解、配合、支持防疫政策措施。广大党员、干部要发扬特别能吃苦、特别能战斗的精神，以强烈的紧迫感和责任感，更大力度推动各项防控措施落地见效，尽快实现社会面清零。[①]

这虽是中国新冠肺炎疫情应对过程中的常规新闻报道，但其中蕴含着中国式的重大危机应对策略与方式。

（一）政治统领

国家是基于政治理念而形成的以合法暴力为依托的政治体制。政治体现在国家的基本政治理念上，是情感价值的，而不是单纯的经济理性。

新闻里说："孙春兰强调，要深入贯彻落实习近平总书记一系列重要指示精神，按照党中央、国务院决策部署，坚持'动态清零'总方针不犹豫不动摇，把疫情防控作为当前最紧迫的事情，对照'四应四尽'目标要求，拿出决战冲锋、攻坚克难的精神状态，下大力气对疫情较重区域'拔根'，拧紧疫情传播的'水龙头'，全力以赴打赢这场疫情防控攻坚战。"这里面有三重的"政治统领"意蕴。

一是中国政治理念的"人民为中心"。"我国的防控方针是由党的性质和宗旨决定的。"中国共产党的根本宗旨是全心全意为人民服务，把人民群众的利益放在第一位，人民群众的生命安全和身体健康是制定防控政策、判断防控成效的首要标准。这也是中国与西方国家选择不同防疫道路的根本原因，体现了中国的政治优势和中国特色社会主义制度

---

① 《拧紧疫情传播的"水龙头"　孙春兰在沪督导检查社会面清零攻坚行动开展情况》，《青年报》2022年4月19日第A02版。

价值情感特性。

二是领导体制的政治性。上下统合是中国的政治行动要求，是否贯彻中央的部署，本身就是政治原则。这就是为什么新闻强调要深入贯彻落实习近平总书记一系列重要指示精神，按照党中央、国务院决策部署，坚持"动态清零"总方针不犹豫不动摇。

三是国家治理的政治方式。政治的国家治理方式即以党的理念和组织方式进行国家治理。如疫情防控中不断强调使命担当、为民情怀，从拥护"两个确立"、做到"两个维护"的政治高度，坚决把思想和行动统一到习近平总书记重要指示精神和党中央、国务院决策部署上来等，就是这个道理。同时，用政治党性来激发人们的精神和行动力，如充分发挥基层党组织的战斗堡垒作用和党员先锋模范作用；还用党的组织形式进行动员，如"党员带头""临时党支部"等，都发挥了极大的政治动员力。

（二）多维评估

重大公共危机应对是涉及整个社会方方面面的国家治理行动，不是单纯的积极利益计算，是政治、经济、文化、社会、安全、卫生等方面的综合考虑，其决策是多维度下的满意原则，而非单一的经济最大利益化。

新闻报道"上海老龄化程度高，如果疫情蔓延将对老年人、有基础疾病人群生命健康造成严重威胁，并导致医疗资源挤兑。因此，加快推进'动态清零'、加强疫苗接种至关重要"，体现了中国式的危机评估思路。

中国疫情防控"动态清零"阶段的战略判断是，综合社会成本最低策略。首先，从卫生经济看，如果不把力量和资源重点放在核酸筛查、隔离等"防"的措施上，势必造成大量的人群感染，将压力都传导到"治"上，威胁有基础性疾病患者、老年人、儿童和孕妇等脆弱人群的健康，出现大量重症和死亡，经济社会平稳发展将受到严重影响，人民不会答应，党和政府也决不允许出现这样的情况。其次，从局部和整体、当前和长远关系坚持"动态清零"是综合社会成本最低的抗疫策略，疫情越早得到控制，综合的经济社会发展受到的影响越小。如中国 2021 年保持经济增长和疫情防控全球领先地位，正是良好的疫情防控形势为此提供了保障。

重大危机往往不是单一面向的，是政治的、经济的、社会的、卫生的、安全的等。不同的角度有不同的估计，每一个角度都有一套自己的"算法"。中国的重大危机治理评估不是单一的，而是政治锚定之后的综合效益评价。

（三）会议落实

中国的治理表现为"会议"的方式，实现上下贯通、各地既有差别又有一致的治理行动。例如，2020 年初的武汉新冠肺炎疫情防控，中央和国务院在疫情防控的关键 5 个月内召开了 60 余次会议来研究部署疫情防控，与之相应，各地政府围绕中央政府会议精神，又在各自的会议中贯彻落实中央政策。

政府的"会议"既是传递上级价值理念与政策意图的重要载体，也是对实质性问题做出决议并将之输出为地方性公共政策的决策平台。会议政策制定是由政策理念转变为问题的话语空间，再由话语结构转化为政策内容与工具的过程。地方对中央理念的认同属于政策的理念"蝉联"过程，下级对上级政策话语的采用与转译则属于话语的流变过程。会议政策制定是行动者依循话语的意义生成规则进行理念传递、议题建构、工具选择与保障支持体系建设的过程。在政策落实性会议中，会议决议作为"制度结构"与"主体能动"下的结构性话语表达，既体现了地方平衡上级合法性权威与自身治理有效性之间的话语策略，又能反映地方治理逻辑中的政策工具偏好。

中国疫情防控的会议治理呈现出"民心合法化→政治合法化→议题建构→政策工具→组织保障"的层次性行动路径。以"人民中心"理念为核心的民心话语在会议中承担着价值凝聚功能，能够让会议的政策理念获得政治共识和政治支持，进而形成一盘棋的整体性治理格局。"人民中心"理念作为价值取向，不仅是地方会议决策的合法性前提，也是进行政治动员的重要依据。以"党的领导"为核心的政治话语对各层级会议行动具有合法性统领功能，是疫情防控中的政治认同和政治动员的保障机制。中央的政治理念通过与政治话语的融合表达，在会议"学习"中内化为地方的心理认同，成为"意义性"行动的合法性来源。党统一领导下的全面动员、全面部署，能够在地方议题的建构中发挥政治统领功能，防止政策理念发生偏移，是实现"令行禁止"的保障。疫情防控会议的有效性话语呈现出政策工具与组织保障紧密关联。[1]

（四）资源统合

中国是单一制国家，不同省份、上下级政府能够在中央领导下，统一行动，在人财物资源上实现统合。

例如，在武汉疫情防控中，统一医疗资源，派出中央指导组，调集340多支医疗队、4.2万多名医务人员驰援湖北，落实"四集中"原则，坚持中西医并重，不断优化诊疗方案。动员全国建设资源，创造性地建立方舱医院，在短时间内大规模收治轻症患者，实现轻症患者隔离，做到"床等人"。在第三阶段的全链条精准防控阶段的"五结合"。指挥系统平急结合，国家、省市第一时间共同启动应急响应；行政和业务相结合，干部专家下沉一线抓落实；专兼结合，突出流调和监督队伍等作用，强化公安、工信、公卫"三公（工）"协同，提高流调效率；群众工作和卫生工作相结合，争取群众支持配合；常态化精准防控和应急处置相结合，加强防控能力建设。

---

① 景怀斌、刘白：《会议决策的逻辑：一项文本挖掘研究》，《求实》2023年第6期。

（五）科技赋能

中国的疫情防控，充分使用了新技术，新科技手段，极大地增强了防控措施的有效性。

"以核酸检测为中心扩大预防"，明确聚集性疫情处置 5 条措施。外防输入上，严格执行人、物、环境同防，严格闭环管理。内防反弹上，实施分区分级差异化精准防控，先后发布 85 类防护指南和 60 余个技术方案，对 12 类人员实行核酸检测"应检尽检"，落实重点场所、重点人群、重点环节防控举措。不断完善指挥体系快速响应、一定范围核酸筛查、风险人群应隔尽隔、感染者"四集中"救治、及时发布信息等 5 条举措，基本在 2—3 个潜伏期控制住疫情传播。

大力开展疫苗科研攻关。密切跟踪研判对疫苗、检测试剂、治疗药物的影响，加快推进针对奥密克戎变异株的疫苗临床研究和审批上市。坚持中西医并重，同质化规范化治疗，科学使用小分子药物，提高救治水平。[①]

（六）话语引导

国家治理行动需要合法性，而这些是以媒体话语的方式实现的。不同国家的新冠疫情治理行动有不同的合法性解释，相互之间存在着话语竞争。中国政府的媒体和宣传机构，宣传党中央、国务院决策部署，加强信息发布，主动回应社会关切，最大程度凝聚各方共识。其话语引导是保证疫情防控大局稳定的话语治理方式。

新冠肺炎是一种新的疾病，如何应对，如何防控人们并不清楚，这需要科普。宣传普及科学知识，提醒广大群众积极进行疫苗接种，坚持勤洗手、戴口罩、保持社交距离等健康生活方式，是疫情应对的科学方式。

---

① 马晓伟：《坚定不移贯彻"动态清零"总方针　坚决巩固疫情防控重大战略成果》，《求是》2022 年第 10 期。

合理化与合法性决定于人所秉持的价值观。人是价值观念动物，认定自己所秉持的价值观是有价值的、合理的、正当的和高尚的，会对不同的价值观有排斥性。因此，重大公共危机的应对，话语引导是重要的。

（七）动态调整

重大危机往往会持续一段时间，在空间和时间上开展的国家治理行动，就需要动态调整。

第一阶段是突发疫情应急围堵阶段，表现为坚决打赢武汉保卫战、湖北保卫战。

第二阶段是常态化防控探索阶段，以核酸检测为中心扩大预防，基本在2—3个潜伏期控制住疫情传播。

第三阶段是全链条精准防控阶段，面对德尔塔变异株传播，更加突出抓早抓小抓基础，基本在1个潜伏期左右控制住疫情传播。

第四阶段是全方位综合防控阶段，面对奥密克戎变异株传播，需更加突出"科学精准、动态清零"。"动态清零"目标，对于绝大部分传播链基本上都在一个潜伏期甚至更短的时间内得到控制。

第五阶段的全面放开。随着奥密克戎病毒感染性强，病毒后果弱，经济下行压力大，2022年11月以来，出台20条，社会全面放开。围绕"保健康、防重症"，不断优化调整防控措施，较短时间实现了疫情防控平稳转段，社会恢复到正常的运行状态。

（八）问责管控

重大危机应对是个过程，过程管理是重要方面。中国政府采用的是过程督导与问责管控。

疫情发生以来，国家以卫健委为主，成立了督导组织，各级督导发挥督导督办的重要作用，发现问题及时反馈、立行立改，把各项防控工作落实到位。对问题多的单位蹲点督查，对出现问题和整改不到位、失职失责导致疫情失控的，建议当地政府启动问责。

不同地区疫情发生后主要负责人被问责，起到了示范效应。纠正了疫情防控中的形式主义、官僚主义、工作懈怠。公共组织最大的激励是职位晋升，免职等处分方式的问责，促使官员更好地完成组织任务。

（九）末端网格化

国家治理过程是从顶层设计到社会末端落实的作用过程，政策最后要落实到政策目标人群的行为改变上。

中国政府的疫情防控措施通过末端网格化来实现。例如，应急指挥和预案体系要提级统筹，扁平化运行，避免出现任务层层转包、区县各自为战的情况。封控收治隔离更坚决，以"空间换时间"，情况不明时封控管控先从严，把风险人群控制在管控范围内；建立以收治、隔离为中心的风险人员排查管控联动机制，在规定时间内实现应转尽转、应收尽收、应隔尽隔。重点地区"拔钉子"更精准，及时查找疫情高发的区域、街道或楼栋，集中资源力量消除风险点等。

在行政上，实行领导干部包保责任制，紧盯人员密集、防控难度大的区域，紧盯资源力量的薄弱环节，要强化对防控政策的理解和执行。

在这个过程中，中国社会的群体和利他文化模式发挥了极大的作用，人民群众互帮利他行动起来，促进了政策行为效应。

三 危机应急心理

民众在面临危机时，会产生应急性的心理反应。这是危机应对的民众心理基础。

对于民众公共危机发生时的心理反应，作者团队对网民进行了调查。调查时间为 2020 年 1 月 31 日—2 月 3 日，即武汉封城一周后，有效问卷4590份。调查发现：

1. 心理压力

以5分标准，民众压力紧张感均值在3.10分左右，处于中间状态。其中，压力感平均得分最高，为3.49分；创伤感次之，为3.4分；抑郁感为2.86分；焦虑感为2.45分。得分最高题项为"要避免与他人接触，认为接触会增加感染风险"，平均达3.9分。

在人口学变量方面，女性压力紧张指数及各维度得分显著高于男性，更容易感到压力、焦虑、抑郁等负面情绪。经济状况和压力紧张指数呈现显著负相关，经济条件越差的群体压力紧张指数越高。相对于农村地区居民而言，城镇居民则面临着更大的心理压力。老年人群体更容易感到焦虑和抑郁，26—35岁的受访者则更容易感到压力和创伤，36—45岁的中年群体在总分上获得了最高分。

2. 疫情政策认知与评价

以5分为标准，平均值为3.84分，总体处于偏高状态。其中，民众对于政府政策的知晓度得分最高，平均值为4.03分。对政府政策执行的有效性评价相对较低，为3.81分。对于政府政策的公开性和回应性为3.42分，最低。从地域上看，东部和西部地区的民众对于政策的感知和评价不高，身处中部地区的民众的政策感知和评价相对较高。

在政策知晓度方面，得分最低的为"为疫情控制而出台的物资供应措施"，3.71分；知晓度最高的为"政府为了防止疫情出台的交通运输措施"，4.14分。

在政府政策有效性评价部分，最高项为"中央对地方防疫措施给予支持"，4.18分；最低为"疫情防治政策所耗费的社会成本和效果成正比"，3.44分，说明民众仍然对耗费大量社会成本能否带来更好的疫情防控效果存在疑问。

在政府政策合法性评价部分，"防疫政策的实施过程是公开透明的"以及"防疫政策根据公众的反馈进行了调整"两个指标相对较低的得分，为 3. 4 分。

年龄越大，经济地位越高的群体对疫情政策的感知与评价就越正面。受教育程度则与"政策感知与评价政策"指数呈显著负相关，受教育程度越高，对政策感知与评价的得分就越低。党员对于政策知晓以及政策合法性的评价均显著高于非党员。

3. 政策治理效应

以 5 分为标准，民众的"政策治理效应"平均值为 3. 79 分。政治效能感的平均得分最高，为 3. 92 分；政治自信为 3. 79 分；最低的是政治信任，为 3. 66 分。民众在"防控疫情的政策与治理措施，使我更相信地方政府了"和"疫情控制措施做到了最小代价换取最大效益"两个题项上的评价得分拉低了整个维度的分数。

从人口学变量看，初中及以下人群在这部分的得分最高，研究生群体的得分最低。中等经济条件者的得分最高，低收入群体的得分最低。农村地区网民在总分，以及政治信任、政治效能感方面都获得了更高的分数。党员群体在政治自信方面得分高于非党员群体，但在总分、政治信任、政治效能感方面，非党员群体的得分反而更高。

4. 疫情传播心理

以 5 分标准，在对疫情的关注度上，得分达到了 4. 38 分。76. 8%的受访者每天用 1 个小时阅读疫情信息，9. 1%的受访者在阅读疫情相关信息的时间超过 5 个小时。年龄越大、学历越高的群体对疫情的关注度也越高。

在疫情信息获取上，33. 9%的受访者表示每天收到的信息在 21 条以上，70%的受访者每天收到信息数量 10 条以上。超过 63%的受访者表示至少收到过 3 条以上的疫情谣言。数据还显示，微信好友、朋友圈、微信群是人们获取疫情信息的最主要来源，电视、广播、报纸等传统媒体在疫情信息传播中的作用明显较弱。

民众对地方政府疫情信息发布的满意度（包含信任度、透明度、及时度、清晰度）存在明显的地区间差异。年龄越大的群体，对政府疫情信息工作的满意度越高。党员群体对政府疫情工作的满意度也明显更高。①

危机下的民众应急心理反应对疫情防控政策的启示是：

第一，兼顾民众动态性的心理需要与变化，推出递进性政策措施。

政策效应取决于人们的认知与心理特征。民众的疫情压力、焦虑感推动了政策效应，但与政策治理效应（政策评价、政治信任、政治效能）呈负相关。不同群体的民众需求与特征也应关注，如低收入群体，女性群体的压力可能更大些，城市人群可能比农村人群有更严重的心理问题。由此，不同阶段的政策重心应有不同，各种应对措施出台要考虑民众的心理状况与需求的动态性，以递进的、多层面心理状况为政策制定与需求依据。

第二，政策措施既要有合法性，也要有有效性。

国家治理的根本逻辑是合法性增强和问题有效性解决。合法性不仅仅是合乎法律条文的，也是心理认同性的，即政策执行的效果是增进民众对国家的认同与亲和。有效性是问题的及时解决与投入—效益比最优化。在政策的国家治理效应方面，政策知晓度、政策有效性评价、政策透明与反馈性、信息发布及时透明感知、信息理性与之呈正向关系，但焦虑、创伤、信息关注度、信息报道合适性、信息自主性与之呈负相关；在政策行为效应方面，压力、焦虑、政策知晓度、政策有效性评价、政策透明反馈性、信息发布及时透明感知、信息理性关注度与之呈正向关系，但信息自主性与之呈负相关，信息报道合适性评价没有到显著水平。政策的国家治理效应与行为效应是两个相关但不同的现象。疫情应对政策要防止追求有效性而忽视或损伤合法性的现象。反之亦然。

---

① 景怀斌等：《疫情应对措施的国家治理与政策行为效应调查报告》，《人民网新媒体智库》2020年2月上—中。

四 危机中的政策行为效应

从国家治理层面看，危机应对是通过公共政策而进行的。政策效果最终体现在政策行为效应或政策遵从效应——政策目标人群因政策带来的认知与行为改变程度。政策行为效应具有政策效果评估、政策制定—执行问题诊断的双重功能。

政策行为效应的原理是：首先，民众对政策合法性与有效性认知与评价是政策执行的心理基础。合法性是现代西方政治概念，指一项政策是否合乎法律或程序，是否符合国家或大众利益。由于文化差异，中国人的合法性观念更多是"正当性"，即一项政策的正当理由程度，是民众心理上认为政策的合理性与必要性。有效性指一项政策能够解决社会问题的效能程度，可以用投入与产出比来衡量。其次，文化或社会压力。民众对政策的遵从大，就说明政策行为效应高。政策遵从不完全是自我认知性的，还是文化的、社会比较的。如中国的单位或家庭的社会压力利于政策遵从的提高。最后，政策的规制性。政策作为经过某种形式的合法化共同行动规则，是具有法律强制性的。若相关民众不遵守，是要受到惩罚的。

以新冠肺炎疫情防控早期的政策行为效应为例，以 5 分为满分标准，政策行为效应均值为 4.10 分，其中，个体自主性的行为政策效应均值为 4.05 分，他者约束—规范效应（家庭、单位、组织的影响）的均值为 3.99 分，自我内化—认同效应（知晓、责任感、好处等而遵从政策）的均值为 4.26 分。

这些数据说明，民众无论是疫情防控政策的正当性（合法性）、有效性，还是政策遵从行为，都是较高的。可以说，这是中国新冠肺炎应对独特方式的民众基础。

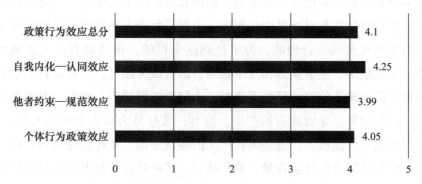

图 14-1　民众疫情政策行为效应的均分分布情况

五　危机中的谣言

危机是谣言的温床，几乎在所有的危机中，均有形形色色的谣言出现。谣言扰乱人心，对危机应对有不利影响。

1947 年，艾尔波特和波茨曼给出了谣言产生的公式：R = i×a。其中，R = 谣言（rumor），i = 重要度（important），a = 模糊度（ambiguity）。即一个事件越重要，越不确定，就越容易产生谣言。1953 年，克罗斯对此公式进行了修订，即 R = i×a×c。其中，c = 批判能力（critical ability）。即谣言与人的判断力有关。①

谣言形成的原因是多方面的，如 SARS 危机中的谣言有这样的类型：（1）为达到经济目的而制造的谣言；（2）为掩盖犯罪目的而制造的谣言；（3）为达损人目的而制造的谣言；（4）恶意制造的谣言；（5）单纯为了宣泄和好玩而制造的谣言；（6）从良好的愿望出发，借用了民间习俗而形成的谣言。

谣言产生既有主观原因，也有客观原因。从主观看，一是谣言的产生与个体间的差异有密切关系。人们在观察、记忆、理解等方面的不足

---

① 赵晓红：《社会突发事件中的民众心理引导问题探讨》，《西部学刊》2013 年第 8 期。

或偏差是造成传递信息出现遗漏、颠倒和错误的主要原因。二是人们在传递信息时往往有自圆其说的倾向，也就是每个人都希望自己的话在别人看来是真实的、合理的，为了达到这个目的，传递者有意无意地增补、删改事实，使事实真相发生扭曲，最后成为谣言。三是正常的信息渠道受阻或缺乏信息。信息不清时，人们会依据猜测、想象，对事物做出自己的解释，导致谣言的产生。再有，某些易为众人关注的人和事，人们对此的议论增多，这是谣言产生的客观基础。从社会环境看，谣言的产生有其特定的社会背景，换句话说，某种社会状态下更容易出现谣言。首先，在社会面临突发事件时最易出现谣言，因为此时固有的社会秩序被打破，人们失去了往日的稳定感，各类传闻会随之发生，谣言也易于传播。其次，社会面临危险的境遇，已经出现某种可能或征兆时，谣言也容易发生。人们出于恐惧，便做出种种猜测，最容易以讹传讹。再次，社会内部结构紊乱，谣言也会发生。在当今的互联网舆论形态中，谣言生成有了新情况，即基于某种意识形态而构造谣言。

由此来看，谣言不仅仅是无意识的信息畸变，是需要专项应对的危机治理内容，应特别注意以下几个方面。

第一，信息开放，重建信任。诸如开放—参与解释，通情式解读，专业辅助，降低谣言形成的社会事件不确定性。

第二，准确告知，不留想象空间。越是给出全面、准确的信息，越利于谣言消除。当然，因利益或其他原因，当事者在此方面很难做到位。

第三，加强对谣言的惩治。新冠肺炎疫情的各种谣言，不完全是信息本身的不确定性使然，有经济的、政治的利益诉求。互联网时代谣言传播更为有力，社会后果更为严重，故而，应加强谣言的治理或惩治。

六　危机应对的心理模型

重大危机应对有不同理论依据，从危机心理生成机制看，可以得出如下的三期应对心理模型。[①]

早期：事件信息因素×社会支持性因素×安全保障感因素×误差因素。

中期：事件信息因素×知识性因素×危机情境×误差因素。

后期：社会支持性因素×社会气氛因素×误差因素。

1. 早期阶段，应以信息管理为核心

民众在危机早期的心理反应的影响因素是事件信息——社会支持性的，依此，危机早期的应对应以信息管理为主：（1）越准确的信息越好，因为越是具体的信息，在大众传播过程中发生畸变的可能性越小。（2）越直接越好，即危机发生后，当事人（政府部门、责任人）应直接把信息发布出来，减少信息发布渠道。因为在民众心中，只有当事人才最了解情况，这也减少了信息传播的环节。当然，这涉及当事人与媒体的关系，合作的、权威的媒体无疑是重要的。当事人要重视如何利用媒体发布符合实际的信息。（3）越权威越好，即信息发布越通过权威部门越好。早期信息管理目的是，使民众了解事件的状况、因果、发展趋势，减少因信息不确定而造成的信息畸变和谣言产生，降低社会危害。

2. 中期阶段，危机管理以知识管理为核心

民众在危机中期心理反应的影响因素是事件信息——知识——危机情境的。即通过专业人员向民众传递应对危机的理性措施和方法。可以以3R原则，即威望（Respect）、相关（Relation）、反复（Replay）。也就是说，危机的知识性传播，要由受人尊重的权威介绍有关情况和知识。介绍不仅包括事件本身，还包括相关的知识，同时也要反复进行，因为民众对知识的掌握是不确定的。不能认为媒体介绍一次就可以了。

3. 后期阶段，应重视品质性服务

民众在危机后期心理反应的影响因素是社会支持性——由各方面专

---

① 景怀斌主编：《公共危机心理：SARS 个案》，社会科学文献出版社 2006 年版，第162—165 页。

业人员参与，消除危机事件造成的特定影响。这依赖于比较完善的服务体系，包括社会物质支持与心理支持。①

七　危机应对的原则

（一）建立应对预案

危机治理预案制定的基本原则为：第一，充分重视。危机是小概率事件，但后果极为严重。第二，预案统合，有备无患。第三，以人为本，平衡理性与情感。第四，问题中心，以"事"求"解"。第五，民心可用，重视心理技术。民心成"势"，可用为利，非用为异；满足信息需求，以公开、快速，第三方参与，获得信任。充分重视媒体的作用，以真实、接纳的态度把媒体的监督变成促进危机的应对。第六，协调原则。健全分类管理、分级负责、条块结合、属地管理为主的应急管理体制，综合性地处理问题。第七，科学原则。处理问题方式要科学，危机处理不是为了领导，而是为了民众，不能文过饰非，而应正视问题。要采用先进的监测、预测、预警、预防和应急处置技术及设施，充分发挥专家队伍和专业人员的作用，提高应对突发公共事件的科技水平和指挥能力，避免发生次生、衍生事件。第八，传播专业知识，提高民众的自救和防范能力。

（二）以合法性与有效性为轴心

重大危机往往对国家治理的合法性提出挑战。当政府不能应对重大的公共危机时，人民会对国家治理的合法性进行怀疑。因此，重大危机应对，合法性与有效性是整个工作轴心。

---

① 景怀斌主编：《公共危机心理：SARS 个案》，社会科学文献出版社 2006 年版，第 101—117 页。

1. 合法性的话语构建

面对危机，人们因为价值观、利益、情形等而有不同的立场，会形成多种多样的危机防控话语框架。如新冠肺炎疫情防控中就存在着"人民至上""动态清零"话语框架，还有各种各样的民间看法，如"运气论""阴谋论""贬低论"等。互联网是"自我的张扬者"与"沉默的大多数"构成的信息空间，前者对后者有极大影响。主流话语框架通过提供全社会（国家）共享的意义系统，整合人民行动方向、方式，具有政治性、文化价值性、社会规范性，是投入最小、效果最大的国家治理方式。

第一，从多元维度为"危机应对"提供话语支持。国家治理是多维度的，政治的、经济的、社会的、文化的等都必不可少。危机应对是国家利益的总体考虑，固然局部方面有所损失，但整体、长远可能获得更多。不是以经济为单一解释，而可以是医学的、政治的、社会的、文化的、长远利益的意义构建，如此可以支撑主流话语框架的接受性。

第二，避免过度意识形态化用语。意识形态具有高度情感性，一旦激活，理性讨论即被消解，沟通、说服变为不可能。

第三，加强对谣言的治理。危机中的各种谣言，不完全是信息本身的不确定性使然，有经济的、政治的利益诉求，应加强谣言的治理。

第四，动员有影响的媒体人引导民众。虽然自媒体已经成为疫情信息的决定性方式，但在媒体信任方面，国家级的媒体信任度最高。可以鼓励民众喜欢的国家媒体主持人以灵活的风格，传播主导话语框架。

2. 特别注意危机应对中的"去合法性"案例

国家治理的行动逻辑是合法性与有效性。合法性是有效性的前提，但极端追求有效性会损害合法性。人的意义认知是"例—类"过程，往往会因一个典型事例而否定一类现象（政策）。应意识到，"去合法性案例"的危害极大。既要事先有预案防范，又要事后有化解预案。

（三）强化过程治理

重大危机，往往要持续一定的时间，是一个时间过程。由于时间长，人们会有疲劳感，也因为时间长，政府要解决更多的相关的问题。这样就需要过程管理。过程管理是合法性与有效性监控的过程。要以合法性与有效性为原则，通过解决问题，增加了人民对政府的信任，提高合法性。

结语　知识节点与基本原理

初一曰五行，次二曰敬用五事，次三曰农用八政，次四曰协用五纪，次五曰建用皇极，次六曰乂用三德，次七曰明用稽疑，次八曰念用庶征，次九曰向用五福、威用六极。①

这段话记载的是早期中国神秘的治国之道——"洪范九畴"。周武王灭商、建周第二年，向箕子请教治国之道，箕子讲述的九种治国大道，被称为"洪范九畴"。其内容涵盖了自然时历，人事之则，国家大政，君主之权，临机决断，道德命运等，概属商殷之治国经验。以今天的语言详细解释之，仍颇费语词，但其简洁的"数字"表述让人过目不忘，可算是那个时候的"数字治理"。逻辑学和社会科学研究有所谓的奥卡姆剃刀原则，通常翻译为"以简御繁""简单有效原理"等，强调最佳的知识形态是简单而有效地反映存在本质。国家治理心理原理的知识体系构建亦应如此——以简洁、纲领性、脉络性的知识总结统其要，立其魂。

一　"人"作为国家存在的前提

人因其高度发达的智慧、符号化自我而成为"万物的尺度"。心理是

---

① 黄怀信注训：《尚书注训·周书·洪范》，齐鲁书社2002年版，第221页。

人的行为天然动因和必然伴随物，是最为奇妙、最为丰富、最有力，也可能最无助的精神世界。心理与国家治理，可以归纳出两个基本原理。

（一）心理层面的理论构成社会运行机制的底层解释

人是国家存在的前提，没有人，国家便无从谈起。对人的理解，构成了国家治理的起点。凡人皆有心理，心理体现在自我与心灵、自我与他人、自我与世界的关系与行动中。在这多重关系的展开过程中，心理表现出规律性。对其加以揭示，也就揭示了人自身、社会、国家的运行机制，构成了国家治理不可缺少的底层知识，是国家治理行动的心理规律依据。

（二）既要"人性"认定，又看到"人在"

"人性"——人生而有之的品性，与其说是真假问题，不如说是价值认定。"人性"认定为文明所限定。西方文化的生而有"罪"，中国文化的生而为"善"，都是文明价值认定性的，是在各自地理环境与历史发展中形成的，为以终极信仰为核心的文明所限定的。由此而形成了西方的基督教文明，中国的儒家文明。

价值认定性的"人性"是国家治理制度设计的起点——政治理念、国家治理的愿景、权力关系、政府责任、社会规制等无不与"人性"理解相关。其理解与界定构成了国家治理合法性的心理基础。

但是，现实的人，不是人性的理想化表现。人的社会品性是其身心存在体与生存情境的交互结果，故是"人在"的——具体生命的存在、物质和精神的存在、情境化的行为。人是不完全的"善"或"罪"，是蕴含多种属性的现实混合体。

因此，国家治理既要有"人性"认定，又要关注"人在"性。基于"人性"认定而形成国家的基本价值判断，如中国的"性善"及其"德治"，西方的生而有罪及其契约与权力制约；基于"人在"的需求而构建公共政策，满足人、规制人。

这也带来政治或国家治理的两大系统——合理化的国家意义系统，规制性的异常矫正系统。

二 国家作为"物"存在

现代人不能离开国家而生存。国家作为"物"存在，有其独特的构建与演化心理机制。

（一）国家乃是政治理念的体制化

人是价值观念性动物，以所持的价值观为意义框架，进行社会活动并产生正义感等情感体验。人捍卫所持观念，乃至为之献身。

现代国家是竞争性国家，是政党国家。政党是由秉持相同政治理念的人组成的。政治理念是人的核心价值观，是基于某种正义性信仰，关于权力应该如何分配的情感价值观念。政党的政治理念取决于历史文化形成的终极价值观念和政党的阶级属性。政党在其政治理念引导下，以集团行动构建国家体制、国家制度，并维持其存续。政党的政治理念是国体、政体、政府、国家组织的价值观基础，是国家治理合法性的政治文化基础。

（二）国家具有强制性

国家是以合法性暴力为依托，以国体、政体、法律等为制度规则，对政治、社会、经济、文化等领域或活动进行统合治理的超大型组织。国家意志是强制性的。

国家与人民的意愿存在契合性，当国家行动与人民意愿契合，二者是互助关系、互成关系；当不契合时，是调整关系；当冲突时，构成了压制或反抗关系。

（三）国家引领力是政治领袖与国家资源的整合

国家领导力是政治领袖与国家体制结合而形成的引领国家、人民、社会发展的能力。领袖的愿景、智慧、政治品格、过程管理、中枢整合力决定了统合国家人财物等资源的能力，是国家领导力的体现，决定着国家的命运。

(四) 国家的利益取向

国家行动是以国家为主体、为诉求、为方式的过程。国家取向是国家任务、国家目标确定的原则，是整合国家人财物资源的依据，也构成了国家行动与国家治理过程。

政府决策是实现国家利益的策略选择，是由领导体制及其现实工作规则决定的。政府决策的质量决定着国家治理的水平，也是国家治理能力的体现。

(五) 国家的更化性

国家诞生于特定的历史时空，是情境性和时代性的。变革或更化是国家过程的基本特性，国家治理的政道、政治和治理方式，需要因时因地而调整。

当今世界，国际新趋势、大国博弈、经济风险、科技创新、气候应对等无不挑战着已有国家治理态势。"动荡"与"变革"成为现代国家治理的主轴，更化与发展成为国家治理的常态。

三 国家治理的逻辑

可以"生命体隐喻"来说明国家治理的逻辑——国家如同人追求生命长存一样，追求其长治久安，国体长续。决定国家生命长存的是其合法性与有效性，国家行动的逻辑是合法性与有效性增强。

(一) 国家治理的合法性与有效性

合法性是国家治理行动获得民众的认同程度，既表现为有形的程序合法性，也表现为无形的心理合法性；有效性是国家解决国家、人民、社会问题的有效性程度。

合法性与有效性不是天然的同步关系。国家统治者不能解决国家、人民的有效性生存，虽然程序合法但仍属于失效政府；有效性也不能替代合法性，国家亦可能因执着于追求有效性而失去合法性。合法性与有效性是动态的互动、平衡、互补关系。

（二）国家治理能力体现在民众—国家行动的轴心契合性

人民与国家的契合，依赖于二者情感价值系统和理性工具系统的相契合。心理的情感价值系统提供人的生存意义，使生命有价值感，是价值观念性的；心理的理性工具系统是人有效性生存的观念与心理品质，是效率性的。对于国家而言，前者表现为国家行动的合法性，后者表现为有效性。对于民众而言，前者是其价值观的满意程度，后者是生存需求满足程度。国家的情感价值系统与人民情感价值相契合，国家的理性工具系统与人民的生存需要相应，才能实现国家治理的有效性与合法性统一。

（三）国家治理的多维性

现代国家是包含多阶层、多利益集团的共同体，是由政党、各阶层民众、国家任务组成的复合性行动空间。在这样的行动空间下，不同的行动主体、利益诉求、价值观念等构成了国家治理的多维性——有政治的、文化的，也有经济、社会的、科技的等，每个维度下的国家治理理解不完全相同。因此，多维识别、多样兼顾、利益共赢是国家治理系统思维的基本原则。

（四）国家治理认知的框架效应

国家治理的合法性与有效性评价来自民众的"认知"，而决定其"认知"的是认知图式。人虽然生活在相同的现实世界里，但人的"认知图式"是不同的。有的人的认知框架是所在家庭、社区或单位性质的"物理世界";有的人则是所在城市的"亚文化"图式;有的人是"国家"图式,有的人是"世界";有的人是物质性的,有的人是精神性的。不同的"认知图式"所蕴含的价值观、认知方式决定着人对国家治理的合法性与有效性评价。

(五) 意识形态激活效应

人的心理由价值观念系统、人格系统和认知思维系统等构成。价值观念系统由终极观所决定。终极观是信仰性的,是人的意义世界核心。与终极观密切相关的政治观念是意识形态。意识形态是基于终极观的权力公平性理念,是高情感性的,决定着国家治理合法性评价。意识形态具有自我辩护和合法性护卫功能,一旦被激活,自卫性和高情感性便开始作用,"事实"就被意识形态化,理性失效。不同意识形态主体之间的"理性"沟通成为不可能。

四 制度—心理机制

现代国家是高度制度的,是以宪法、法律、各种组织制度、公共政策等为运行方式的权力组织,人的所有行动又都是以自己的认知解释为中介的。如此各种制度便成为人的"认知对象"。由是,国家治理是在制度—心理中展开的。真实的国家治理过程不是单纯的明文制度单向遵从式行动,而是制度与人的心理互动结果。国家治理能力体现在制度—心理互动的真实过程中。

(一) 制度光谱

国家制度与人的心理互动带来制度光谱化现象——明文制度、现实规则、习俗规范、潜规则。明文制度是国家以政治意志为统领,经过合

法性化程序而颁行的各种法律、制度、公共政策；现实规则是不同层级
组织执行者对制度的认知解释而形成的可行性行动规范，是以组织任
务、效能为特征的行动依据；习俗规则是一个社会或组织在历史、文化
发展中行动的约定俗成行动规则；潜规则是把制度利益个人化的少数人
行动规则。行动者在光谱上的位置，决定了其制度遵从程度。

（二） 国家治理的八种方式

国家制度—心理的互动及其领域情境化过程，形成八种治理方
式——政治的党性方式、行政的组织方式、文化的共享方式、经济的利
益方式、传播的话语方式、社会的道德方式、科学的技术方式、惩罚的
法律方式等。国家治理具体过程通过其中的一种或数种方式而进行。

（三） 国家治理的"时""力""度"

国家治理是在制度规约下人财物的合法性与有效性配置。人财物配
置的合法性与有效性结果，取决于国家治理行动空间。同样的制度，一
个时期的治理效果或一个区域的治理效果不同于另一时空。国家治理的
"时""力""度"是国家治理的行动尺度拿捏，考验着国家治理者的
智慧。

五 政策行为效应

现代国家治理是通过公共政策进行的。公共政策包含政策议程、政
策立法、政策执行与评估等过程。公共政策的效果体现在政策目标人群
的行为改变程度——公共政策行为效应上。政策行为效应指政策目标人
群因为政策而在政策所期望的事项或方向上的行为改变程度，表现在政
策认知、评价与认同、政策遵从等方面。

（一）政策末端效应

国家治理能力是国家解决国家或社会问题的有效解决程度，是通过公共政策对目标人群的整合而进行的，是问题—治理者—目标人群的合力。这决定了国家治理能力不是政策的简单发布，政策的督导，而是政策与其目标人群的互动，是政策规约下的人财物整合程度和实现政策目标程度。

（二）政策效能的民心化

"民心"是人民对国家治理行动合法性与有效性的体验性反应，是国家治理效果的民众感受。"民心"固然是政策合法性的体现，是传播教化的结果，但更多是公共政策带来获益感，是人民需要、价值观念与公共政策效能的互动结果。

（三）社会激励能力

社会激励机制是国家成长的动力，是民众的成就需要与国家政策互动的结果。政策激励物是物质的，也可以是精神的。现代社会激励机制表现为教育—社会地位流动、职位—技术晋升政策体系、荣誉激励体系。社会激励机制原则为：基础公平，对于竞争不利的人进行必要的福利保护；过程公平，以社会激励机制促进人的成就追求；财富公正，对财富分配进行调控，避免两极分化，促进社会和谐。

参考文献

中　文

经典文献

马克思、恩格斯：《德意志意识形态》（节选本），人民出版社 2018 年版。

《马克思恩格斯选集》（第 1 卷），人民出版社 2012 年版。

《马克思恩格斯选集》（第 4 卷），人民出版社 2012 年版。

《列宁选集》第 4 卷，人民出版社 2012 年版。

《毛泽东选集》第 2 卷，人民出版社 1991 年版。

《毛泽东选集》第 3 卷，人民出版社 1991 年版。

《毛泽东选集》第 4 卷，人民出版社 1991 年版。

《毛泽东文集》第 7 卷，人民出版社 1999 年版。

《毛泽东文集》第 8 卷，人民出版社 1999 年版。

《习近平谈治国理政》第 3 卷，外文出版社 2020 年版。

中共中央宣传部编：《习近平新时代中国特色社会主义思想三十讲》，学习出版社 2018 年版。

中文著作

《读四书大全说》，岳麓书社 2011 年版。

《读通鉴论》，《船山遗书》（第九册），中国书店 2016 年版。

《汉书》，中华书局 1962 年标点本。

《明史》，中华书局 1974 年标点本。

《日知录集释》（全校本），上海古籍出版社 2006 年版。

《尚书正义》，北京大学出版社 1999 年版。

《史记》，中华书局 1959 年标点本。

《四书章句集注》，中华书局 1983 年版。

《宋元学案》，中华书局 2009 年版。

《王阳明全集》，上海古籍出版社 1992 年版。

《颜元集》，中华书局 1987 年版。

《张载集》，中华书局 1978 年版。

《朱子语类》，中华书局 1986 年版。

《资治通鉴》，中华书局 1956 年标点本。

杜维明著，岳华编：《儒家传统的现代转化——杜维明新儒学论著辑要》，中国广播电视出版社 1992 年版。

冯达文：《早期中国哲学略论》，广东人民出版社 1998 年版。

福柯：《什么是批判》，北京大学出版社 2016 年版。

福柯：《自我技术》，北京大学出版社 2016 年版。

黄怀信注训：《尚书注训》，齐鲁书社 2002 年版。

黄克剑、吴小龙编：《冯友兰集》，群言出版社 1993 年版。

黄炎培：《八十年来》，中国文史出版社 1982 年版。

金观涛、刘青峰：《观念史研究：中国现代重要政治术语的形成》，法律出版社 2009 年版。

景怀斌：《公务员职业压力：组织生态与诊断》，中央编译出版社 2011 年版。

景怀斌：《心理层面的儒家思想》，中国社会科学出版社 2017 年版。

景怀斌：《心理意义实在论》，暨南大学出版社 2005 年版。

景怀斌：《政府决策的制度—心理机制》，中国社会科学出版社 2016 年版。

景怀斌主编：《公共危机心理：SARS 个案》，社会科学文献出版社 2006

年版。

李泽厚：《论语今读》，生活·读书·新知三联书店 2004 年版。

梁漱溟：《人心与人生》，学林出版社 1984 年版。

刘梦溪主编：《中国现代学术经典·傅斯年卷》，河北教育出版社 1996
　　年版。

牟宗三：《生命的学问》，三民书局 1970 年版。

彭和平、竹立家等编译：《国外公共行政理论精选》，中共中央党校出
　　版社 1997 年版。

苏秉琦：《中国文明起源新探》，生活·读书·新知三联书店 1999 年版。

孙关宏等主编：《政治学概论》，复旦大学出版社 2003 年版。

王绍光、胡鞍钢：《中国国家能力报告》，辽宁人民出版社 1993 年版。

徐大同：《中国传统政治文化讲录》，江苏人民出版社 2015 年版。

许倬云：《西周史》，生活·读书·新知三联书店 1994 年版。

许倬云：《中国文化与世界文化》，广西师范大学出版社 2006 年版。

杨伯峻译注：《论语译注》，中华书局 1980 年版。

杨向奎：《大一统与儒家思想》，北京出版社 2016 年版。

章启群：《意义的本体论：哲学解释学的缘起与要义》，商务印书馆
　　2018 年版。

　　中译著作

［奥］弗里德里希·希尔：《欧洲思想史》，赵复三译，广西师范大学出
　　版社 2007 年版。

［德］罗伯特·米歇尔斯：《寡头统治铁律：现代民主制度中的政党社
　　会学》，任军锋等译，天津人民出版社 2003 年版。

［德］马克斯·韦伯：《新教伦理与资本主义精神》，于晓、陈维纲等
　　译，生活·读书·新知三联书店 1987 年版。

［法］托克维尔：《论美国的民主》，董果良译，商务印书馆 1988 年版。

［古希腊］亚里士多德：《政治学》，吴寿彭译，商务印书馆 1997 年版。

［美］G. 墨菲、［美］J. 柯瓦奇：《近代心理学历史导引》，林方、王

景和译,商务印书馆 1982 年版。

[美] J. P. 查普林、[美] T. S. 克拉威克:《心理学的体系和理论》(上册),林方译,商务印书馆 1983 年版。

[美] L. 桑迪·梅塞尔:《美国政党与选举》,陆赟译,译林出版社 2017 年版。

[美] M. J. 艾利克森著,[美] L. A. 休斯塔德编:《基督教神学导论》,陈知纲译,上海人民出版社 2012 年版。

[美] Paul S. Boyer:《美国简史》,陈崛斌译,外语教学与研究出版社 2016 年版。

[美] W·理查德·斯科特:《制度与组织——思想观念与物质利益》(第 3 版),姚伟、王黎芳译,中国人民大学出版社 2010 年版。

[美] 阿尔蒙德等:《比较政治学:体系、过程和政策》,曹沛霖等译,上海译文出版社 1987 年版。

[美] 查尔斯·琼斯:《美国总统制》,毛维准译,译林出版社 2013 年版。

[美] 戴维·伊斯顿:《政治生活的系统分析》,王浦劬译,华夏出版社 1999 年版。

[美] 丹尼尔·A·雷恩:《管理思想史》,孙健敏等译,中国人民大学出版社 2009 年版。

[美] 古丁、[美] 克林格曼主编:《政治科学新手册》(上册),钟开斌等译,生活·读书·新知三联书店 2006 年版。

[美] 哈维·C. 曼斯菲尔德:《托克维尔》,马睿译,译林出版社 2016 年版。

[美] 孔茨等:《管理学》,黄洁纲、范煦等译,上海人民出版社 1990 年版。

[美] 理查德·尼克松:《领袖们》,施燕华等译,海南出版社 2012 年版。

[美] 琳达·格林豪斯:《美国最高法院》,何帆译,译林出版社 2023

年版。

[美] 乔万尼·萨托利：《民主新论》，冯克利、阎克文译，上海人民出版社 2009 年版。

[美] 萨巴蒂尔编：《政策过程理论》，彭宗超等译，生活·读书·新知三联书店 2004 年版。

[美] 沙夫里茨等编：《公共政策经典》，彭云望译，北京大学出版社 2008 年版。

[美] 唐纳德·A. 里奇：《美国国会》，孙晨旭译，译林出版社 2018 年版。

[美] 沃尔特·李普曼：《舆论》，常江、肖寒译，北京大学出版社 2018 年版。

[美] 西摩·马丁·李普塞特：《政治人——政治的社会基础》（最新增订版），张绍宗译，上海人民出版社 1997 年版。

[美] 伊曼纽尔·沃勒斯坦：《变化中的世界体系——论后美国时期的地缘政治与地缘文化》，王逢振译，中央编译出版社 2016 年版。

[美] 詹姆斯·麦格雷戈·伯恩斯：《领袖论》，刘李胜等译，中国社会科学出版社 1996 年版。

[英] Christopher Kelly：《罗马帝国简史》，黄洋译，外语教学与研究出版社 2013 年版。

[英] 伯纳德·克里克：《民主》，史献芝译，译林出版社 2018 年版。

[英] 戴维·M. 格温：《罗马共和国》，王忠孝译，译林出版社 2018 年版。

[英] 戴维·福特：《基督教神学》，吴周放译，译林出版社 2013 年版。

[英] 芬利：《古代世界的政治》，晏绍祥、黄洋译，商务印书馆 2017 年版。

[英] 基思·格林特：《领导力》，马睿译，译林出版社 2018 年版。

[英] 肯尼思·米诺格：《政治的历史与边界》，龚人译，译林出版社 2013 年版。

[英] 昆廷·斯金纳:《马基雅维里》,李永毅译,译林出版社 2014 年版。

[英] 迈克尔·莱斯诺夫等:《社会契约论》,刘训练、李丽红、张红梅 译,江苏人民出版社 2010 年版。

[英] 诺曼·戴维斯:《欧洲史》(古典时代:史前—公元 337),刘北 成、郭方等译,中信出版集团股份有限公司 2021 年版。

[英] 詹姆斯·戈登·芬利森:《哈贝马斯》,邵志军译,译林出版社 2010 年版。

中文期刊

Arjen Boin & Paul't Hart:《如何组织有效的应急管理——危机与灾害管 理研究中发现的经验与教训》,《中国应急管理》2012 年第 3 期。

The Lancet:《2019 全球疾病负担报告》,《北美华人健康》2020 年第 5 期。

常保国:《西方历史语境中的"东方专制主义"》,《政治学研究》2009 年第 5 期。

陈殿青:《西方政治思想史上的"牧羊人隐喻"——福柯生命政治学视 角》,《华南师范大学学报》(社会科学版)2017 年第 3 期。

陈黎琴、赵恒海:《管理学理论发展及其研究方法综述》,《兰州学刊》 2009 年第 S1 期。

葛荃、鲁锦寰:《论王权主义是一种极权主义——对中国传统政治文化 的一种解读》,《山东大学学报》(哲学社会科学版)2006 年第 4 期。

郭培贵:《明代科举的坚实基础——官学教育的发展特点及其经验教 训》,《中国文化研究》2009 年第 2 期。

黄书亭:《企业危机成因剖析——兼论美国杰出 CEO 的危机管理策略》, 《中国集体经济》2008 年第 3 期。

黄四海:《罗斯福:四次"炉边谈话"与第一次新政》,《人民论坛》 2004 年第 8 期。

姜明安:《国家治理现代化过程中国家治理要素的转变》,《法制与社会发展》2014 年第 5 期。

金太军:《论中国传统政治文化的政治社会化机制》,《政治学研究》
1999 年第 2 期。

景怀斌:《德性认知的心理机制与启示》,《中国社会科学》2015 年第
9 期。

景怀斌:《公共管理的认知科学研究:范式挑战与核心议题》,《武汉大
学学报》(哲学社会科学版) 2016 年第 6 期。

景怀斌:《孔子"仁"的终极观及其功用的心理机制》,《中国社会科
学》2012 年第 4 期。

景怀斌:《社会科学研究的"问题空间"及其构建》,《中国社会科学评
价》2018 年第 1 期。

景怀斌:《扎根理论编码的"理论鸿沟"及"类故理"跨越》,《武汉
大学学报》(哲学社会科学版) 2017 年第 6 期。

景怀斌:《中国人成就动机性别差异研究》,《心理科学》1995 年第
3 期。

景怀斌:《中华文化的终极情感价值及其共同体意识传播》,《民族学
刊》2021 年第 1 期。

景怀斌、张善若:《"德命"与"牧领"的治理向度:与福柯理论的对
话》,《开放时代》2021 年第 2 期。

景怀斌等:《疫情应对措施的国家治理与政策行为效应调查报告》,《人
民网新媒体智库》2020 年 2 月上—中。

李松:《中国共产党重大决策的工具—价值理性结构与演进》,博士学
位论文,中山大学,2018 年。

李铁映:《国体和政体问题》,《政治学研究》2004 年第 2 期。

李维昌、王阳宇:《毛泽东关于"人民"概念创立与运用的历史考察及
意义辨析》,《云南社会主义学院学报》2021 年第 2 期。

李元珍:《基层政府组织结构的整体性调适及其逻辑——基于浙江 T 镇
的经验分析》,《求索》2021 年第 5 期。

林艳:《"制度约束—资源寻求"的县级政府决策机制研究——以合山县为例》,博士学位论文,中山大学,2019 年。

刘灵:《再思马克思的"人民"概念》,《湘潭大学学报》(哲学社会科学版) 2019 年 4 期。

刘溪:《皇权如何兼并儒家道统——以清康熙帝"道治合一"的努力为中心》,《河北学刊》2017 年第 2 期。

刘霞:《党的百年人才事业成就与经验》,《中国人事科学》2021 年第 8 期。

刘永芳:《快速节俭启发式——相关争议与简短评论》,《心理科学进展》2009 年第 5 期。

刘泽华:《论天、道、圣、王四合一——中国政治思维的神话逻辑》,《南开学报》(哲学社会科学版) 2013 年第 3 期。

吕源、彭长桂:《话语分析:开拓管理研究新视野》,《管理世界》2012 年第 10 期。

罗志田:《天下、国家与社会:我们怎样看"五四"》,《探索与争鸣》2019 年第 5 期。

罗祖基:《两类中庸说》,《中国哲学史》1999 年第 2 期。

马宝成:《中国地方政府决策模式探析——以 HT 县为例》,《国家行政学院学报》2009 年第 6 期。

马骏、颜昌武:《西方公共行政学中的争论:行政科学还是政治哲学?》,《中山大学学报》(社会科学版) 2009 年第 2 期。

马庆钰:《近 50 年来政治文化研究的回顾》,《北京行政学院学报》2002 年第 6 期。

马晓伟:《坚定不移贯彻"动态清零"总方针 坚决巩固疫情防控重大战略成果》,《求是》2022 年第 10 期。

梅祖蓉、谭君久:《关于白鲁恂中国政治文化研究的评价与研究综述》,《国外社会科学》2011 年第 2 期。

潘德荣:《诠释学:理解与误解》,《天津社会科学》2008 年第 1 期。

秦明瑞：《政治态度还是政治设想？——论两种社会科学传统中政治文化的定义、研究对象和问题》，《社会科学辑刊》2019 年第 6 期。

桑兵：《辛亥革命的再认识》，《中华文史论丛》2011 年第 3 期。

谭红军等：《愿景领导力研究》，《领导科学》2009 年第 6 期。

田继伟：《西周青铜器铭文中的"德治"思想》，《文物鉴定与鉴赏》2019 年第 9 期。

涂端午：《教育政策文本分析及其应用》，《复旦教育论坛》2009 年第 5 期。

王国勤：《国家与社会关系的话语建构：从哲学话语到政治话语》，《浙江社会科学》2021 年第 8 期。

王汉生、王一鸽：《目标管理责任制：农村基层政权的实践逻辑》，《社会学研究》2009 年第 2 期。

王心娟：《管理的十大学说阐释》，《商业时代》2006 年第 10 期。

王志秋：《我国自然灾害应急管理面临的"黑天鹅"和"灰犀牛"风险浅析》，《中国应急管理》2019 年第 4 期。

沃尔夫冈·卡舒巴著，包汉毅译：《话语分析：知识结构与论证方式》，《文化遗产》2018 年第 3 期。

吴育林、赵悦彤：《从马克思人的劳动本质论理解"以人民为中心"发展理念》，《思想政治教育研究》2019 年第 2 期。

向明友：《言语行为理论评注》，《现代外语》2018 年第 4 期。

谢志岿：《孔孟开创的国家观传统及对中国政治文化的影响》，《学术探索》2004 年第 4 期。

徐大同：《孔子仁政、德治、礼范的治国之道》，《政治思想史》2013 年第 1 期。

徐大同：《政治学学科发展史略——兼论中西传统政治学的差异》，《政治学研究》2007 年第 1 期。

徐大同、高景柱、刘训练：《西方政治思想史研究：回顾与前瞻》，《马克思主义与现实》2012 年第 5 期。

徐湘林：《"国家治理"的理论内涵》，《领导科学》2014 年第 12 期。

徐兴无：《〈春秋繁露〉的文本与话语——"三统""文质"诸说新论》，《中国典籍与文化》2018 年第 3 期。

许纪霖：《国家认同与家国天下》，《华东师范大学学报》（哲学社会科学版）2014 年第 4 期。

鄢一龙、王绍光、胡鞍钢：《中国中央政府决策模式演变——以五年计划编制为例》，《清华大学学报》（哲学社会科学版）2013 年第 3 期。

杨陈：《论宪法中的人民概念》，《政法论坛》2013 年第 3 期。

杨光斌：《国家治理论超越西方治理论》，《理论导报》2020 年第 1 期。

杨静静：《公共政策的"二次决策"——以网吧连锁政策为中心》，硕士学位论文，中山大学，2014 年。

杨兴培：《罪己诏：中国古代帝王的自省与表演》，《领导文萃》2016 年第 8 期。

杨絮：《话语分析方法综述：开辟 LIS 研究新视野》，《数字图书馆论坛》2018 年第 3 期。

杨哲：《论马克思人民主体思想的四重意蕴》，《湖湘论坛》2017 年第 2 期。

郁建兴：《条与块的游戏规则该怎么变——中央与地方混合型行政管理体制的构建》，《人民论坛》2010 年第 20 期。

袁洪亮、马玉梅：《从"国民"到"人民"：概念变迁与毛泽东无产阶级革命者身份的确立（1912—1921）》，《人文杂志》2019 年第 1 期。

岳昌君：《改革开放 40 年高等教育与经济发展的国际比较》，《教育与经济》2018 年第 6 期。

张立荣：《当代中国政府决策与执行的结构解析》，《华中师范大学学报》（人文社会科学版）2004 年第 3 期。

张敏、邓希文：《基于动机的人类基础价值观理论研究——Schwartz 价值观理论和研究述评》，《宁波大学学报》（教育科学版）2012 年第 1 期。

张善若、景怀斌：《国家治理的政治文化基础："德命"隐喻的视野》，《中国行政管理》2018 年第 3 期。

张新光：《乡镇政府决策机制研究》，《长江论坛》2008 年第 2 期。

赵广华：《明代河南科举与人才的消长》，《河南大学学报》（社会科学版）1992 年第 1 期。

赵汀阳：《我们和你们》，《哲学研究》2000 年第 2 期。

赵晓红：《社会突发事件中的民众心理引导问题探讨》，《西部学刊》2013 年第 8 期。

周康林、郝立新：《马克思"人民主体"思想的内在逻辑与当代价值》，《马克思主义研究》2019 年第 7 期。

朱绍侯：《军功爵制在秦人政治生活中的地位》，《河南师大学报》（社会科学版）1980 年第 6 期。

邹谠：《中国廿世纪政治与西方政治学》，《政治研究》1986 年第 3 期。

英 文

英文著作

Department of Health and Human Services, *Mental Health: A Report of the Surgeon General*, PA: U. S. Public Health Service, 1999.

Herbert Blumer, *Symbolic Interactionism: Perspective and Method*, Berkeley and Los Angeles: University California of Press, 1969.

Jerome Bruner, *Acts of Meaning*, Cambridge: Harvard University Press, 1990.

Keil Wilson, *The MIT Encyclopedia of the Cognitive Sciences*, Cambridge: The MIT Press, 1999.

Mark Bevir, *Governance: A very Short Introduction*, Oxford: Oxford University Press, 2012.

Pertti Alasuutari, Leonard Bickman & Julia Brannen, *The Sage Handbook of Social Research Methods*, London: SAGE, 2008.

Philip Sheldrake, *A Brief History of Spirituality*, New Jersey: Blackwell Publishing, 2007.

Richard Madsen, et al., *Meaning and Modernity: Religion, Polity and Self*, Berkeley and Los Angeles: University of California Press, 2002.

Shanruo Ning Zhang, *Confucianism in Contemporary Chinese Politics: An Actionable Account of Authoritarian Political Culture*, Maryland: Lexington Books, 2015.

Tianjian Shi, *Political Participation in Beijing*, Cambridge: Harvard University Press, 1997.

Wenfang Tang, *Populist Authoritarianism: Chinese Political Culture and Regime Sustainability*, Oxford: Oxford University Press, 2016.

William Lawrance Neuman, *Social Research Methods: Qualitative and Quantitative Approaches*, MA: Allyn & Bacon, 1999.

英文期刊

Barney G. Glaser, "Conceptualization: On Theory and Theorizing Using Grounded Theory", *International Journal of Qualitative Methods*, Vol. 1, No. 2, Spring 2002.

Bruce B. Frey, et al., "Measuring a Dimension of Spirituality for Health Research: Validity of the Spirituality Index of Well-Being", *Research and aging*, Vol. 27, No. 5, 2005.

Bruce J. Avolio and William L. Gardner, "Authentic Leadership Development: Getting to the Root of Positive Forms of Leadership", *The Leadership Quarterly*, Vol. 16, No. 3, 2005.

Changming Duan and Clara E. Hill, "The Current State of Empathy Research", *Journal of Counseling Psychology*, Vol. 43, No. 3, 1996.

Charles S. Carver and Jennifer Connor-Smith, "Personality and Coping", *Annual Review of Psychology*, Vol. 61, No. 1, 2010.

Crystal L. Park, "Making Sense of the Meaning Literature: An Integrative

Review of Meaning Making and Its Effects on Adjustment to Stressful Life Events", *Psychological Bulletin*, Vol. 136, No. 2, 2010.

Daniel C. Molden and Carol S. Dweck, "Finding 'Meaning' in Psychology: A Lay Theories Approach to Self-Regulation, Social Perception, and Social Development", *American Psychologist*, Vol. 61, No. 3, 2006.

David C. McClelland, "Achievement Motivation Can Be Developed", *Harvard Business Review*, Vol. 43, November-December 1965.

Dean Tjosvold, Alfred S. H. Wong and Nancy Yi Feng Chen, "Constructively Managing Conflicts in Organizations", *Annual Review of Organizational Psychology and Organizational Behavior*, Vol. 1, 2014.

Dennis Chong and James N. Druckman, "Framing Theory", *Annual Review of Political Science*, Vol. 10, No. 1, 2007.

Dutta D. K. & Thornhill S., "The Evolution of Growth Intentions: Toward a Cognition-based Model", *Journal of Business Venturing*, Vol. 23, No. 3, 2008.

D. N. McIntosh, "Religion as Schema, with Implications for the Relation between Religion and Coping", *International Journal for the Psychology of Religion*, Vol. 5, No. 1, 1995.

Eleonora Bartoli, "Religious and Spiritual Issues in Psychotherapy Practice: Training the Trainer", *Psychotherapy Theory Research and Practice*, Vol. 44, No. 1, 2007.

Entman R. M., "Democratic Theory and the Visual Construction of Poverty", *Research in Political Sociology*, Vol. 7, 1995.

Eric B. B. Dent, M. Eileen Higgins and Deborah M. Wharff, "Spirituality and Leadership: An Empirical Review of Definitions, Distinctions, and Embedded Assumptions", *The Leadership Quarterly*, Vol. 16, No. 7, 2005.

Fahri Karakas, "Spirituality and Performance in Organizations: A Literature

Review", *Journal of Business Ethics*, Vol. 94, No. 1, 2010.

Gary P. Latham and Craig C. Pinder, "Work Motivation Theory and Research at the Dawn of the Twenty-first Century", *Annual Review of Psychology*, Vol. 56, No. 2, 2005.

Gerd Gigerenzer and Wolfgang Gaissmaier, "Heuristic Decision Making", *Annual Review of Psychology*, Vol. 62, No. 1, 2011.

Goncalo J. A., Duguid M. M., "Hidden Consequences of the Group-serving Bias: Causal Attributions and the Quality of Group Decision Making", *Organizational Behavior and Human Decision Processes*, Vol. 107, No. 2, 2008.

Harry C. Triandis, "The Psychological Measurement of Cultural Syndromes", *American Psychologist*, Vol. 51, No. 4, 1996.

Henry P. Sims, et al., "When Should a Leader be Directive or Empowering? How to Develop Your Own Situational Theoryof Leadership", *Business Horizons*, Vol. 52, No. 2, 2009.

Herbert A. Simon & Allen Newel, "Human Problem Solving: The State of the Theory in 1970", *American Psychologist*, Vol. 26, No. 2, 1971.

Herbert A. Simon, "Guest Editorial", *Public Administration Review*, Vol. 55, No. 5, 1995.

Herbert A. Simon, "Invariants of Human Behavior", *Annual Review of Psychology*, Vol. 41, No. 1, 1990.

Herbert A. Simon, "Public Administration in Today's World of Organizations and Markets", *Political Science and Politics*, Vol. 33, No. 4, 2000.

Howard Gardner and Seana Moran, "The Science of Multiple Intelligences Theory: A Response to Lynn Waterhouse", *Educational Psychologist*, Vol. 41, No. 4, 2006.

Janet T. Spence, "Achievement American Style: The Rewards and Costs of Individualism", *American Psychologist*, Vol. 40, No. 12, 1985.

John L. Campbell, "Ideas, Politics, and Public Policy", *Annual Review of Sociology*, Vol. 28, 2002.

John T. Cacioppo, et al., "Sociality, Spirituality, and Meaning Making: Chicago Health, Aging, and Social Relations Study", *Review of General Psychology*, Vol. 9, No. 2, 2005.

John T. Jost, Christopher M. Federico and Jaime L. Napier, "Political Ideology: Its Structure, Functions, and Elective Affinities", *Annual Review of Psychology*, Vol. 60, No. 31, 2009.

Jonathan Bendor, "Herbert A. Simon: Political Scientist", *Annual Review of Political Science*, Vol. 6, 2003.

Jörg Felfe and Birgit Schyns, "Personality and the Perception of Transformational Leadership: The Impact of Extraversion, Neuroticism, Personal Need for Structure, and Occupational Selfefficacy", *Journal of Applied Social Psychology*, Vol. 36, No. 3, 2006.

Katrina Bedell-Avers, et al., "Charismatic, Ideological, and Pragmatic Leaders: An Examination of Leader-Leader Interactions", *The Leadership Quarterly*, Vol. 20, No. 3, 2009.

Lars-Eric Petersen and Jörg Felfe, "Romance of Leadership and Management Decision Making", *European Journal of Work and Organizational Psychology*, Vol. 16, No. 1, 2007.

Linda Weiss, "Developmental States in Transition: Adapting, Dismantling, Innovating, not 'normalizing' ", *The Pacific Review*, Vol. 13, No. 1, 2000.

Marilynn B. Brewer and Ya-Ru Chen, "Where (Who) are Collectives in Collectivism? Toward Conceptual Clarification of Individualism and Collectivism", *Psychological Review*, Vol. 114, No. 1, 2007.

Mark Bracher, "Schema Criticism: Literature, Cognitive Science, and Social Change", *College Literature*, Vol. 39, No. 4, Fall 2012.

Mark R. Leary and Nicole R. Buttermore, "The Evolution of the Human Self: Tracing the Natural History of Self-Awareness", *Journal for the Theory of Social Behaviour*, Vol. 33, No. 4, 2003.

Nancy Eisenberg & Amanda Sheffield Morris, "The Origins and Social Significance of Empathy-Related Responding. A Review of Empathy and Moral Development: Implications for Caring and Justice by M. L. Hoffman", *Social Justice Research*, Vol. 33, No. 4, 2001.

Paul Wink and Michele Dillon, "Spiritual Development Across the Adult Life Course: Findings From a Longitudinal Study", *Journal of Adult Development*, Vol. 9, No. 1, January 2002.

Peter C. Hill and Kenneth I. Pargament, "Advances in the Conceptualization and Measurement of Religion and Spirituality: Implications for Physical and Mental Health Research", *American Psychologist*, Vol. 58, No. 1, 2003.

Peter C. Hill, et al., "Conceptualizing Religion and Spirituality: Points of Commonality, Points of Departure", *Journal for the Theory of Social Behaviour*, Vol. 30, No. 1, 2000.

Ralph M. Stogdill, "Personal Factors Associated with Leadership: A Survey of the Literature", *Journal of Psychology*, Vol. 25, No. 1, 1948.

Robert A. Emmons, "Is Spirituality an Intelligence? Motivation, Cognition, and the Psychology of Ultimate Concern", *International Journal for the Psychology of Religion*, Vol. 10, No. 1, 2000.

Robert N. Bellah, "Civil Religion in America", *Journal of the American Academy of Arts and Sciences*, Vol. 96, 1967.

Stephen J. Cowley, "Meaning in Nature: Organic Manufacture?", *Biosemiotics*, Vol. 1, No. 1, 2008.

Stephen Kalberg, "Max Weber's Types of Rationality: Cornerstones for the Analysis of Rationalization Processes in History", *American Journal of So-*

ciology, Vol. 85, No. 5, 1980.

Stevan E. Hobfoll, "Conservation of Resources: A New Attempt at Conceptualizing Stress", *American Psychologist*, Vol. 44, No. 3, 1989.